Missão: Qualidade

Uma Autobiografia Profissional

QUALITYMARK

Claudius
D'Artagnan
C. Barros

MISSÃO: QUALIDADE

UMA AUTOBIOGRAFIA PROFISSIONAL

Direção Editorial	Produção Editorial
SAIDUL RAHMAN MAHOMED editor@qualitymark.com.br	**EQUIPE QUALITYMARK**

Capa	Editoração Eletrônica
ARAMIS DE BARROS	**PS DESIGNER**

CIP-Brasil. Catalogação na fonte
Sindicato Nacional dos Editores de Livros, RJ

B275m

Barros, Claudius D'Artagnan Cunha de
Missão : qualidade : uma autobiografia profissional / Claudius D'Artagnan Cunha de Barros. – 1. ed. – Rio de Janeiro : Qualitymark Editora, 2016.
312p. : il. ; 23 cm.

ISBN 978-85-414-0210-1

1. Administração. 2. Controle de qualidade. I. Título.

16-33235 CDD: 658.562
CDU: 005.6

2016
IMPRESSO NO BRASIL

Qualitymark Editora Ltda.

Rua Teixeira Júnior, 441 – São Cristóvão
20921-405 – Rio de Janeiro – RJ
Tel.: (21) 3295-9800

www.qualitymark.com.br
E-mail: quality@qualitymark.com.br
Fax: (21) 3295-9824

DEDICO este livro...

À DONA NELITA *(in memorian)*, minha mãe querida,
um exemplo puro e verdadeiro do significado
da palavra amor.

*"...mães não deveriam morrer, pois elas não ensinam
seus filhos como continuar vivendo em sua ausência!"*

AOS MEUS NETOS Júlio César, Ana Clara, Lívia,
Maria Júlia e o que neste momento, está a caminho.
Vocês representam para mim um sublime presente de Deus.

À Guisa de Agradecimentos

Ao meu irmão Aramis De Barros - *designer* da capa deste livro, por quem tenho profundo apreço, e de quem sou grande admirador pelo conhecimento eclético e singularidade como pessoa;

Ao Prof. Marco Antonio G. de Oliveira, meu mestre e orientador editorial. Sem sua assessoria o projeto desta obra não estaria concebido.

Prefácio

Arrisca-se bastante aquele que se dispõe a escrever uma autobiografia. Por que? Porque se vê na contingência de ter de desnudar-se para seus leitores. E, como nenhuma vida está isenta de erros, problemas, maus momentos e até mesmo de algum *inferno astral* em algum trecho dessa trajetória, também essas porções do relato pessoal precisarão estar incluídas, caso o sujeito queira mesmo ser honesto ao apresentar sua história.

Pois não é fácil admitir para si mesmo seus tropeços, quanto mais apresentá-los de modo isento a quem se disponha a ler sobre eles. Isso ajuda a explicar a quase invariável condescendência que autobiografados tendem a ter para consigo mesmos. “A autobiografia é um exercício de perdoar a si mesmo”, conclui a jornalista americana Janet Malcolm.

Essas questões podem ser razoavelmente amenizadas quando se trata de uma biografia *profissional*. Neste caso, o autor ainda estará falando de suas aspirações, buscas, indecisões, escolhas, mudanças de rumo – porém, agora, relacionadas apenas ao seu trabalho. Assim, ele deixará de lado certas questões que poderiam ser essenciais em outras dimensões de sua vida: ele não falará, necessariamente, de sua origem étnica, nacional ou religiosa; de sua família, tanto a de origem quanto aquela que constituiu; do lugar em que nasceu e dos lugares em que residiu, que visitou ou em que viveu episódios marcantes; de suas amizades; dos amores que teve, felizes ou frustrados; das situações trágicas ou hilariantes pelas quais passou...

Numa biografia profissional, tudo isso se tornará apenas pano de fundo, podendo ser tratado mais superficialmente, ou mesmo ser deixado de lado, vindo à tona aqui e ali, *en passant*, quando for de utilidade para explicar algum aspecto da vida profissional. Por conseguinte, é claro que nos sentimos bem mais à vontade ao falarmos de nosso trabalho, sem entrar em aspectos que poderiam ser dolorosos (ou mesmo apenas desconfortáveis) de nossa intimidade.

Entretanto, mesmo numa autobiografia profissional gostaríamos de narrar aos leitores somente as coisas positivas, os episódios admiráveis, as nossas realizações. Afinal, somos humanos! E, como tal, aspiramos a ser admirados e vistos como indivíduos inteligentes e competentes em tudo que fazemos. Não nos agrada ter de admitir fracassos, dificuldades, erros. "Nunca conheci quem tivesse levado porrada. Todos os meus conhecidos têm sido campeões em tudo", confessa reveladoramente Álvaro de Campos (o heterônimo de Fernando Pessoa), em "Poema em linha reta". E completa: "Quem me dera ouvir de alguém a voz humana que confessasse não um pecado, mas uma infâmia; que contasse, não uma violência, mas uma cobardia!"

Eis a razão porque é tão fácil encontrar autobiografias meramente autolaudatórias, nas quais o autor fala dos seus feitos brilhantes, seus nobres valores, seus grandes êxitos — omitindo as dificuldades que teve, os passos que deu em falso e, sem dúvida, as eventuais canalhices que possa ter cometido.

Fiz uma introdução algo longa, mas necessária, para poder dizer, agora de modo mais apropriado, quanto me emociono com a autobiografia de meu amigo D'Artagnan. Nela não vejo essas distorções tão comuns: do começo ao fim, ele quer relatar simplesmente aquilo que viveu e do modo como o viveu: ele apenas narra, sem afetação e sem medo de ser assombrado por fantasmas, seus momentos de alegria e de tristeza, de êxito e de fracasso. Para usar uma metáfora que lhe será certamente muito cara, ele narra tanto os momentos de voo em *céu de brigadeiro* quanto aqueles em que levou um *vento de cauda* ou se meteu em *tesouras de vento.* E ele o faz com leveza, bom humor, espontaneidade. Além de um ser humano honesto de propósitos e transparente, D'Artagnan é um grande contador de casos. Por várias vezes, visitando um cliente juntos ou numa reunião ou contato informal, ouvi com grande interesse suas histórias — algumas das quais são narradas aqui. Elas são deliciosas, e ele sabe contá-las como ninguém!

Como qualquer livro não didático que valha a pena ler, também uma biografia (ou autobiografia) deve levar o leitor a refletir sobre si mesmo; deve permitir-lhe obter ensinamentos que o ajudem em sua própria vida. A vida do (auto)biografado funcionará, assim, como uma espécie de caixa de ressonância, reverberando a voz do personagem e, nesse processo, chegando até a consciência do leitor, que se sentirá estimulado a pensar em sua própria existência.

A autobiografia de D'Artagnan tem essa qualidade. Ao conhecê-la, vi-me nela, em vários momentos de minha vida: enquanto estudante, hesitante na escolha do que cursar na faculdade; enquanto jovem profissional tentando acertar e aprender; enquanto profissional mais experiente, redecidindo sobre minha carreira; enquanto membro de uma coletividade profissional, querendo fazer algo de bom pela profissão. Tudo isso estará disponível para o leitor da autobiografia de D'Artagnan.

Mas, ainda não é tudo. Também se beneficiarão desta leitura aqueles que se deparam com a dificuldade de conciliar vida pessoal e profissional; aqueles que querem refletir sobre a amizade e o que ela representa; aos que pensam em trocar a condição de empregado pela de empresário...D'Artagnan nos conta sua experiência pessoal nessas áreas — e ela *é* significativa!

Isso só foi possível porque D'Artagnan decidiu impregnar sua narrativa com suas qualidades mais evidentes: seu amor incondicional pela família; sua lealdade para com os amigos; sua admiração pelo pai; sua absoluta intransigência na busca de alta qualidade no trabalho; e sua autêntica espiritualidade. Esses são cinco traços marcantes de seu modo de ser que a autobiografia deixa facilmente perceber.

Reservo para o final uma informação adicional ao leitor (mas tão importante quanto todas as anteriores), que o título do livro de certa forma já antecipa: D'Artagnan é um dos nomes mais importantes na história da Qualidade nas empresas brasileiras. Colocou todo seu talento e sua alma na missão de cultivar e desenvolver a Qualidade nas organizações, e toda sua carreira é chancelada por essa missão.

No âmbito da Qualidade, há ainda uma importante especialidade a destacar: D'Artagnan tem uma capacidade única para desenvolver equipes de trabalho nos ambientes internos das empresas. Ele mostra uma especial predileção pela tarefa de ajudar grupos de pessoas a trabalhar em cooperação, pela produtividade do conjunto e pela aprendizagem e o crescimento pessoal de cada membro. O leitor desta autobiografia perceberá como ele conseguiu fazer isso em seus trabalhos com os Círculos de Qualidade, na Embraer e também como consultor, em inúmeras empresas no Brasil e no exterior; e como segue conseguindo-o, com seus atuais programas de Educação Continuada nas empresas.

Marco A. Oliveira,
Antropólogo, consultor, escritor
São Paulo, abril de 2016

Sumário

Apresentação

Foi com satisfação e muita honra que recebi o convite para fazer a apresentação deste livro do prezado amigo Claudius D'Artagnan Cunha de Barros, que conhecia anteriormente pelo seu renome como um especialista da Qualidade e passei a conviver pessoalmente na Academia Brasileira da Qualidade – ABQ, à qual, com todos os méritos, passou a pertencer.

O simples fato de, no título do presente trabalho, o autor colocar a Qualidade como sua Missão, já dá uma clara indicação da sua dedicação ao tema, hoje considerado de importância vital para as empresas e organizações modernas que pretendam executar com proficiência o seu papel econômico, ecológico e social.

O simples percorrer o sumário da obra traz a fotografia de uma vida inteira dedicada à Qualidade desde a tenra idade, passando pela produção e pelo magistério, até a consolidação do renomado consultor e sua certamente muito bem sucedida empresa.

Todas essas características, que o leitor certamente poderá apreciar em seus pormenores ao se deleitar com a leitura, dizem respeito a uma figura humana muito querida, um fazedor de amizades ao primeiro contato, um comunicador que disponibiliza seus conhecimentos e experiência profissional em apoio a quem deles necessite.

A leitura de uma obra como esta, com muita sabedoria distribuída ao longo do texto de maneira cordial, bem ao estilo do seu organizador e autor, será certamente de grande valia aos interessados nos assuntos da Qualidade, como também daqueles que pretendam se inspirar na construção de uma carreira de sucesso e um exemplo de vida.

Pedro Luiz de Oliveira Costa Neto
Presidente da Academia Brasileira da Qualidade
Professor Titular do Programa de Pós-Graduação em
Engenharia de Produção da Universidade Paulista

Capítulo 1

Como Tudo Começou

Na vida em geral — e particularmente na vida profissional — as coisas às vezes mudam. E então, o que parecia ser o nosso destino pode transformar-se, de uma hora para outra, em algo bem diferente: outras situações se criam, outros contextos se descortinam à nossa frente...e a gente se vê obrigado a enfrentar desafios bem distintos daqueles que previra — o que pode acabar nos dirigindo para alguma carreira profissional muito diferente da que até então parecia ser a mais lógica.

Filho de peixe?

Entrei no Colégio Militar em 1962, em Porto Alegre, obviamente por influência do meu pai. O grande sonho do tenente-coronel Claudino Ferreira de Barros era que seu filho mais velho cursasse a AMAN, a Academia Militar das Agulhas Negras e se tornasse um oficial do Exército Brasileiro, abraçando a vida militar, de preferência na Artilharia, que era a *sua* vocação e Arma.

Preciso relatar, antes de qualquer coisa, algo sobre meu querido pai, cuja trajetória de vida e carreira foi muito peculiar. Ele cresceu em Valença, no Estado do Rio de Janeiro, filho de pai paraibano, mãe valenciana, muito pobres. E em 1933, com 17 anos, fugiu de casa! Com uns trocados que tinha juntado vendendo jornais e engraxando sapatos, embarcou num trem e foi parar na Central do Brasil no Rio de Janeiro, na então Capital do País. Não demorou e se viu frente ao Forte de Copacabana, hoje um museu, mas na época uma unidade ativa e importante do Exército Brasileiro, recheada de episódios históricos.

Meu pai apresentou-se ao setor de Recrutamento e, aceito, sentou praça, como se dizia na época: foi incorporado como soldado raso, no grupo de Artilharia de Costa. Só então, devidamente instalado, deu sinal de vida, avisando meu avô de onde se encontrava e pretendia permanecer.

Claudino, então, fez carreira militar, tendo passado trinta anos no exército, de onde foi para reserva no posto de tenente-coronel. Naquele tempo era possível a um militar, desde que estudasse e se aplicasse, percorrer toda a hierarquia e atingir o oficialato, como ele conseguiu.

Mas há mais a dizer sobre meu pai: completado o tempo no exército, ingressou na vida civil, foi estudar jornalismo, tendo sido também, por anos e anos a fio, corretor de imóveis, gestor em empresas, membro destacado do Rotary Club e também da Maçonaria, onde alcançou o grau máximo 33.: remido. E foi, ademais, um cidadão querido e prestigiado em Lorena, cidade paulista situada no Vale do Paraíba, onde viveu o restante de sua vida. Aposentou-se também na vida civil, após anos de atividade intensa e profícua. Pasmem! Completou a segunda aposentadoria por tempo de serviço. Muito pouca gente, que eu saiba, conseguiu um feito como esse, mantendo até o fim sua convicção de que devia trabalhar e contribuir para sociedade.

Mas, voltando ao nosso tema, o que o coronel Claudino queria de fato era ver seu filho mais velho ostentando uma farda de oficial do exercito! Num artigo que escreveu nos idos de 1983, ele conta que amigos foram visitá-lo espontaneamente no seu aniversário daquele ano, dando-lhe vários presentes e demonstrando-lhe o quanto era querido. Mas, para ele, segundo escreve, seu maior presente havia sido a família que Deus lhe dera. Sobre seus filhos homens, ele comenta nesse artigo, num tom que não chega a ser de desapontamento. Escreveu ele:

"Tanto D'Artagnan como Aramis (*ele adorava ler Alexandre Dumas, como se percebe!*), me obedecem muito, só não atenderam ao meu apelo para que fossem militares. D'Artagnan ainda fez o Colégio Militar, onde demonstrou pendores para o sacerdócio das armas, enquanto que Aramis nem sequer quis olhar para o lado da Academia. Ambos são paisanos totais pelo lado da mãe. Este seria o ponto único de minha frustração, se o primeiro não fosse como é, tão bem formado e realizado, e o segundo tão bem encaminhado na área de Comunicações. Além do mais, e como é óbvio, para servir à Pátria, mesmo em tempos de guerra, não é indispensável estar fardado e de fuzil à mão..."

No Colégio Militar

Voltando algumas décadas atrás, em 1962 o então capitão Claudino foi designado para servir no Quartel General em Porto Alegre e, evidentemente, mudou-se para lá com mulher e filhos. E foi nessa cidade que cursei o Colégio Militar, concluído em 1966. Eu estudava ali em regime de internato, frequentando aulas e mais aulas de manhã, de tarde e por vezes à noite, o que exigia muita disciplina e muito estudo. E isso sem falar na obrigatória instrução militar a que os alunos eram submetidos — inclusive aos sábados em período integral.

Semanalmente, restava-me apenas o domingo para passar em casa com a família. Era quando eu convivia com meus pais e irmãos; e via a flagrante satisfação do capitão Claudino em ver que o filho se encaminhava definidamente para a vida na caserna.

Preciso dizer que aquela era uma excelente instituição de ensino, no qual aprendi e reforcei valores importantes e obtive ensinamentos preciosos para a vida profissional. Tive excelentes professores e estudei disciplinas que me prepararam para a vida em sociedade, mesmo como civil. Aliás, naquela época, com notável frequência os alunos saídos do Colégio Militar ingressavam direto e sem dificuldades num curso superior, sem sequer fazer um cursinho para vestibulares. E muitos deles se dirigiam posteriormente ao prestigioso IME – Instituto Militar de Engenharia, sequência *natural* para um aluno daquele colégio.

Mas, de fato, eu não conseguia enxergar-me na vida militar. No íntimo experimentava um conflito do qual não me era possível escapar, porque em algum momento eu teria forçosamente de revelar ao capitão Claudino que em minhas veias não corria sangue de soldado. Mas, como fazer isso? Eu não sabia! E, sem ter como resolver o problema, fui empurrando-o para frente, enquanto corria o tempo, na esperança de que a oportunidade de abordá-lo finalmente surgiria.

Eu era um adolescente disciplinado, cumpridor, seguidor de ordens e dotado de bons sentimentos. Não era dado a maluquices ou imprudências, embora às vezes tivesse arroubos de irritação em que reclamava ou fazia críticas abertas, sem olhar quem estivesse ao redor. O que eu de fato queria era ser *dono do meu nariz*, alçar os meus próprios voos, seguir os passos que eu escolhesse, e talvez esses rompantes de agressividade não passassem de tentativas de demonstrar isso.

Talvez eu estivesse apenas, a meu modo, repetindo o ato intempestivo do jovem Claudino, meu pai, quando, aos dezessete anos, escapou do controle dos pais dele para ir sentar praça no Rio de Janeiro. Eu provavelmente jamais chegaria a fazer algo assim. Porém, gostaria sim, de fugir daquele ambiente militar excessivamente regrado e esquemático, em que tudo que devia acontecer já vinha definido e o espaço para ser eu mesmo e para criar era estreito demais, se é que existia algum.

Quando do meu último ano no Colégio Militar meu pai foi transferido de Porto Alegre. Primeiro para Brasília, a nova capital do País há pouco inaugurada e depois para Lorena, uma vez que sua transferência para Brasília, por alguma razão, não deu certo. Antes de mudar-se para Lorena ele finalmente transferiu-se para reserva, deixando a vida militar ativa e trocando a farda por trajes civis. E ele viu-se então com tempo de sobra para fazer outras coisas, diferentes daquelas que eram típicas de sua vida dentro do regime militar. E Claudino foi então contratado para gerenciar uma área administrativa (de fato a área de Pessoal) na fábrica de material bélico Presidente Vargas, em Piquete, cidade próxima a Lorena, também no Vale do Paraíba.

A Presidente Vargas é, aliás, uma fábrica bem conhecida, com uma interessante história própria. Trato de destacá-la aqui, porque essa fábrica faz parte também dos primeiros passos da *minha* história profissional, como relatarei mais adiante.

A Fábrica Presidente Vargas (FPV), hoje Imbel, foi criada por iniciativa do renomado marechal Medeiros Mallet, que defendia na época a construção de uma fábrica capaz de produzir um tipo de pólvora *sem fumaça*, um produto de uso importante em situações de conflito bélico. E a Presidente Vargas começou a operar com essa finalidade em 1902, sendo seus produtos, essencialmente, explosivos de diferentes tipos, como: TNT, dinamites e pólvoras de base dupla.

E quando finalmente deixei o Colégio Militar em dezembro de 1966, rumei para Lorena para de novo reunir-me à família e estava determinado a seguir na vida civil: queria estudar Química! E para liquidar a questão de uma vez, o que fiz o mais prontamente que pude foi inscrever-me na Escola de Química de Itajubá, em Minas Gerais.

Capítulo 2

O Estágio

Em Lorena, outras pessoas reforçaram minha convicção de que cursar Química — e fazê-lo em Itajubá, em particular — seria uma escolha acertada. Falaram-me com entusiasmo do curso de Química dessa escola e em especial de um dos professores de lá, um homem tido como grande conhecedor e incentivador da Química, o professor Wildson Pezzinato de Carvalho.

Momento difícil em casa

E só quando efetivei minha inscrição para o curso de Química é que meu pai concluiu finalmente (penso que ele até então apenas desconfiava vagamente disso, mas ainda tinha alguma esperança de que eu mudasse de ideia) que eu *não* seguiria a vida militar. Perceptivelmente o coronel Claudino detestou minha escolha. E não fez questão de esconder esse seu sentimento, ainda que, como bom pai e indivíduo de princípios que era, tenha assimilado o golpe e resolvido portar-se com cavalheirismo, sem tentar demover-me da ideia. Menos mal...

Ainda assim, lembro-me de que nosso relacionamento esfriou um tanto, passando a resumir-se a conversas monossilábicas e breves sobre temas banais por um par de meses, sem dúvida por conta da escolha que eu havia feito. Quanto a mim, tinha certeza de que (e essa pendência de vez em quando vinha à minha mente) aquele gelo que agora havia entre nós cresceria significativamente, quando ele finalmente ficasse sabendo — coisa que eu ainda guardava como um segredo — que seu filho encontrava-se em dívida com o Exército Brasileiro, pois eu não havia concluído o CFR – Curso de Formação de Reservista, oferecido durante minha passagem pelo Colégio Militar.

Tentei me aproximar mais dele, é claro, e em algumas ocasiões tratei de argumentar sobre as maravilhas da Química, sobre a contribuição à sociedade que advinha dessa área da ciência e da tecnologia, sobre a escolha inteligente que fizera. Afinal, a Química moderna é responsável pela criação de medicamentos e vacinas importantíssimas; pela alta produção de alimentos no século 20; pela elevação da produtividade agrícola o combate decisivo à fome no mundo, pelo desenvolvimento dos fertilizantes e dos agrotóxicos...

Mas, concretamente, meus esforços para valorizar aos olhos dele a minha escolha foram infrutíferos. Sua preferência pela outra escolha que fizera para o filho era ditada por sentimentos pessoais profundos, que nenhum argumento racional conseguiria demover. Oriundo de uma família extremamente pobre de Valença, meu pai tinha contabilizado inegáveis conquistas na vida militar; e tinha, portanto, amplas razões pessoais para estar convicto da qualidade da trajetória que escolhera para si e achava ser a melhor para o filho.

Todavia, essa tinha sido a experiência dele, não a *minha* — e eu, obviamente, não a poderia apreender com toda a profundidade com que ele o fazia; e nem poderia compreender com igual propriedade o enorme valor que ele dava à farda — da mesma forma que era difícil para ele entender que eu queria bater asas, impelido por meu próprio esforço, percorrendo espaços que tivessem sido escolhidos diretamente por mim. Assim, em 1967 ingressei, em Itajubá, no curso de Química.

O curso de Química em Itajubá tinha quatro anos de duração. Durante os três primeiros anos, teríamos aulas teóricas e práticas em laboratório em período integral, sendo o quarto e último ano dedicado a um estágio prático numa empresa ou outro tipo de organização, que resultaria na elaboração de um TCC – Trabalho de Conclusão de Curso.

Lá encontrei o mestre Wildson P. Carvalho. E ele era mesmo tudo o que me haviam dito sobre ele: homem idealista, bom didata, professor cultuado pelos alunos — era uma espécie de *celebridade* daquela escola, ajudando, com sua atuação profissional e pessoal de alto nível, a construir a imagem de uma instituição de ensino de qualidade. Também para os alunos de minha turma, eu incluído, o professor Wildson foi um grande incentivador.

Entusiasmei-me com o curso de Química que tinha pela frente e me senti pronto a encetar uma nova trajetória, num campo que eu tinha escolhido pessoalmente, sem interferência de ninguém. Estava então convencido de que a formação em Química tinha sido a escolha mais acertada; mais que isso, a escolha mais inteligente. E mergulhei fundo nos estudos, atividade na qual não encontrei grandes dificuldades, uma vez que tinha tido uma boa base no Colégio Militar.

Estágio providencial

E quando se aproximaram as férias de julho e os colegas, já meus amigos, faziam planos para aproveitar a interrupção descansando, viajando, divertindo-se, eu tinha em mente algo um pouco diferente. Estava acostumado a estudar e trabalhar bastante e não queria perder o embalo: pensei em aproveitar as férias para fazer algum estágio, vivenciar a Química na prática. Entendia que, se fizesse isso, voltaria para a escola no segundo semestre, mais experiente, mais qualificado — e isso somaria algo importante à minha formação profissional. Eu estava disposto a pôr todas as minhas fichas naquilo.

E foi o que fiz, aliás, com a providencial ajuda de meu pai. Ele era responsável pela área de Recursos Humanos da Presidente Vargas, em Piquete e, sem dificuldade, abriu-me a possibilidade de um estágio. Reconheci na sua disposição de ajudar-me um sinal de que começava a assimilar e aceitar minha escolha, tão diferente daquilo que pensara para minha carreira. E de que ele finalmente desejava que houvesse paz em nosso relacionamento. Isso me deixou feliz.

De qualquer modo, ele bem sabia que um bom estágio cumprido naquela fábrica seria mesmo um primeiro passo adequado para começar a rechear positivamente meu currículo e impulsionar-me na profissão que escolhera.

Passei, então, os trinta dias das férias de julho em estágio na Presidente Vargas. O percurso entre Lorena e Piquete é de aproximadamente 20 km, pela via 459, a rodovia Juscelino Kubitschek de Oliveira — que segue adiante, após passar por Piquete, levando a Itajubá. Durante as férias de julho, portanto, eu me levantava diariamente às 5 horas da manhã, tomava um ônibus fretado e fazia a trajetória pela estrada já bem conhecida, até Piquete, onde desembarcava na portaria da fábrica. À tarde, empreendia a volta pela mesma via.

Meu estágio não era remunerado, portanto eu nada recebia pelo meu trabalho. Nem mesmo um vale-transporte ou um vale-refeição (que, aliás, são benefícios mais recentes na Gestão de Pessoal das empresas, tendo surgido a partir de 1976, com a lei 6297 de incentivos fiscais).

Estudantes já faziam estágio nas empresas desde muito tempo atrás, havendo referência a esse tipo de iniciativa na década de 1940. Entretanto, a primeira regulamentação dos programas de estágios de estudantes pelo Ministério do Trabalho veio em setembro de 1967, quando, por sinal, foi fundado o CIE-E – Centro de Integração Empresa-Escola. O início de meu estágio na Fábrica Presidente Vargas antecedeu essas regulamentação, portanto, em cerca de dois meses.

De qualquer modo, receber algum dinheiro, embora pudesse ser algo bem-vindo, não era meu objetivo principal: o que eu queria realmente era aprender! O que a fábrica me deu de tangível pelo estágio que fiz foi apenas um certificado, um pedaço de papel impresso atestando que eu tinha cumprido aquela atividade, mas isso valeu mais do que se tivesse tido um salário. Apreciei muito ter recebido esse certificado, que aliás ainda guardo com carinho.

Na Fábrica Presidente Vargas, fui logo designado para a equipe do Laboratório de Controle de Qualidade de Matérias-Primas.

Nesse laboratório foi que pela primeira vez me vi frente a frente com a questão da Qualidade, a razão de ser daquela unidade: o laboratório existia, fundamentalmente, para atestar a qualidade das matérias-primas que chegavam para a fábrica e que seriam utilizadas na fabricação dos produtos que sairiam dali. Julho de 1967 é, concretamente, o ano em que descobri e me identifiquei com o conceito ao qual viria a dedicar, dai por diante, meus melhores anos de vida profissional: a Qualidade.

Meu mestre e mentor: Quinzinho –

E, juntamente com a Qualidade, encontrei ali um mentor: um sujeito que todos chamavam de Quinzinho (Joaquim de Oliveira) e era o responsável pela área de Controle da Qualidade do laboratório central. Quando o vi pela primeira vez não pude deixar de pensar que seu apelido era uma grande ironia! Sim, porque ao ouvir falar em Quinzinho, qualquer um imagina um tal de Joaquim, ou franzino, ou sensível e suave, ou tímido; mas não era nada disso que eu tinha ali à minha frente, quando o conheci pessoalmente. O Quinzinho era simplesmente um gigante de quase dois metros de altura, pesando bem uns 130 quilos!

Mas de fato, contrastando com aquele corpanzil, o Quinzinho era a docilidade em pessoa: afável, paciente, ele tratou minha inexperiência com atenção e consideração. Percebi imediatamente que ele estava sinceramente disponível para me ensinar o que sabia. O respeito à Qualidade chegou a mim, portanto, trazido por boas mãos: as do Quinzinho, que me passava todas as informações que lhe parecia importante transmitir-me; que respondia às minhas perguntas por mais idiotas que pudessem ser; e que aceitava como coisas normais minha ignorância, minha inexperiência e minha imaturidade.

Porém, Quinzinho não deixava a prudência de lado: eu era um marinheiro de primeira viagem, um neófito, e Quinzinho não perdeu isso de vista — de modo que minha principal atividade no laboratório, pelo menos nos primeiros dias de estágio, foi a de...lavador de vidros. Eu passava a maior parte do meu tempo fazendo o mais trivial dos trabalhos num laboratório como aquele: higienizando frascos, balões e provetas!

Mas mesmo assim constatei algo muito importante na Escola, quando retornei ao curso, em agosto: eu estava realmente mudado; tinha aprendido coisas diferentes e muito importantes. E sentia claramente a distinção em relação aos colegas em geral: eu captava mais facilmente o que era apresentado pelos professores, eu entendia melhor a aplicação e a abrangência daquilo que nos estavam ensinando nas aulas. Sim, porque aquela linguagem tão especial da Química já fazia, para mim, outro sentido: eu conseguia estabelecer relações mais nítidas entre o mundo da teoria e mesmo das experiências práticas em laboratório tidas no curso, e suas possíveis aplicações práticas no mundo real do trabalho com a Química.

Essa foi para mim, sem dúvida, uma senhora revelação — que justificou totalmente o sacrifício que experimentei, durante um mês inteiro de férias, que era levantar-me às 5 horas da manhã e tomar o ônibus para Piquete, para passar o dia todo respirando aquela atmosfera tensa de uma fábrica de explosivos em plena operação, em vez de me soltar nas indolências em que os jovens geralmente se envolvem nas férias, que são passear, viajar, ir ao cinema, ir a festas, beber, jogar conversa fora...Claro que essas coisas me fizeram falta, mas essa falta foi sobejamente compensada pelo resultado prático que constatei ter havido.

E o Quinzinho foi uma peça-chave em meu aprendizado. Sob sua orientação, trabalhando no laboratório de matérias-primas, tive a clara noção de quanto um estágio profissional bem realizado pode ser útil à carreira futura de um estudante. Quando voltei às aulas, no segundo semestre, imediatamente senti que era devedor de algo ao Quinzinho, mesmo não sabendo como poderia, algum dia, saldar essa dívida.

E quando veio dezembro e o fim de um novo período semestral de aulas, eu estava mais do que pronto e interessado em fazer novo estágio. Mal pude atravessar a segunda metade de dezembro, com as festas de final de ano e todas aquelas outras coisas de confraternização e votos das pessoas umas às outras ocupando a mente e as horas diárias de todos — inclusive as minhas. E, tendo entrado o Ano Novo, já no início de janeiro abracei com vigor a oportunidade que novamente veio, de estagiar na Presidente Vargas: de instalar-me no laboratório de Qualidade; de observar o que se fazia ali; de ajudar, participando ativamente daquilo; e, sobretudo, de ouvir atentamente o que Quinzinho tinha para me ensinar.

Mas, desta vez eu não seria meramente um lavador de frascos, tinha sido *promovido*. E passei os meses de janeiro e fevereiro envolvido com outras atividades mais nobres, agora no Laboratório Experimental de Análises Especiais da Qualidade. Nesse novo lugar, sempre orientado de perto pelo Quinzinho, eu agora exercia algumas atividades bem mais importantes, como um dos controladores da qualidade dos processos químicos. Eu estava obtendo mais e novos ensinamentos do meu mentor a cada dia que passava e o mundo parecia girar no sentido e na rotação apropriados.

Justiça seja feita, preciso dizer que o Quinzinho não foi a única pessoa, ali na Presidente Vargas, com quem aprendi. Logo vi que havia outros profissionais também disponíveis para ensinar um jovem disposto a absorver conhecimentos. Não eram todos os que trabalhavam ali, mas havia mais dois ou três professores informais na fábrica, além do Quinzinho, embora talvez não tão interessados em meu desenvolvimento quanto ele, ou talvez não tão didaticamente eficientes. Mas havia, sim, e sou grato pelo aprendizado recebido deles. Destaque ao Dr. José Carlos, chefe do laboratório, que me ajudara sobremaneira no entendimento científico dos processos.

Tomei consciência de que a aprendizagem, sobretudo no próprio local de trabalho (*on-the-job*, como se diz), depende muito da conjugação de um genuíno interesse da parte de quem aprende e da parte de quem ensina; e que esse interesse de cada um deve ser intensamente estimulado pela outra parte: quanto mais o aprendiz se interessa em aprender, mais tende o professor a se interessar por ensinar-lhe, mesmo quando faz isso apenas informalmente, sem que seja sua obrigação profissional. E o contrário também é verdadeiro: quanto mais o professor se mostra desejoso de ensinar, mais o aprendiz se engaja. Pude constatar tal verdade, em outras experiências profissionais posteriores, como gestor, como consultor e como treinador de pessoas nas empresas.

Experiência inesquecível!

Neste segundo estágio na Presidente Vargas, cada dia me oferecia pelo menos alguma boa surpresa, algum desafio apreciável. Um dos maiores entre esses desafios talvez tenha sido aquele que enfrentei num dia ensolarado, já no final deste segundo período de estágio naquela fábrica, nos últimos dias de fevereiro. Quinzinho me chamou e anunciou:

"Hoje você vai participar de uma experiência nova: vai realizar comigo um processo muito importante de Controle de Qualidade."

Acendi-me na hora: participar de coisas importantes era tudo que eu queria!

"E que processo é esse?", eu quis saber.

"Nós vamos fazer um teste da qualidade da glicerina", respondeu Quinzinho com uma expressão grave no olhar.

"Vamos lá!", retruquei com entusiasmo, mas não sem fazer antes um quase imperceptível momento de silêncio, para tentar interpretar o ar de solenidade que Quinzinho parecia trazer no rosto.

Sim, porque essa empresa era, afinal de contas, uma fábrica de explosivos. O que ela fabricava eram produtos muito perigosos, que poderiam...explodir! Tratava-se, além de pólvora, dinamite, TNT...Nitroglicerina!! Trabalhar com essas coisas não é propriamente o que se descreveria como uma diversão!

O que estava programado para aquela manhã era o procedimento de nitração laboratorial da amostra de um lote de glicerina que havia chegado do fornecedor. Deveríamos submeter essa matéria-prima a um processo (nitração), que consiste (tentando explicar de maneira simples) em transformá-la em nitroglicerina, expondo a glicerina a uma *solução sulfonítrica*, que se obtém misturando ácido nítrico com ácido sulfúrico. Pelo menos esse é o método mais comum, e era o que usaríamos naquele experimento em que eu seria o assistente do Quinzinho. Por esse método, aquece-se o ácido sulfúrico, que é o catalisador da reação, juntamente com o composto que se quer nitrar, no caso a glicerina. Após fazer isso, acrescenta-se o ácido nítrico por gotejamento e observa-se o comportamento do material.

É uma operação perigosa, mesmo quando realizada num laboratório bem equipado como era aquele e conduzido por um profissional competente como o Quinzinho. De fato, o maior problema, quando a nitração é realizada naquelas condições — isto é, num espaço limitado e fechado, mediante o emprego de um equipamento de pequeno porte especialmente concebido para situações de teste —, é o controle da temperatura do material durante o processo. A nitração é particularmente sensível a variações de calor, seja pela elevação da temperatura, seja pela sua baixa. Em ambos os casos, se a temperatura escapar aos limites (mínimo ou máximo), reconhecidamente seguros, a mistura poderá simplesmente...detonar! O que é fundamental na condução desse processo, portanto, é a total atenção às variações de temperatura, que inevitavelmente ocorrerão, mas precisarão permanecer dentro dos limites aceitáveis, jamais os ultrapassando, seja para cima, seja para baixo.

Quinzinho deu-me explicações detalhadas sobre o que faríamos durante a experiência, explicações que acompanhei atentamente. Em seguida fechou (sem trancar) a porta do laboratório, colocando do lado de fora um aviso proibindo a entrada de pessoas. Ficamos sós, portanto, ali, Quinzinho e eu. Normalmente outros funcionários trabalhavam naquele laboratório; mas, devido à realização programada desse teste da matéria-prima, haviam sido avisados que deveriam permanecer fora do recinto pelo tempo que durasse a atividade.

Tomadas essas providências, ele iniciou o experimento e foi me relatando o que fazia, assim como o que acontecia em decorrência. Por várias vezes chamou minha atenção para a temperatura, que tinha de ser observada durante o tempo todo:

"Olhe aqui! Está vendo isto? Pois, é, fique atento! Vamos acompanhar um pouco mais..."

E eu lá, experimentando aquela tensão no ar.

Infelizmente, por alguma razão, naquele dia a temperatura da mistura mostrava-se especialmente teimosa, rebelde. Não se estabilizava. Ao contrário, oscilava o tempo todo, dando cabeçadas como uma pipa de cauda curta empinada em vento forte. E mais: oscilava predominantemente para cima! Quinzinho, como tinha me explicado que se fazia em casos como esse, aplicava gelo ao processo, para tentar resfriá-lo. Porém, naquela experiência em particular, o uso do gelo não parecia estar produzindo o menor efeito...

Em tais casos, quando, eventualmente, se atinge o limite máximo de temperatura e sua ultrapassagem é iminente, isso é um sinal de que a tentativa de fazer a nitração fracassou; e o único procedimento que resta a fazer é abortar o processo, descarregando a mistura num reservatório situado sob o equipamento, para ser neutralizada. Quando é assim, depois que o perigo já tiver passado faz-se um estudo detalhado do que teria havido, para tentar entender o porquê de a glicerina ter-se comportado tão mal. Mas, o momento da descarga em si é particularmente perigoso, porque pode concretamente produzir a explosão do material. E Quinzinho, observando a constante e perigosa elevação da temperatura daquela mistura, tinha os olhos fixos no termômetro, como um médico examinando os sinais vitais de paciente gravemente enfermo numa UTI. E não se cansava de chamar minha atenção para aquilo, talvez de fato falando para si mesmo, tentando entender ele próprio o fenômeno:

"Alguma coisa está acontecendo com esta glicerina! Isto *não* é normal! De maneira nenhuma!"

Quanto a mim, que podia fazer? Olhava intermitentemente para o ponteiro medidor da temperatura no mostrador do equipamento e para a fisionomia contraída do meu instrutor, tentando entender os efeitos da instabilidade do primeiro sobre aquelas expressões faciais do segundo. Geralmente sereno e descontraído, acostumado que estava aos desafios da profissão, Quinzinho agora fazia, como se diz, *caras e bocas*. E, para meu pavor, notei que essas *caras e bocas* estavam se tornando cada vez mais dramáticas – isto é, que o próprio Quinzinho já estava ficando assustado! Isso era um sinal mais do que evidente de que também eu devia começar a me assustar!

E devia mesmo! Em dado momento, a temperatura na mistura entrou em flagrante descontrole, subindo, só subindo, loucamente! E tome gelo! E nada! O processo seguia descontrolado, cada vez mais se aproximando perigosamente do limite máximo aceitável.

Chegou então um momento decisivo, em que Quinzinho exclamou:

"Agora não dá mais para segurar! Vou descarregar esse material!"

"E...!?"

"E o quê!? Vamos ter de sair daqui correndo, garoto! É o que vamos fazer!"

E Quinzinho fez a descarga do material e na mesma hora se virou para a porta fechada do laboratório.

"Corre!", gritou, não sei se para mim ou para si próprio!

Saímos os dois a jato do laboratório, ao mesmo tempo! Quinzinho e eu, aluno e professor nivelados, irmanados pelo mesmo instinto de autopreservação!

Várias vezes, até então, eu tinha pensado que algum dia viria a conhecer tanto sobre Química quanto o Quinzinho conhecia. E imaginava que, quando isso acontecesse, eu seria alguém como ele, isto é, seríamos pares, estaríamos em igualdade de condições. Ocorreu-me depois, pensando naquele episódio da nitração, que nesse momento estivemos, sim, em total igualdade de condições, mas a propósito de coisa muito diferente: estávamos os dois fugindo de um perigo comum — embora ele continuasse conhecendo muito mais Química do que eu!

Mais tarde, ainda ao refletir sobre o que teria acontecido, olhei detidamente aquela porta do laboratório e tive a sensação de que uma lei da natureza tinha sido contrariada no momento em que a atravessamos juntos: pois agora me parecia impossível que eu e o Quinzinho (que de diminutivo só tinha o nome!) tivéssemos passado por ali *ao mesmo tempo*! Era óbvio que nós *não* cabíamos ambos naquele espaço! Só o desespero que sentimos poderia explicar aquilo.

Bem, felizmente a mistura não detonou. Rigorosamente falando, nada de mais sério aconteceu ali. Mas foi um episódio de grande apreensão, que deixou em mim um grande aprendizado: o de que, por mais experiente que você seja em seu trabalho, particularmente nesse ramo de atividade em que eu estava, é preciso *não* deixar de ter medo. Nunca! Jamais perca o medo das coisas e situações perigosas com que lida, explosivos incluídos. Muita gente acidenta-se, e até morre, porque se habitua com o perigo e perde o medo — passa a tratar situações arriscadas como se fossem corriqueiras. Com isso, em dado momento distraem-se e são vitimadas por uma tragédia.

Lembrete aos mais jovens

Dirijo esta mensagem especialmente aos mais jovens, que frequentemente parecem crer que são indestrutíveis, imortais. Estou apenas aproveitando um episódio ocorrido há muitos anos numa indústria de explosivos, para apresentar uma mensagem de caráter mais geral, que se aplica a incontáveis outras atividades, nas mais variadas indústrias: a segurança pessoal e coletiva precisa ser encarada com a maior importância e seriedade, muito mais do que tem sido nos dias de hoje. Vejo nas fábricas em geral as pessoas frequentemente olhando com descaso os procedimentos de segurança, por exemplo, as normas estabelecidas e o uso do EPI (equipamento de proteção individual). Isso me deixa muito preocupado.

Aliás, frequentemente constato que as pessoas são postas para trabalhar sem terem sido devidamente educadas para a segurança. Elas deveriam sê-lo, antes de qualquer outra providência. E elas deveriam ser as primeiras a querer sê-lo e a insistir para ser educadas e treinadas, uma vez que uma fração de segundo de distração pode representar a perda de uma vida.

Então, que aqueles jovens que estão apenas se iniciando em suas atividades profissionais não considerem as normas de segurança ou o uso de EPI um obstáculo, ou apenas uma exigência desagradável porque irão restringir seus movimentos e cercear sua liberdade pessoal. Quero lhes pedir que os vejam, ao contrário, como recursos eficazes e necessários à proteção de sua saúde e integridade física e mental.

Nos três anos de aulas teórico/práticas do meu curso, cumpri estágios. E quis estagiar também em outras empresas, além da Presidente Vargas, tendo cumprido esse propósito. Ao concluir os três primeiros anos e me preparar para ingressar no ano final, em que deveria elaborar um TCC sobre um trabalho prático cumprido numa empresa, eu já tinha guardado numa gaveta de meu quarto uma pequena coleção de certificados de estágio. E, quando os olhava, sentia que cada um deles me trazia concretas recordações de situações importantes de aprendizagem que eu havia tido durante meu tempo de estudos — e isso me deixava orgulhoso e confiante no futuro.

Pretendo retomar esse tema mais adiante. Antes, porém, preciso contar que fui obrigado a retardar bastante, a quase interromper, meus estudos em Itajubá, logo ao iniciar o segundo ano do curso. E o que aconteceu mostrou-me claramente que, quando você deixa de resolver um problema e, ao contrário, o *empurra com a barriga* pensando em tratá-lo apenas depois, *quando der* ou *do jeito que for possível*, o tiro pode sair pela culatra e sua dor de cabeça crescer muito mais. Isto é, aquilo que era antes um problema administrável poderá ter se transformado, com o passar do tempo, numa situação muito, muito desconfortável e penosa. Pode ser que você constate ter transformado uma mera lagartixa num perigoso crocodilo gigante — e seja tarde para voltar atrás.

No meu caso, eu não tinha feito essa lição de casa: deixei a coisa correr e a consequência foi que acabei pagando caro por isso.

A volta do grande problema

Mas, que houve, afinal? Bem, lá estava eu, muito feliz, iniciando meu segundo ano no curso de Química, depois de um proveitoso ano como calouro rico de experiências em grande parte pelos estágios de férias que já havia feito. E, num belo dia, ainda no início do ano, me chamaram à Secretaria da escola:

"D'Artagnan, estamos notando falta do seu Certificado de Reservista! Não está na sua documentação. Você pode nos trazer o original para fazermos uma cópia?"

Pronto, a casa tinha caído! Lembrei-me na hora de que a falta desse documento já tinha sido percebida pela secretária da Escola quando me matriculei no curso. Afinal, ele era um documento obrigatório para a matrícula. Porém, na ocasião da matrícula eu ainda havia conseguido contornar a situação, dando uma desculpa e empurrando o problema para ser resolvido mais à frente, sem de fato saber como faria isso. A verdade, como deve estar claro para quem leu este texto do início até este ponto, é que o documento não existia, uma vez que eu não havia concluído o CFR (Curso de Formação de Reservista) durante minha estada no Colégio Militar, portanto não havia oficialmente prestado o Serviço Militar!

Claro que tentei novamente encontrar uma desculpa para a falta do tal documento, adiando mais uma vez a pendência, mas hoje percebo claramente que minha expectativa de ter êxito nisso não passava da ridícula fantasia de um jovem recém-saído da adolescência. Desta vez, não teve jeito:

"Não é uma necessidade só nossa", explicou-me a secretária da Escola, como se eu não soubesse disso. "O Exército também quer saber se há alunos frequentando a Escola que ainda não estejam quites com o Serviço Militar. Quem estiver enquadrado nesse caso precisará ir a uma unidade do Exército para alistar-se", disse-me ela num tom tranquilo, pois imaginava que a falta do documento decorria somente de esquecimento e o problema de fato não existia.

Mas, existia, sim, o problema! E, não sendo capaz de apresentar o Certificado de Reservista, tive de contar a história de que não havia conseguido concluir à tempo o curso do CFR no Colégio Militar e por conseguinte, não tinha como apresentar o tal documento. Até foi bom, porque não é fácil você ficar com uma coisa dessa escondida na mente por todo o tempo, sabendo que o problema vai explodir mais cedo ou mais tarde, só não se sabendo quando. Pelo menos, agora eu já não precisaria mais conviver com aquele segredo. Seria o que Deus quisesse.

E o que Deus quis foi que eu fosse convocado pelo Exército, para servir na tropa, como soldado raso. E assim, entre março e dezembro de 1968, servi no Contingente de Guarda da Fábrica de Armas do Exército, em Itajubá.

O Contingente era responsável pela segurança das unidades de produção de armas, no perímetro externo da fábrica, além da segurança do carregamento dos caminhões que regularmente transportavam os armamentos produzidos para outras unidades do Exército.

Não cheguei a trancar a matrícula na escola de Química, mas meu curso ficou bastante prejudicado, porque tive de faltar a inúmeras aulas, dada a prioridade inevitável às atividades diurnas e noturnas no quartel. Assim, precisei carregar para o ano seguinte algumas disciplinas do segundo ano, nas quais fiquei em dependência. Mas felizmente, no transcurso de 1969 consegui colocar a casa em ordem em relação aos estudos e a questão se encerrou.

Entretanto, não foi nada fácil aceitar e cumprir essa etapa, que para mim tinha sabor de fracasso e retrocesso! Apelei para meu pai, tentando conseguir a dispensa do Serviço Militar. Ele porém alegou que não podia ajudar nesse caso. E provavelmente não podia mesmo; penso que a questão estava acima da sua esfera de influência, ainda mais agora que ele já não estava na ativa, e sim gerenciando uma área administrativa na Fábrica Presidente Vargas.

Mas, ao me responder que não via saída para meu caso exceto eu priorizar o Exército em relação à Escola durante aquele ano, não pude deixar de achar que meu pai havia chegado *depressa demais* à conclusão de que nada podia fazer por mim. Não tinha *tentado*, minimamente que fosse, ajudar-me nisso. Acho que sei porque: estou seguro de que passou pela sua cabeça, quando lhe pedi que intercedesse, brindar com algum ensinamento do tipo: "Ah! Viu só?", acompanhado de um provérbio do tipo: "Aqui se faz, aqui se paga"; ou "A recompensa vem a pé; o castigo, a cavalo"; ou ainda: "De quem não tem cabeça o corpo padece" — com o intuito de mostrar-me que eu estava agora apenas colhendo os frutos do que eu mesmo plantara! Felizmente, elegantemente, não fez isso — deixou que eu o concluísse sozinho. Sabia que eu chegaria por mim mesmo a essa conclusão!

O resumo da ópera é que passei o ano de 1968 bastante turbulento na vida pessoal e escolar, servindo ao Exército Nacional.

Capítulo 3

Serviço Militar

Iniciei meu período de prestação do Serviço Militar frustrado e revoltado com o que estava então me acontecendo, sentindo-me profundamente injustiçado com a obrigação de servir. Eu realmente não precisava daquilo, pois servir ao Exército àquela altura da vida nada me acrescentaria! Era, ao contrário, um grande transtorno, pois roubava-me um tempo precioso de estudo e trabalho, que eu poderia estar dedicando aos meus livros, aulas e estágios! Era, enfim no meu conceito, um atraso de vida!

Como *não* ser um professor

E não tenho dúvidas de que foi justamente essa minha visível decepção que me fez agir de forma ingênua, logo no segundo dia incorporado no Serviço Militar, resultando em minha...prisão, no quartel, por um dia e uma noite! Sim, senhor: por ordem de um sargento muito jovem, inexperiente e obviamente cheio de arrogância e empáfia, que queria intimidar os indefesos recrutas recém-chegados, acabei, logo de saída, simplesmente recolhido ao xadrez!

Conto como foi: estávamos nós todos, os novos recrutas, reunidos numa sala, ouvindo uma preleção do tal sargento, sobre as divisas nas fardas, usadas para designar os vários postos na hierarquia militar, no Exército, na Marinha e na Aeronáutica.

Espero não aborrecer o leitor deste texto ao explicar que cada posto na hierarquia militar é indicado por certas insígnias bordadas, botões e estrelas prateadas ou gemadas que figuram nas mangas, nos ombros e/ou nas golas das fardas dos militares. A hierarquia do Exército, por exemplo, inclui os postos de *soldado, cabo, 3º sargento, 2º sargento, 1ºsargento* e *subtenente* (postos pertencentes à categoria dos *praças* ou *graduados*); acima destes, os postos de *aspirante a oficial, 2º tenente* e *1º tenente* (os *oficiais subalternos*); mais acima ainda está o posto de *capitão* (*oficial intermediário*); vêm em seguida os postos de *major, tenente-coronel* e *coronel* (*oficiais intermediários*); e, finalmente, os postos mais elevados são os de *general de brigada, general de divisão, general de exército* e *marechal* (*oficiais superiores*). Na Marinha e na Força Aérea, a hierarquia é similar, com denominações equivalentes para os postos e o mesmo expediente de indicar o posto ocupado pelo militar por meio das insígnias de sua farda.

Devo dizer que naquela tarde, ouvindo aquela aula, eu me sentia bastante mal: estava como já mencionei, profundamente frustrado por ser obrigado a uma atividade que não fazia sentido algum para mim naquela etapa da minha vida. Mas, havia algo mais, que me trazia um tédio mortal: para os outros recrutas presentes na aula, os meus colegas, aquilo provavelmente seria novidade. Muitos deles era gente simples, inculta, vinda da roça e talvez nem conseguissem captar o conteúdo que lhes estava sendo transmitido – e com certeza não entendiam por que cargas d'água teriam de saber aquilo, afinal de contas.

Mas não era esse o meu caso. Eu conhecia tudo aquilo de cor e salteado, de cabo a rabo, depois de anos de estudo sobre o assunto no Colégio Militar. E não precisava de jeito nenhum, além disso, de que um sargentozinho pretensioso arrotasse seu conhecimento sobre as divisas militares na minha cara, como se estivesse revelando, nesse momento, a chave de decifração do universo.

Era, enfim, um tédio só! Em vez de estrelas gemadas, eu deveria mesmo é estar ouvindo um professor falar sobre a diferença entre moléculas polares ou apolares, ou sobre os ânions solúveis. Em vez de estar sendo lembrado de como um aspirante a oficial se torna um segundo tenente, eu deveria estar mesmo é tentando entender o processo de obtenção do álcool etílico a partir da cana-de-açúcar ou da beterraba, sei lá!

A propósito, o sargento que nos dava a aula não estava sozinho na sala. Próximos dele, outros sargentos instrutores, aparentemente sem atividade naquele momento, se divertiam observando o modo como o instrutor se dirigia a nós e nos ridicularizava o tempo todo. Ele nos chamava simplesmente de... *animais*!.

"Atenção, animais! Isto é importante!", dizia. Ou então: "Olhem aqui, animais, e tentem entender — não sei se vão conseguir, mas tentem!"

Os outros sargentos achavam graça, divertindo-se com o *bullying* a que éramos submetidos; e também com a expressão abestalhada de quem está tentando descobrir em que planeta se encontra no momento, que se via estampada na maioria dos rostos daquele bando de ignorantes ali sentados, metidos em seus coturnos ainda suficientemente engraxados e suas fardas de brim verde-oliva recém-vestidas, duras e reluzentes do tratamento recebido pelo brim ainda novo, não lavado.

O sargento instrutor se sentia o maioral, com aquele apoio explícito que recebia dos seus colegas. Tive a impressão de que o que estava acontecendo ali não era, na verdade, a instrução de uma penca de futuros soldados ainda ignorantes, sobre as divisas militares. Isso era só um pretexto: aquela sessão devia ser mesmo um teste final para o treinamento que aquele sargento instrutor devia ter recém-completado, em algum curso especial chamado, talvez: *Como desancar em alto estilo uma tropa de recrutas estúpidos*. E os outros sargentos deviam ser de fato, os examinadores daquele *aluno* que agora cumpria seu teste prático dando aquela *aula*!

"Animais, atenção! Você aí, ô, animal! Cale a boca! Olhe para cá!"

Mas, de repente — Epa! — o sargento instrutor cometeu um erro: ele estava apresentando, naquele momento, as insígnias nos uniformes da Marinha — e afirmou que as divisas que estava mostrando no desenho apareciam em determinado tipo de uniforme dos ocupantes daquele posto nos ombros, não nas mangas!

Na hora notei o erro. Aquilo era tão óbvio para mim, que jamais poderia me passar despercebido. Por um momento achei que tinha sido um lapso, um mero deslize do instrutor, e que ele o corrigiria em seguida. Mas, não. Ele cometeu de novo o mesmo erro — e de novo, e de novo! Ele não sabia o que estava dizendo, concluí! Ele achava *mesmo* que aquela insígnia aparecia nos ombros da farda, quando de fato aparecia nas mangas! Meus colegas, os novatos, os matutos, engoliram aquilo na maior tranquilidade: Marinha, insígnia, ombro...tudo bem, para eles tanto fazia.

Mas, não estava tudo bem para mim: tinha havido uma não-conformidade, como se diz no âmbito da Qualidade! E D'Artagnan a tinha notado! Logo, D'Artagnan *tinha* de corrigi-la!

O fato é que senti algo mais que isso — senti que, sinceramente, eu podia ajudar, ou mesmo que *devia* ajudar. Porque ajudar, tornar as coisas sempre melhores do que elas estão no momento, é um lema de vida para mim, algo que aprendi que a gente deve fazer sempre, sem titubear, quando tem a oportunidade para isso e quando percebe que essa ajuda é necessária.

Ademais, ajudar o sargento instrutor seria, naquela situação, uma boa maneira de me livrar do tédio horrível que sentia e da frustração que tomara conta de mim no momento em que chegara pela primeira vez àquele quartel. Ajudando o sargento instrutor eu estaria começando a pôr em prática minha infalível estratégia para transformar aquele limão numa boa limonada!

Assim, ingenuamente, levantei a mão — o que o sargento-instrutor e sua corriola notaram na hora, porque até então os animais estavam ali sentados estaticamente, com estátuas, e um único movimento, por mínimo que fosse, seria notado.

"O animal quer falar!", ele exclamou com um sorriso sarcástico no rosto. "Olhem, o animal quer dizer alguma coisa! Mas, como!?. Animal não fala!!!"

Os outros sargentos riam, superiores. Que seria aquilo? Que novidade divertida viria dali, daquele ser inferior?

"Vai, fala, então, animal!", autorizou o sargento instrutor, autoritário. "O que você quer?"

"Sargento...essa informação está errada!", eu disse timidamente, neste momento já arrependido de ter levantado a mão.

"A insígnia que o senhor está se referindo neste uniforme, fica na manga, não no ombro!"

Preso!

Bem, desnecessário dizer que o rosto do sargento instrutor se transfigurou. Ele tomou consciência, de imediato, da bobagem que havia dito e sustentado mais de uma vez até aquele instante. Ele percebeu que estava mesmo errado e tinha sido pego *com a boca na botija* – não tinha como negar. E o mais doloroso para ele talvez fosse o fato de ter sido um mero *animal*, daquele bando que ali se encontrava apenas para tirá-lo do seu sossego e aborrecê-lo com sua estúpida presença, quem havia detectado (desculpem, de novo não posso deixar de usar o termo!) aquela não-conformidade. E agora, a burrice dele próprio, o instrutor, estava escancarada para todo o bando de animais; e, muito pior, também para os próprios colegas dele, a quem tanto queria agradar com aquela pantomima, ao tripudiar sobre nós!

Indignado, o sargento mandou que eu me retirasse dali imediatamente! E deu ordens para me recolherem ao xadrez, "para esse animal aprender a não ser impertinente"!

E foi assim que eu passei o resto do dia e a noite no xilindró, onde lembro de ter dito a mim mesmo, desconsolado, após várias horas jazendo no meu catre, naquela cela cercada de barras de aço, pensando na vida:

"Acho que não vou durar esses nove meses aqui!"

Felizmente, no dia seguinte, o capitão Armando Seraglia que comandava a unidade (e que, por sinal, tinha sido contemporâneo do meu pai, como artilheiro no Forte de Copacabana) chegou e estranhou ver-me ali dentro, trancafiado, com cara de quem não dormiu a noite toda.

"Ué, o que você está fazendo aí!?", perguntou.

Quando relatei o ocorrido, ele mandou chamar o sargento e determinou que me soltasse na mesma hora.

Sei que mais tarde ele chamou mais uma vez o tal sargento e lhe passou um sabão, pela arbitrariedade que tinha cometido; mas também, penso eu, por ter cometido um erro conceitual tão grosseiro, que eu denunciara de uma forma meio desajeitada e inoportuna, é certo, mas que, seja como for, era incompatível com o conhecimento teórico esperado de um instrutor da tropa.

Bem, o fato é que, diferente do que pensei naquela noite na cela do quartel, cumpri, sim, os nove meses de Serviço Militar. A duras penas no início e mais facilmente depois que me acostumei com o regime local. Mas resisti. Com o passar dos dias fui aprendendo que deveria fazer certas coisas, que *não* deveria fazer certas outras, e a discriminar entre ambas com rapidez suficiente para não me meter em frias. E acabei encontrando modos de me conduzir pessoalmente que foram satisfatórios para aquele ambiente social.

Aprenda a conviver na cultura local...

Há uma velha piada sobre o grupo de soldados rasos que acabam de chegar ao quartel e estão num pátio esperando ordens, quando chega um sargento e pergunta:

"Quem aqui gosta de música?"

Um jovem recruta de feições expressivas (um violinista, quem sabe) levanta a mão.

"Quem mais?", quer saber o sargento.

Outro recruta ergue o braço, imaginando talvez, que fariam parte de uma banda.

"Muito bem", diz o sargento, "vão os dois imediatamente, em passo acelerado, à casa do coronel buscar o piano da filha dele. Carreguem para a oficina de conserto. E não deixem cair nem bater, hein! Caso contrário vão ver o que é bom! Vão, vão! Que estão esperando!? Acelerado, marche!"

Bem, os dois *músicos* da piada devem ter começado a aprender já nesse primeiro momento uma das regras de bolso do jogo interno num quartel: "Jamais se apresente como voluntário antes de saber exatamente para quê!"

Quanto a mim, também comecei meu aprendizado dos usos e costumes da cultura local por aquele episódio das insígnias. E, com o tempo, fui aprendendo mais e mais. Fiquei esperto, como se diz, e evitei entrar em outras *geladas*, nas quais vi colegas fazendo, ingenuamente. "Macaco velho não mete a mão em cumbuca", diz um velho ditado. A primeira tarefa de um recruta recém-chegado é observar os macacos mais velhos e copiá-los.

Então, copiei, e com isso aprendi. Mas não fiz nada de errado, nada de escuso, nada de desonesto, vejam bem. Apenas encontrei meu lugar e até consegui ser útil para a coletividade, por exemplo, me dedicando a melhorar as condições de lazer dos soldados, no clube que tínhamos ali.

Havia no quartel um clube dos soldados, mas era mal equipado e carecia de melhorias. Fiz o que pude para ajudar nisso, com a aprovação dos meus superiores. Tentei até obter doações para melhorar o lazer de todos nós — pedi doações e consegui alguma coisa, inclusive de meu pai, que foi um dos que colaboraram. Quando me despedi do quartel, tendo cumprido meu período de serviço, deixei no clube algo que não encontrara quando cheguei: uma autêntica mesa de pingue-pongue, para os recrutas se exercitarem nesse esporte quando estivessem de folga. Se ao leitor isso parece pouco, é porque ele provavelmente nunca teve a experiência de ficar confinado a um quartel por horas e horas seguidas sem ter o que fazer. E, ao ir-me embora, não me importava nem um pouco o fato de que ninguém que chegasse ao local depois de mim saberia que essa mesa de pingue-pongue, em que agora passava seu tempo de lazer, tinha sido instalada por iniciativa minha!

A bem da verdade, à medida que fui entendendo o que era esse ambiente social e cultural e como devia nele me comportar, fui aperfeiçoando minha adaptação ao mesmo. E consegui até aprender algumas coisas importantes com isso, entre as quais como conviver bem com pessoas iletradas, humildes e muito simples, criadas na zona rural e com pouca, se alguma, experiência urbana, como as que perfaziam o grosso da tropa naquela unidade. Considero esse um aprendizado precioso; e nos anos que se seguiram, por diversas vezes pude perceber que estava fazendo bom uso desse aprendizado em meu trabalho e minha vida.

... e trate de não escorregar de novo! –

Dei baixa na primeira leva, com nove meses de serviço, sem ter de permanecer mais tempo, como acontece com alguns soldados que se mostram menos preparados ou com frequência infringem regras. Não foi meu caso. Porém, corri, em dado momento, o risco de também ficar para trás, como esses, num episódio ocorrido quase ao final do meu tempo de serviço. Quase tomei, então, outra noite na cadeia, o que certamente me impediria de sair na primeira baixa e me obrigaria a ficar na tropa para mais seis longuíssimos meses!

O quartel do Contingente de Guarda, assim como a vila militar em que viviam os oficiais lotados na unidade, estava situado junto à Fábrica de Armas, cuja segurança era da responsabilidade do Contingente de Guarda. E a fábrica tinha ainda seu próprio corpo de vigilantes civis, funcionários de uma empresa terceirizada contratada.

Nessa fábrica produziam-se uma pistola calibre 45 e um fuzil conhecido por FAL (fuzil automático leve), arma que ainda hoje é fabricada. Ambos eram peças de armamento de uso privativo das Forças Armadas do Brasil.

Assim, é evidente que a segurança dessa fábrica seria, a qualquer tempo, uma prioridade. Já pensou se uma fábrica dessas é assaltada por um bando de criminosos!? E essa importância se acentuava naquela época, porque o Brasil vivia um estado de exceção. O ano era 1968, a situação política do País era grave e especialmente tensa e havia luta armada incitada por bandos clandestinos.

Portanto, havia boas razões para que o Exército Brasileiro e, em particular, os dirigentes daquela fábrica, estivessem muito preocupados com a segurança daquele armamento — e até mesmo eu, então apenas um soldado raso que cumpria ordens superiores e nada mais, sabia perfeitamente disso.

E dá-se que um dia, já pelo final do meu tempo de serviço, sou convocado para fazer a guarda de um carregamento de armas que seria embarcado num caminhão e seguiria daquela fábrica para algum destino, obviamente uma unidade militar. Na hora determinada, às sete da noite, apresentei-me no pátio da fábrica devidamente fardado e armado, para iniciar meu período de guarda, que se estenderia por toda a noite. O caminhão encontrava-se no local, estava carregado com caixas e caixas de fuzis e já tinha sido devidamente lonado, isto é, tinha a carroceria coberta com uma lona bem amarrada, que protegia toda a carga.

Como eu, também outros soldados designados para aquela missão já estavam ali ou chegariam em seguida; e havia ainda, para completar a vigilância, o corpo de guardas civis da fábrica, também designados para proteger o carregamento de fuzis durante a noite. Quanto ao motorista do caminhão, não o vi, mas fiquei sabendo logo depois que estava deitado na cabine do veículo, dormindo placidamente.

Vendo tanta gente armada por perto daquele caminhão, todos designados para estar ali com a única finalidade de proteger a carga de armamentos, não pude deixar de elogiar, no íntimo, o nível de cuidado que estava sendo tomado pelos responsáveis por aquilo. Essa foi uma sensação boa, que me trouxe algum conforto moral — aliás, muito necessário, porque o conforto *físico* propriamente dito era quase nenhum: o frio durante a noite foi intenso; e não havia como descansar o corpo, a não ser por minutos, aqui ou ali, sem condições adequadas de repouso. Quase não dormi naquela noite. E, por várias vezes, dei graças a Deus por meu tempo de serviço militar estar próximo de terminar, para não ter de viver mais vezes situações como essa.

Quando finalmente amanheceu, a cabeça do motorista ergueu-se e apareceu na boleia do caminhão. Ele tinha acordado, finalmente. Abriu a porta e saiu do veículo espreguiçando-se e dirigindo-se para o banheiro e de lá para a cantina da fábrica, a fim de tomar um café. Continuamos ali, eu e os outros soldados, na expectativa ansiosa do encerramento de nossa vigília.

Minutos depois o caminhoneiro aproximou de nós vagarosamente, caminhando com displicência. Com um ar casual estampado no rosto, quis saber como tínhamos passado a noite.

"Tudo bem", eu respondi, mas completei: "exceto pelo frio que fez!"

"É, fez mesmo", ele confirmou. E, depois de uma pausa: "Deixa me preparar, que a viagem é longa. Vou levar essa carga de armas para Fortaleza."

"No Ceará?"

"No Ceará!!!"

"E sua escolta?", eu quis saber, pois não tinha visto ninguém mais por ali, além de nós mesmos, os soldados do Contingente, que sabidamente não iríamos com ele. E os vigilantes civis, que eram da fábrica mesmo, certamente não viajariam. "Onde está sua escolta?", repeti curioso.

"Escolta?", ele se surpreendeu. "Não tem escolta nenhuma. Vou sozinho, eu e Deus!" E ainda brincou: "Tenho aí na boleia um *revolvinho* 22, que sempre carrego no porta-luvas."

E, para meu pasmo, o homem entrou no caminhão, deu a partida e saiu dali mastigando um palito, para levar sozinho, *ele e Deus*, sem escolta e armado com um *revolvinho* 22, um carregamento de centenas e centenas de fuzis, uma arma privativa do Exército. Ia para...Fortaleza, a três mil quilômetros de distância na direção Nordeste, no outro extremo do país! E nós tínhamos permanecido ali, compenetrados de nosso papel, guardando o precioso carregamento durante a noite toda, imaginando que tanto cuidado poderia até não ser suficiente!

Senti-me profundamente traído e usado naquela manhã, incapaz de entender que mundo era esse em que estava vivendo, pois não havia lógica alguma naquilo! O caminhoneiro era empregado de uma transportadora terceirizada e apenas se dispunha a cumprir a tarefa de transportar uma carga para um dado lugar, não importando se fosse de bananas, peças de reposição de automóvel, pintos de um dia ou fuzis automáticos leves do Exército Nacional. Ele pareceu-me um tanto obtuso por aceitar aquilo assim, sem nenhum questionamento, sem consciência dos riscos que corria, como se fosse a coisa mais corriqueira.

Na verdade, ele não dava a mínima para a situação! Aliás, ninguém, além de *mim*, parecia dar a mínima para a situação!

Descontrolei-me emocionalmente naquele momento, inconformado com o que presenciava; e comecei a reclamar e criticar o fato em altos brados, dando vazão à profunda irritação que estava sentindo. Até que um colega mais prudente e ajuizado chamou-me à atenção:

"Acho melhor você ficar quieto, colega! Porque não vai demorar nada, nada e um dos sargentos vem aqui saber do que é que você está reclamando. E você já sabe qual vai ser o resultado, não é? Você simplesmente vai em cana, entendeu? Em cana!"

O colega tinha razão e na mesma hora me recompus. Pensei nas desastrosas consequências que meu comportamento me traria, a essa altura do meu serviço militar. Se fosse preso mais uma vez, eu provavelmente não teria permissão para dar baixa no tempo regulamentar de nove meses, e acabaria tendo de servir por mais um semestre naquela unidade. O efeito disso sobre meus estudos seria desastroso. Se nas condições atuais eu já estava perdendo uma quantidade enorme de aulas, o que me obrigaria a várias dependências no ano seguinte, caso perdesse outros seis meses eu estaria tendo de adiar minha formatura com certeza por um ano, talvez até por dois.

Felizmente percebi que minha atitude era imatura e que eu acabaria prejudicando apenas a mim mesmo. E, prudentemente, me calei. Mas por muito tempo ainda depois dessa passagem, por vezes alguma coisa fortuita (cruzar na estrada com um caminhão parecido com aquele; ver de novo um FAL; topar com alguém cuja fisionomia lembrasse a daquele caminhoneiro) trazia-me à mente, de novo, a imagem daquele motorista. E eu o imaginava trafegando pelas estradas (nem sempre muito bem conservadas) deste nosso Brasil, ora sob o sol inclemente, ora sob a luz das estrelas, mas sempre sozinho na boleia ("eu e Deus!"), distraindo-se com uma música sertaneja tocando no rádio e levando aquela carga de fuzis automáticos novinhos, privativos do Exército Nacional, protegido apenas com um *revolvinho* 22! Nunca consegui *deixar para lá* e esquecer um quadro tão fora de propósito!

E chegou finalmente o dia do Juramento à Bandeira, que é a cerimônia final do Serviço Militar. Nesse dia, os recrutas, em ordem unida e vestindo fardas impecáveis, com a presença dos seus familiares, desfilam e fazem continência à Bandeira Nacional ao passarem por ela. Eles assumem, nesse ato, o compromisso de cumprir as ordens das autoridades a que estiverem subordinados, de respeitar os superiores hierárquicos, tratar com urbanidade e afeição os irmãos de armas e dedicar-se ao serviço da Pátria defendendo-a e à sua Honra, Integridade e Instituições com o sacrifício da própria vida, se necessário. Esse compromisso foi lido por um dos meus colegas soldados e assumido solenemente por todos nós. Eu o assumi de coração.

Capítulo 4

Operário

Cumprido o Serviço Militar, tive de despender um esforço redobrado nos estudos, para cumprir as disciplinas que havia perdido ou que tive de atender em dependência no próximo ano, por faltas excessivas ou notas insuficientes. Mas no fim deu tudo certo, felizmente — e eu estava outra vez inteiramente dedicado aos estudos, agora sem mais segredos ou pendências. Voltei totalmente às boas com meu pai — e o mundo novamente me pareceu redondo, como devia ser.

Ainda os estágios –

Após servir o Exército, estagiei mais vezes na Fábrica Presidente Vargas e, nas férias de verão de 1968/69, na área da qualidade da Indústria Química Mantiqueira, de Lorena mesmo, onde eu residia, e que era também uma fábrica de explosivos, hoje com outro nome. Aliás, essa região do Vale do Paraíba — englobando Piquete, Guará, Lorena — era relativamente vocacionada para esse tipo de indústria.

Mas receber estagiários com regularidade não era comum nessas empresas; e meu estágio na Mantiqueira causou certa curiosidade lá dentro, ainda mais porque, a essa altura, eu já não era um estagiário típico, que fazia aquilo para aprender um mínimo que fosse sobre os processos fabris. Eu, de fato, já estava bastante familiarizado com tudo aquilo, e minha postura na fábrica, com a desenvoltura que já era capaz de mostrar, não denotava que eu fosse apenas um estudante de Química querendo absorver o que pudesse do que se fazia ali. Eu já me considerava um...profissional da qualidade (ou pelo menos achava isso)!

Os estágios me faziam bem. Eu os queria, pois achava importante ter mais experiências práticas de trabalho no campo da Química, que fossem bem diversificadas — uma estratégia que me pareceu ser a mais indicada para depois, ao me formar, ingressar na vida profissional com melhores qualificações e com chances de conseguir um bom emprego. Deu certo, como relato a seguir.

E, quando terminei o estágio nas férias de julho no terceiro ano do curso, já tinha capacidade de operar processos (fabris e laboratoriais) de Qualidade bastante complexos, pois já tinha obtido conhecimentos de bom nível sobre as práticas e sobre a fundamentação teórica necessária à análise desses processos.

Nesse último período antes do quarto ano, voltei em agosto, para o segundo semestre com ânimo redobrado. Eu tinha aproveitado até então todas as minhas férias escolares, sem exceção, fazendo estágios. Em nenhum desses estágios eu tinha sido remunerado, mas isso realmente não me importava, já que não era salário o que eu mais queria.

Aliás, não havendo remuneração pelo estágio, tornava-se até mais fácil consegui-lo, pois a maioria dos estudantes recusava-se a estagiar nessas condições: muitos de meus colegas, nas várias séries do curso, pareciam sempre mais interessados no que ganhariam pelo estágio do que no que aprenderiam com ele! Meu modo de ver a coisa era bem diferente.

No próprio cumprimento do Serviço Militar aprendi coisas úteis sobre a Química, dada a unidade em que servi - na Fábrica de Armas. Enquanto estive ali, sempre que pude tentei observar o que acontecia na área de Produção, processos e laboratórios da fábrica. E, de qualquer modo, aquilo tudo também estava, mesmo indiretamente, ligado às questões teórico/práticas que me interessavam, uma vez que armas e explosivos têm tudo a ver um com o outro.

Um grande benefício que essa atitude perante os estudos me proporcionou é que, tão logo retornei do Serviço Militar, meu professor de Laboratório percebeu que meus conhecimentos eram significativamente maiores que os dos colegas de turma — e assim, ele me convidou para ser monitor das classes que estavam abaixo da minha. Cursando o terceiro ano, tornei-me portanto monitor dos alunos do primeiro e do segundo ano.

O papel de um monitor consistia em orientar os alunos nas experiências de laboratório, chamar sua atenção para os aspectos teóricos que estavam envolvidos nessas experiências, ajudar o professor na preparação e na aplicação das análises, dirimir as dúvidas dos alunos e levar as dúvidas mais complexas ou mais recorrentes deles ao professor.

Era ótimo estar envolvido nessas atividades: dessa forma eu conseguia perceber claramente quais pontos eram mais complicados de ensinar e de aprender, quais eram as hesitações mais comuns e frequentes dos alunos, que linguagem seria mais adequada para lhes passar determinados conhecimentos...Aprendi bastante sobre como ser um professor, o que vim a fazer nos anos seguintes, a partir dessa experiência enquanto monitor.

Mas não foi só! A monitoria me proporcionou também um desconto na mensalidade que eu pagava à escola! Diferente dos estágios cumpridos até então, eu agora ganhava alguma coisa para fazer o que fazia! Sentia-me orgulhoso e motivado com isso — nem tanto pelo montante em dinheiro que estava envolvido, mas principalmente pelo orgulho de ter sido eu o escolhido para essa tarefa e de ser ela, de alguma forma, reconhecida, mediante a oferta dessa remuneração.

Uma oferta de emprego! –

Quando retornei para o semestre final, em agosto daquele ano, chamaram-me à Secretaria da escola, aonde fui levemente desconfiado. Não fazia ideia do que queriam comigo dessa vez. Certamente não devia ser alguma coisa relacionada ao Serviço Militar, pois desta feita eu tinha encerrado devidamente o assunto. Mas não pude evitar uma pontinha de desconfiança, sentir uma pequena tensão em função daquele chamado. Fosse o que fosse, respirei fundo e me dirigi para lá.

A Secretária da escola recebeu-me com uma expressão que interpretei como sendo de satisfação, o que me deixou um pouco mais confortável. Estava com ela um senhor de baixa estatura, vestido formalmente e usando uns óculos de grau com lentes muito grossas, dessas que comumente chamávamos de *fundo de garrafa*. Ele me olhou, sério, sem sorrir, em silêncio.

A secretária nos apresentou:

"É este o nosso aluno", disse ela ao homem. E a mim: "D'Artagnan, este é o senhor Jonas, da empresa Broca Meirelles. Ele gostaria de falar com você."

Jonas me estendeu a mão, fiz o mesmo e nos cumprimentamos. Notei então que havia uma pasta sobre a mesa, e que essa pasta era o meu histórico na escola.

"Você tem um bom histórico escolar, meu jovem", ele me disse, sinalizando com um movimento de cabeça a pasta sobre a mesa, que, segundo concluí, ele já tinha examinado. "Fez todos estes estágios, não?"

"Sim, fiz", confirmei.

"E você conhece todos estes produtos?" E se referiu a produtos típicos de fábricas como a Presidente Vargas e Indústria Mantiqueira, em que eu tinha feito meus estágios. "Estagiou em áreas em que esses produtos são fabricados, não?"

Confirmei de novo. Eu tinha de fato trabalhado com aquilo tudo que ele mencionara. Eram produtos que me eram familiares.

"D'Artagnan é um dos nossos bons alunos", elogiou a secretária procurando reforçar minha imagem perante o homem. "Tem boas notas, como o senhor pode ver, além desses estágios todos. E, além disso, é monitor de laboratório das classes de 1o. e 2o. anos.

"Ah, não diga!" interpelou o sr. Jonas.

"Sim, sou", confirmei mais uma vez.

Por um breve instante, o Sr. Jonas fez silêncio, como quem conjectura sobre algo. Em seguida dirigiu-se a mim com uma pergunta direta:

"Você gostaria de trabalhar na nossa empresa?"

"Bem...acho que sim...Eu não sei se...", respondi, um pouco sem entender tudo que a pergunta poderia representar. "Eu tenho um semestre ainda para cumprir aqui na escola e depois um ano inteiro de estágio prático para elaborar meu trabalho de conclusão de curso...", acabei dizendo.

"Sim, claro, você vai terminar a parte teórica do curso", ele retrucou. "Mas, gostaria de já ir trabalhar na nossa empresa a partir de janeiro, depois desta fase de aulas teóricas? Você pode fazer seu trabalho de conclusão lá na fábrica. Ela fica em Guaratinguetá."

Eu já tinha ouvido falar na empresa e sabia que ficava nessa cidade. Guaratinguetá é muito próximo de Lorena, distando 16 km dali, pela via Dutra, no sentido de São Paulo. Mas eu não sabia praticamente mais nada a respeito da empresa em si, além de que fabricava alguns tipos de explosivos.

"Ah, claro. Gostaria, sim, de trabalhar lá", respondi, como era esperado.

"Muito bem", ele me disse então, dando mostras de que estava prestes a encerrar a conversa. "Vou consultar a diretoria da empresa e volto dentro de uma semana para acertarmos seu ingresso na empresa, tudo bem?"

"Sim, tudo bem, claro!", eu disse.

"Mas, veja bem!" E Jonas fez questão de pontuar estas palavras, olhando-me fixo nos olhos. "*Não aceite* outra proposta de trabalho, antes de eu voltar a falar com você, certo? Espere a nossa nova conversa!"

"Está bem, eu disse", um pouco intrigado, sem compreender bem o motivo daquele aviso.

Ele me estendeu a mão outra vez, despedindo-se. Cumprimentou em seguida também a secretária da escola e encaminhou-se para a porta. Depois de dois passos nessa direção, voltou-se e repetiu:

"*Não* negocie sua entrada em nenhuma outra empresa antes de falar comigo de novo! Acho que posso lhe oferecer condições muito boas para trabalhar conosco."

Esboçou um brevíssimo sorriso, antes de voltar-se outra vez para a porta e desaparecer no corredor. Fiquei olhando para a secretária, ainda ouvindo os passos dele afastando-se dali; e ela também me olhava, sem nada dizer, com um sorriso de evidente satisfação. Dava para perceber na sua fisionomia uma espécie de *expressão de dever cumprido.*

Agradeci a ela e retirei-me. E enquanto me afastava da secretaria tentei articular meus pensamentos, mas não tinha certeza sobre o que havia acontecido, ainda. Era ótimo que tivesse recebido uma proposta de emprego — isso não era comum. Agora precisaria saber um pouco mais sobre essa empresa, a fim de me preparar para o retorno das informações do Sr. Jonas.

De fato não consegui saber muita coisa mais sobre a Broca Meirelles S.A. — pelo menos não consegui tanta informação quanto poderia ter colhido se já houvesse internet naquela época. A empresa, sediada em Guaratinguetá, fabricava espoletas, cordéis detonantes, estopins e outros produtos usados na fabricação de explosivos. Ela produzia a matéria-prima usada na fabricação de fogos de artifício, um tipo de pólvora chamada *pólvora negra.* O nome vem da coloração adquirida pela mistura, cuja composição inclui grafite e/ou carvão mineral, o que a torna especialmente escura. Mais adiante voltarei a falar deste perigoso produto químico.

Há vários anos a Broca Meirelles visitava anualmente a escola, na expectativa de contratar dois ou três dos seus melhores alunos, para trabalharem nas suas instalações. Outras empresas faziam o mesmo, visitando não só nossa escola, mas outras também. A região é bastante vocacionada para a indústria química, especialmente a indústria de explosivos, e não são muitos os profissionais experientes nesse ramo de atividade — razão por que ex-alunos da escola, com boas notas são, muito provavelmente, candidatos com qualificações apreciáveis para tais fábricas.

Não foi tão difícil conseguir informações sobre o dono da empresa, já que era uma figura proeminente no Vale do Paraíba.

O presidente e principal acionista da empresa era o deputado André Broca Filho, advogado, industrial, comerciante e fazendeiro. Estava no seu quarto mandato na Câmara Federal, pela Arena – Aliança Renovadora Nacional, partido que apoiava o governo militar (o partido da oposição era o MDB – Movimento Democrático Brasileiro). O deputado era irmão mais novo, com nove anos de diferença, do conhecido jornalista e escritor José Brito Broca, autor de vários livros de repercussão nacional, nos campos da política e da literatura. Mas, o escritor Brito Broca nada tinha a ver com a empresa Broca Meirelles.

Pelas fotos, via-se que o deputado tinha a testa alta e os cabelos curtos e escuros, que ele certamente pintava, pois já deveriam ser grisalhos, dada sua idade: 58 anos. Aliás, seu bigode relativamente farto, já grisalho, o denunciava. Pelas fotos, a fisionomia do deputado Broca era um pouco parecida com a do governador Leonel Brizola, do Rio Grande do Sul, na época. Apenas o olhar de André Broca Filho parecia mais duro, mais agressivo que o daquele político gaúcho (que, àquela altura, cassado pelos governos militares, encontrava-se exilado em algum outro país).

Além de político experiente, o dono da Broca Meirelles S.A. era cidadão influente em Guaratinguetá, onde nascera. Tinha sido prefeito da cidade e deputado estadual, antes de se eleger deputado federal. Tinha sido presidente do time de futebol local – Esportiva – em 1959, quando este ganhou o campeonato da Divisão de Acesso e ascendeu para a Primeira Divisão do Estado. Broca também tinha sido um dos cidadãos que mais trabalharam para a instalação, na cidade, em 1950, da Escola de Especialistas da Aeronáutica, resultante da fusão entre a escola de mesmo nome que ficava na Ilha do Governador, no Rio de Janeiro, e a Escola Técnica de Aviação, de São Paulo.

Nada pude saber sobre o outro empresário que fora sócio do deputado e cujo sobrenome também havia sido incluído na razão social da empresa, exceto que se tratava de alguém da família Meirelles, também tradicional em Guaratinguetá. Mas aparentemente esse sócio já tinha se retirado do negócio.

Contratado! –

Três dias depois, o Sr. Jonas voltou à escola e novamente fui chamado à secretaria. Quando entrei na sala da secretária, ele já se encontrava ali, novamente vestido formalmente, portando os mesmos óculos de grossas lentes de grau. Mas, desta vez, sua fisionomia estava mais descontraída e ele trazia um sorriso nos lábios. Deu-me a mão e me tratou com grande afabilidade:

"Então, D'Artagnan, você vem trabalhar conosco, certo?" Assenti com a cabeça e ele continuou: "Vamos contratá-lo imediatamente!"

"Não", respondi na hora, um pouco aflito, "não posso, senhor Jonas! Como disse, tenho ainda mais um semestre de curso e o ano que vem inteiro dedicado ao trabalho de conclusão."

"Claro!", ele respondeu sem se perturbar. "Você será contratado agora, como assistente, ganhando um salário mínimo. Mas só vai começar a trabalhar conosco em janeiro, quando tiver encerrado esta parte teórica do curso. Nessa ocasião, você passará a estar conosco em tempo integral. Então, iremos corrigir seu salário. Mas, durante este ano, você fica aqui, somente estudando e completando o curso."

"Mas, não precisa isso!", eu respondi um pouco ingenuamente. Se eu tinha entendido bem, ia ganhar uns cinco meses de salário sem trabalhar, nem nada! Sendo isso mesmo, parecia-me um contrassenso, e eu tive a sensação de que *estava errado* e eu não poderia aceitar. "Prometi que vou começar a trabalhar lá em janeiro, não é? Então, pode ficar tranquilo: eu vou!", ressaltei.

"Não, nada disso", ele definiu, sem deixar margem a discussão. "Durante esse tempo, você só estude. Em janeiro você começa. Durante esse tempo gostaríamos que você fosse visitar a fábrica, lá em Guaratinguetá. Queremos apenas garantir que você estará trabalhando conosco em janeiro, está bem?"

Concordei, finalmente. Aquilo era novo para mim, e acho que também para a secretária, que a tudo assistia com uma visível expressão de satisfação. O senhor Jonas me estendeu um breve contrato para assinar e me deu um papel indicando a lista de documentos que eu deveria apresentar, bem como outras providências que teria de tomar quando fosse, em definitivo, para a fábrica em Guaratinguetá, em janeiro do ano seguinte.

Ele se foi, eu deixei a sala da secretaria me sentindo um pouco estranho, depois de ser cumprimentado pela secretária pelo emprego conseguido. Por um lado, estava feliz porque já estava empregado. Não conhecia ninguém que tivesse conseguido um emprego com tanta facilidade. E ainda, dessa forma antecipada, quase seis meses antes. E já recebendo salário, mesmo que fosse mínimo! Percebi, a propósito disso, quão acertada tinha sido minha decisão de sistematicamente fazer estágios nas férias, desde o inicio do curso.

Por outro lado, estava me sentido um pouco deslocado, porque o futuro havia chegado mais cedo, inesperadamente. Geralmente as coisas vêm ao seu tempo: primeiro nos formamos, depois saímos procurando emprego, em seguida fazemos entrevistas e testes; o passo seguinte, quando somos aprovados para uma vaga, é acertar salário e outras condições de trabalho, a seguir fazemos exames médicos e preparamos a documentação, e finalmente começamos a trabalhar e tratamos de nos ambientar na empresa.

Esse processo, cumprido desse modo, tem sua utilidade: ele vai ajudando a nos preparar gradativamente para a importante transição da vida de estudante para a de trabalhador empregado numa empresa. Amadurecemos no processo. No meu caso, este processo tinha sido atropelado, comprimido, como se o carro tivesse sido posto à frente dos bois! Eu acabara de saltar de uma vez lá para frente, e agora tinha de vir voltando no processo, adaptando-me a etapas que já tinham sido vencidas nesse salto. Era estranho...

Mas, deu tudo certo. Continuei estudando como devia mesmo fazer.

Tornei-me uma mini celebridade na classe: eu era o sujeito que já tinha sido contratado por uma empresa antes mesmo de terminar o curso. Nos primeiros dias, quando a notícia se espalhou, meus colegas brincavam comigo sobre isso. O professor Wildson deu-me efusivos parabéns pelo feito, visivelmente satisfeito por eu ser um pupilo dele.

Quando me formei, outras empresas apareceram oferecendo vagas às quais os recém-formados poderiam se candidatar. Algumas delas, localizadas nas cidades da região do sul de Minas. Eram empresas geralmente do segmento químico de transformação. Mas eu já estava empregado e não me interessei em tentar qualquer outro trabalho. E praticamente todos os colegas que se formaram comigo encontraram também empregos como químicos em empresas da região, sem maiores problemas.

Trabalhando no chão de fábrica –

Ingressei na Broca Meirelles – Explosivos e Produtos Químicos S.A. como auxiliar de laboratório, começando a trabalhar já em dezembro de 1969, com pouco mais de vinte anos de idade. Mas o começo não foi exatamente como eu havia pensado e como o senhor Jonas tinha acenado para mim que seria, quando me contratou, seis meses antes: eu cheguei lá e simplesmente eles não tinham um lugar para mim no laboratório — que era onde eu queria e devia estar. Afinal de contas, eu só havia sido escolhido antecipadamente para ir para a Broca Meirelles *por causa* da minha precoce experiência em laboratório de controle da qualidade!

O fato é que me enfiaram de maneira provisória na produção, numa área na qual se fabricavam tubetes de alumínio que eram usados na produção das espoletas. Foi bem estranho.

E mesmo dentro daquele tipo de trabalho totalmente repetitivo e monótono, fui transferido sucessivamente, em pouquíssimo tempo, de...turno. Lembro-me de que trabalhei por uma semana ou pouco mais no turno das 7 às 15 horas, depois fiquei umas duas outras semanas, não mais que isso, no segundo turno, que ia das 15 às 23 horas; e fui parar, em seguida, no terceiro turno, das 23 às 7 horas da manhã! Era muito esquisito sair do trabalho na fábrica às 7 horas da manhã, horário em que, em condições normais, eu estaria chegando para trabalhar. Embora tivesse vivido essa nova situação por apenas uns poucos dias, lembro-me bem de como a experiência de estar saindo da fábrica no horário em que todos os demais colegas estavam entrando me deixava um pouco atordoado.

Não gostei. E, em dois ou três dias mais, eu já tinha decidido que não ficaria ali. E logo fui cobrar do Jonas o que ele me tinha prometido quando me contratou – e que era, afinal, a perspectiva com que tinha me acenado.

Ele me pediu paciência. Disse-me que *tecnicamente* eu era ainda um estudante, não tinha me formado! Não estava formalmente *pronto* para usar o titulo de Químico profissional, embora já tivesse experiência suficiente para isso. Mas, o mais importante era que esse meu novo cargo era somente uma coisa provisória: eu deveria ter um pouco de paciência, pois ainda não tinha sido aberta a vaga para mim no laboratório. Além disso, a fábrica estava precisando suprir imediatamente aquelas posições operacionais, uma das quais eu tinha ocupado. Claro que eu tinha um nível de conhecimento e de estudo muito superior ao exigido; mas, por que não experimentar, sentir um pouco como funcionava outra área da empresa e mesmo outra atividade tão diferente? Eu teria de me relacionar com essas pessoas de qualquer modo! Aquilo me seria útil depois...

Enfim, Jonas argumentou muito bem, e acabei aceitando suas explicações, saindo dessa reunião decidido a esperar um pouco mais, ao invés de levar adiante aquela decisão mais radical.

A fabricação de espoletas exige a utilização de um pequeno tubo de alumínio, componente produzido na área das prensas. Esta era uma área bem pequena. Os tubinhos de alumínio eram usados na fabricação das chamadas espoletas de retardo e produzido por meio de um processo conhecido como forjamento a frio. O encarregado dessa pequena área era o João Alves, um funcionário antigo na casa, que supervisionava um grupo de cinco operadores, que trabalhavam, quando necessário, em regime de três turnos. Havia apenas quatro daquelas máquinas, e agora eu operava uma delas.

A matéria-prima para prensagem, era composta de pequenos cilindros de alumínio chamados de *batoques*, com alguns milímetros de espessura. O leitor poderá visualizar facilmente o formato inicial desses batoques, imaginando-se serrando um cabo de vassoura a cada meio centímetro, mais ou menos. Ao final, terá certa quantidade de toquinhos cilíndricos, cujo aspecto não seria muito diferente de como eram esses batoques.

Os batoques são prensados um a um, por impacto, levando à conformação mecânica. Posiciona-se o batoque manualmente e se aciona a máquina de prensagem. Por ação pneumática, a matriz desce sobre o cilindro, exercendo uma forte punção sobre ele, que o transforma num tubinho, por estiramento. Existem outras formas de se estampar e deformar alumínio e outros metais, inclusive mais modernas e sofisticadas, como a extrusão, que tem uma infinidade de usos possíveis. Mas era daquele modo que se fazia na Broca Meirelles: um trabalho bastante simples, numa máquina descomplicada, exigindo praticamente nenhuma habilidade por parte do operador, exceto quanto à atenção redobrada que deve ter com sua segurança, evitando expor indevidamente as mãos.

Como disse, não era exatamente o que se poderia chamar de trabalho de um químico! Mas isso que, naquela ocasião, pareceu-se encerrar uma grande incoerência (me designarem para fazer um trabalho que eu achava subalterno e olhava com um ar meio superior de desdém, em minha ignorante juventude e brio profissional de então) parece-me hoje bem menos grave. Por quê? Porque creio que aprendi a entender que situações não previstas acontecem.

Mas naquela ocasião não apreendi a situação dessa forma, com a mesma clareza. Para um espírito jovem e decidido a trabalhar em coisas importantes, como era o meu na época, meu trabalho *teria* de ser, desde logo, alguma coisa importante, essencial, rica de conteúdo e capaz de levar-me a novas e memoráveis experiências, nada menos que isso! Assim, foi difícil conformar-me com a condição que me haviam imposto naquela ocasião.

Sem querer estender demais o assunto, preciso dizer que, de fato, o trabalho operacional numa fábrica tradicional não é para qualquer um: um trabalho desses é extremamente rotineiro, repetitivo e monótono, quase invariavelmente levando o executor a um profundo tédio e a tal mecanização dos seus movimentos, que ele corre o sério risco de, em algum momento de desatenção, acidentar-se, caso não haja mecanismos instalados que o protejam de seus próprios erros.

O filme que mostra isso com toda clareza é a famosa sátira do trabalho industrial moderno (Tempos modernos), de 1936, no qual Charles Chaplin faz o papel de um operário que, até mesmo quando já fora da fábrica, segue repetindo os movimentos que o posto na linha de montagem exige dele por horas e horas a fio, levando-o a um colapso nervoso.

De qualquer forma, naquela ocasião a empresa estava operando na sua capacidade máxima e precisava de mais espaço, mais equipamentos e mais gente para ampliar suas operações. A produção em três turnos já denotava isso claramente. Assim, sobrou para mim!

Mas em poucas semanas acabaram realmente me transferindo para o laboratório, onde passei a ser, de fato, o *assistente* que constava como título do meu cargo na Carteira Profissional novinha em folha. Tive então, por um momento, a impressão de que tudo finalmente tinha entrado nos conformes.

Ledo engano! Não fiquei mais do que algumas semanas no laboratório, tendo sido obrigado a aceitar uma nova mudança!

Capítulo 5

Líder

Aconteceu que o João Alves, encarregado das prensas, poucas semanas depois de minha saída dali para o laboratório, sofreu um enfarte e foi afastado do serviço por tempo indeterminado. A área que ele supervisionava ficou sem um encarregado. E então, a quem o Jonas e o gerente da produção, o Bretas, resolveram chamar para ocupar a posição? Surpreendentemente, a mim!

Nunca mais soube do João Alves. Ao que tudo indica, o problema de saúde que teve foi grave e o afastou definitivamente do trabalho — deve ter sido aposentado por invalidez, algo assim. Não sei se ele já tinha tido algum problema do gênero, se era cardíaco...Mas, o fato é que jamais retornou para fabrica, após esse afastamento repentino.

Resolveram retirar-me do laboratório, onde eu era recém-chegado, promovendo-me para o lugar que era do Alves. O critério para a promoção, imagino, foi o fato de, apesar de ainda não estar formado e ter acabado de assumir a posição de assistente no laboratório, eu era o mais qualificado, educacionalmente, entre todos os que já tinham tido experiência (alguma que fosse) na área de prensas. Talvez tenha pesado também minha dedicação e disciplina, que, mesmo com minha insatisfação com o trabalho operacional na prensa, não deixei de ter.

Eu, supervisor! –

E então o senhor Jonas, que me contratara na escola, colocara-me na área de prensas e depois me transferira para o laboratório, chamou-me de novo. Lá fui eu para a sala dele que, como é fácil perceber, eu tinha frequentado já algumas vezes, nesse curtíssimo tempo de trabalho na companhia. Ao entrar, estava ali também o Bretas, que era gerente de produção e chefe do João Alves. Eu já tinha cruzado algumas vezes com ele.

Cumprimentamo-nos e o Jonas foi direto ao assunto, sob o olhar silencioso do Bretas. Como eu sabia, o Alves teve aquele problema de saúde e foi obrigado a se afastar. E não voltaria à empresa, pelo menos a curto prazo. Assim, a posição de encarregado das prensas tinha ficado vaga e (e ele olhou para o Bretas antes de concluir) eles tinham me escolhido para ocupar esse lugar.

"Eu!?", minha reação foi de surpresa autêntica. Eu jamais imaginaria...

"É, você", confirmou o Jonas.

"Mas, eu sou muito novo de casa! E acabo de ir trabalhar no laboratório, que é onde eu queria mesmo estar!"

"Sim", o Jonas explicou, "entendemos isso. Mas o fato é que houve uma mudança que a gente não previa e, agora, precisamos mais de você aqui, na área de prensas de novo."

Lembro-me de que Jonas estava com meu cartão de ponto na mão. E, sacudindo-o como se marcasse o compasso da fala, continuou explicando o porquê da escolha:

"Vimos que você é um funcionário disciplinado. No seu cartão de ponto, por exemplo, não há nenhuma falta registrada, tampouco atraso. Isso é bom, mesmo considerando que está conosco há pouco tempo."

Eu era mesmo disciplinado e cumpridor dos meus horários. E eu não agia assim porque estivesse interessado em algum dia ocupar uma posição de supervisor ou gerente, eu era assim por que era! Certamente herança do meu pai — herança genética, comportamento aprendido, sei lá. *Ele* era assim: extremamente dedicado e cumpridor dos seus compromissos.

"E meus colegas na área de prensas? O que eles vão achar disso?"

"Eles não vão achar nada", retrucou o Jonas. "Eles não têm de opinar sobre isso. Vão aceitar como novo encarregado aquele que nós escolhermos para a posição. Isso é o normal e é o que vai acontecer."

Eu conhecia todos eles. Afinal de contas, estivemos trabalhando juntos nas prensas, descansando juntos nos minutos de folga, almoçando juntos e cumprindo os mesmos horários... Como reagiriam eles ao me verem chegar por lá de novo, agora posando de encarregado, de chefe deles!? Senti-me ao mesmo tempo curioso e um pouco apreensivo.

Jonas era bem formal, devo dizer. Chamava todo mundo de senhor, inclusive a mim: *senhor D'Artagnan* — o que era bem engraçado, já que ele tinha mais do dobro da minha idade. E eu também o chamava de senhor, lógico, embora aqui me refira a ele apenas pelo primeiro nome.

Nossa conversa ali, sob o olhar do Bretas, muito calado, era então bastante formal:

"O senhor está, a partir de agora, portanto, promovido a encarregado da área. Tudo bem? Podemos contar com o senhor?"

Ele dava mostras de querer acabar logo com aquela situação, que resolvia um problema inesperado na fábrica — um problema que era dele e do Bretas.

"O senhor vai ter um delta no seu salário", explicou-me.

"Um delta? Humm, bom!", pensei.

"Delta", neste caso, queria dizer aumento: um salário maior do que eu recebia na ocasião. Gostei dessa parte e agradeci. E com isso eu já deixava implícito que o novo desafio estava aceito. Depois fiquei sabendo que o *delta* não era assim tão expressivo...embora não saiba dizer atualmente quanto esse aumento representava em relação ao que eu ganhava na ocasião.

"Não marco mais o ponto!" –

"O senhor terá direito a alguns benefícios também", acrescentou o Jonas.

"Hummm, e quais são?"

"Bom, o primeiro benefício é o seguinte: este cartão de ponto (ele fez um gesto de balançar o cartão que tinha nas mãos) o senhor não vai usar mais. O senhor não bate mais o ponto!", enfatizou.

E soltou o meu cartão sobre a mesa de trabalho, num gesto de alguma dramaticidade.

"Se não vou mais marcar ponto", perguntei, "como é que vocês vão controlar minhas horas de trabalho?"

"Por assinatura", foi a resposta. "O senhor vai assinar o livro de ponto na portaria, na entrada e na saída, como todos os encarregados. E isso já a partir de segunda-feira, está bem?"

Estávamos na sexta-feira e era de tarde, final do expediente.

"E quando eu fizer hora extra, como vai ser marcada?", eu quis saber.

A resposta não chegou a surpreender....e tampouco me agradou:

"Não há mais horas extras. Gerentes e encarregados ocupam cargo de confiança, portanto, não recebem extras."

Suspirei levemente (acredito). Mas foi suficiente para o Jonas reforçar a informação:

"Hora extra é só para operário! Isso é padrão em qualquer empresa."

Até então, o Bretas não tinha sequer aberto a boca. Penso que ele nem queria mesmo dizer nada, sendo ele como era. E tampouco precisava, porque o Jonas fazia seu papel com uma convicção que não deixava margem a dúvida de que era quem devia prestar-me aquelas informações.

A chave do banheiro! –

Mas isso ainda não era tudo, havia uma coisa mais:

"Há outro benefício, e importante", avisou Jonas.

E tirou de uma gaveta da sua mesa uma chave grande, presa a um pedaço de madeira, que reconheci como um toco cortado de um cabo de vassoura, de uns 10 cm de comprimento. Ele entregou-me a chave, que de cara reconheci.

"É a chave do banheiro", o Jonas confirmou. "Agora fica com o senhor, que é o encarregado."

As áreas de produção tinham banheiros específicos para uso dos operários, como se esperava. Mas, os banheiros ficavam trancados, de modo que, para ir a ele quando precisasse, o trabalhador devia pedir a chave ao seu encarregado. Era uma forma de controlar o uso dessas instalações, claro. Mas, o mais importante nessa forma de controle era que ela inibia a saída do empregado do seu posto de trabalho, mesmo que fosse por poucos minutos.

Nas áreas operacionais das empresas industriais, como sabemos, o trabalho costuma ser coletivo, formado por atividades interdependentes dos trabalhadores: frequentemente, o trabalho flui de um operário para outro, de modo que a interrupção desse fluxo, em qualquer estação do processo, provoca uma paralisação também do trabalho dos demais. Pelo tempo em que um trabalhador fica no banheiro, a menos que seja imediatamente substituído por outro nas suas tarefas, não só ele fica parado, mas uma boa quantidade dos demais, igualmente. As linhas de montagem *fordianas* são apenas um exemplo mais evidente disso. Mas, em maior ou menor grau, o problema se dá igualmente em atividades fabris que não funcionam como linha de montagem.

Assim, peguei a chave do banheiro e a meti no bolso. Senti-me um pouco esquerdo com aquilo. Várias vezes, nos anos seguintes, lembrando-me do episódio. Ponderei que isso representava uma grande ironia: eu havia sido iniciado em funções de liderança recebendo um objeto que tinha sido criado para controlar, não a produtividade ou a qualidade do trabalho das pessoas que formariam meu grupo, mas sim os seus intestinos...!

Fosse como fosse, eu estava recebendo naquele momento uma delegação do meu superior: pela primeira vez exerceria, a partir da segunda-feira, uma função de chefia e liderança. E os vários símbolos dessa nova função tinham me sido apresentados naquela reunião pelo Jonas: a troca do relógio de ponto pelo livro de assinaturas, o estacionamento privativo e a chave do banheiro. Esses eram, na empresa, os indicadores mais óbvios de uma passagem ritual, da condição de executor para a de chefe de executores.

Com toda certeza, o Bretas, que era o gerente da produção, havia participado da decisão de me promover, mesmo que não tenha se preocupado em ser aquele que me comunicaria isso, já que o recado foi dado inteiramente pelo Jonas. E, realmente, ele não abriu a boca naquele nosso breve contato, não grunhiu sequer um ou dois monossílabos. E isso era mesmo do seu feitio; tão logo pode, ele livrou-se de nós e voltou para seu mundinho especial.

O Bretas era um homem baixo e forte, atarracado, de modos rudes, mas de bom coração. Falava muito pouco, mas circulava o tempo todo pela fábrica, dirigindo uma caminhonete e transportando montanhas de peças e equipamentos, naquela carroceria toda suja. Vestia-se com displicência, com suas botinas marrons e suas calças de brim largas e manchadas, sujas de graxa.

Ele conhecia tudo por ali e tinha a confiança total do dono da fábrica, o deputado Broca Filho. Bem, isso é como eu pensava. Porém, depois de algum tempo convivendo com ambos mais diretamente, pude perceber que não era bem assim. O deputado, embora fosse um sujeito muito ocupado e tivesse inúmeras atividades políticas fora da fábrica, fazia questão de comandar pessoalmente as atividades mais rentáveis e importantes da área de produção, e entregava ao Bretas somente aquelas menos nobres ou menos problemáticas — como era o caso, por exemplo, da área de prensas.

Mas, não creio que o Bretas visse isso como um problema, se é que notava esse modo de agir do Broca Filho. Bretas estava ali desde *sempre* — dava a impressão de quase ter nascido e crescido naquela fábrica, da qual conhecia cada canto e cada objeto. E mais: ele mexia em tudo; era um homem cuja própria vida era literalmente guiada pelas suas mãos — grossas, rudes, mas sempre ocupadas. Suas mãos jamais paravam. Quando sua imagem me vem à imaginação, vejo o Bretas caminhando na minha direção, com seu passo duro e seu gingado de corpo, sempre tirando do bolso um maço de estopa para limpar as mãos!

O Jonas fez-me uma última recomendação naquela reunião: de que fosse a ele em caso de qualquer dúvida. Então deixei sua sala e, como já tivesse se encerrado o expediente, tratei de trocar de roupa e ir para casa. Na segunda-feira estaria de volta, desempenhando a minha nova função, de encarregado. Como a turma das prensas reagiria àquilo? Não sabia, sinceramente.

A comemoração –

E, na segunda-feira, apresentei-me na área de prensas, aos meus colegas, identificando-me como encarregado. Agora eu já não operava mais a prensa, outro empregado tinha tomado meu lugar. Eu agora tinha nas mãos uma prancheta e uma caneta esferográfica; e devia circular pela área observando, fazendo anotações sobre quantidades de produção, estoques de matéria-prima na entrada e no processo, estoques de produto acabado na saída, níveis de qualidade, produtividade da operação — coisas desse tipo, administrativas.

Mas, aquelas pessoas tinham sido meus amigos, eu tinha sido um deles até o último dia anterior de trabalho, antes do fim de semana. Eles sabiam que alguém viria para ocupar o lugar do Alves, mas não sabiam que seria eu, o mais novinho dos seus colegas. Isso, pelo menos, é o que penso, muito embora a chamada *rádio peão*, a rede de comunicação informal, funcione muito nas fábricas, de modo extremamente rápido e eficiente. Por isso, não excluo a possibilidade de que alguns deles, se não todos, já tivessem recebido extra oficialmente a notícia.

Num primeiro momento os operadores mostraram certa surpresa com o que viram, mas logo assimilaram o fato. Isso me trouxe alívio, porque minha pouca idade e minha inexperiência em liderar trabalhadores me preocupava bastante. Eu tinha ali colegas de trabalho com quarenta anos de idade e com muitos anos de trabalho naquela fábrica — eram veteraníssimos, portanto. E, repentinamente, aquele menino tinha sido promovido a encarregado...

Mas, rapidamente eles se mostraram todos alegres com seu novo encarregado, e trataram de celebrar comigo: houve uma sessão de comentários brincalhões, algumas piadas sem malícia ou maldade, algumas frases irônicas aqui e ali, típicas do humor masculino que é bem perceptível entre colegas nas fábricas. E como foi que resolveram celebrar minha promoção? Num clima bem amistoso e descontraído, passaram a mão em algumas canetas esferográficas que estavam por ali, inclusive a que estava no meu bolso, e foram sem a menor cerimônia autografando minha camisa, rubricando-a como se suas assinaturas ali fosse uma forma de me desejar sucesso.

Eu achei aquilo muito divertido! Eu não tinha ideia de como era supervisionar pessoas no trabalho, nunca havia antes recebido aula alguma sobre liderança ou sobre como um líder se relaciona com seus liderados. Aquilo me pareceu um sinal evidente de que eu havia sido aceito e, tendo caído de paraquedas naquele ambiente, minha humilde opinião era de que isso era exatamente o que acontece quando se é bem recebido. Deixei, portanto, que assinassem e rabiscassem à vontade minha camisa, sentindo-me um pouco como o garoto que chega ao colégio na segunda-feira com o braço engessado depois de tê-lo quebrado na pelada do domingo e fica ali, posando de celebridade, enquanto os coleguinhas fazem desenhinhos e escrevem gracinhas no branco do gesso.

Isso durou alguns minutos apenas, pois logo a sirene tocou e era hora de trabalhar. Paramos todos com a brincadeira e fomos para a labuta, como em qualquer outro dia.

No intervalo do café encontrei vários outros encarregados, que passaram os olhos por mim apenas de relance, sem qualquer interesse por aquele recém-chegado encarregado de produção.

Exceto no caso do meu chefe. O Bretas estava ali, no local aonde tomávamos café, alguns metros adiante. E ele, sim, me olhou de um modo especial, duro, no qual imediatamente identifiquei uma reprovação.

“Depois do café, vá à minha sala. Quero falar com você”, disse-me entre dentes, olhando-me de cima para baixo.

Pronto! Imediatamente percebi que alguma coisa não estava dentro dos conformes, embora não soubesse o que seria. Tentei entendê-lo, mas não consegui, só sabia que sua cara era de poucos amigos e que ele estava irritado com algo que eu fizera (ou não fizera, sei lá)!

Terminei meu café e rumei para a sala do Bretas. Entrei e ele imediatamente se levantou de trás da mesa. Abriu os braços, mas claro que não era para me abraçar! Num tom duro, disse:

"Assim não vai dar para continuar!"

Fiquei parado à sua frente. "Assim, *como*?", pensei, sem me atrever a verbalizar a pergunta. E ele explicou o motivo de sua bronca:

"Como você deixa *eles* fazerem *isso* na sua camisa? Se permite isso agora, imagine o que mais você não vai permitir daqui para a frente!?"

Até esse momento ainda não me tinha *caído a ficha*. Somente então tomei consciência de que minha camisa estava toda rabiscada com caneta esferográfica. Olhei-a. Era, sim, um bom número de garranchos — já que o pessoal por ali não era muito versado em caligrafia — no peito, nas mangas, nos ombros...

Era isso, então! A comemoração dos meus *comandados* tinha sido imprópria, impertinente. Eu tinha deixado eles brincarem comigo, com o chefe deles! Mas, isso era...grave? Não podia? Eu tinha achado tão legal, era uma forma de me aproximar deles!

"Mas, são meus amigos...", protestei com voz tímida.

"Encarregado não é amigo dos operários!", afirmou ele em tom firme e convincente. "Agora você não tem mais amigos por lá! Você é o encarregado deles, você manda neles! Eu te coloquei lá para tomar conta daquele povo, para comandar esse pessoal, não para fazer chacrinha com eles!". Pasme! Foi esse o conceito de liderança que recebi no início da minha trajetória.

Arroxando a turma! –

E o Bretas falou mais ainda, naquela sessão de admoestação que teve comigo, falou muito mais do que eu já o tinha ouvido falar, ele que era tão caladão. Ouvi ali, pela primeira vez, um verbo que vim depois a escutar bastante em minha vida profissional: *arroxar*. Eu estava lá na área das prensas para *arroxar* aquelas pessoas, me esclareceu o Bretas.

O que quer dizer *arroxar*? Bem, na ocasião eu não sabia. O Bretas percebeu isso pela expressão que fiz e explicou:

"Quem controla não pode ser amigo das pessoas que controla. Se você for amigo deles, não vai conseguir arroxar *eles* quando precisar fazer isso, entendeu?". E me deu um ultimato: "Controle! Faça *eles* produzirem! Foi para isso que botamos lá! Vamos ver se você aprende: vou fazer com você um teste por mais uma semana!"

E o Bretas, que pouco falava, dessa vez falou mais do que todas as outras vezes em que se dirigiu à mim, juntas. Disse-me que estava preocupado com a produtividade do trabalho nas prensas e com a qualidade do produto final, os tubos de alumínio para a produção de espoletas. O nível de refugo estava muito alto, ele ressaltou, precisava baixar. A entrada de um novo encarregado no lugar de João Alves era a oportunidade de conseguir isso e essa oportunidade não podia ser perdida. Era a minha missão, ora bolas! Eu estava ali para *arroxar* o pessoal, para que eles reduzissem o desperdício de matéria-prima e conseguissem produzir maior quantidade de tubos.

Epa! Também aquilo me pegou desprevenido: eu tinha uma *meta* a cumprir, um desafio bem mais sério.

O trabalho de encarregado, apesar de todos aqueles *benefícios* com que me tinham acenado, não me parecia agora tão atraente assim. De fato, aquilo chegou a me deixar bastante apreensivo — e foi com esse estado de espírito que fui para casa naquele primeiro fim de tarde vivido como recém-empossado encarregado: de repente, eu passara de jovem estrela, que acabara de ser guindado à posição de líder, a um empregado com o emprego ameaçado! E isso somente porque eu tinha me mostrado amistoso com as pessoas?

Bem, concluí que eu estava errado, que não era assim que se comandava um grupo de trabalhadores, pelo menos pela ótica do Bretas. E, então, o que fiz? Voltei à área, após o almoço, com outra cara, mais sisudo, mais calado. E, na hora em que um deles veio falar algo comigo, me pus muito sério, distante, dizendo logo:

"Olhe aqui, estou ocupado e não quero mais saber de brincadeiras! Volte para a sua máquina e trate de trabalhar", ou algo desse tipo.

Como diz um provérbio antológico, *pobres e fracos se juntam.* E então, logo nos primeiros dias que se seguiram já senti que meus ex-colegas, agora meus comandados, uniram-se para compartilhar entre eles o que pensavam de mim, e por vezes não era algo que me agradaria, muito embora nunca tivessem declarado guerra aberta. Fosse como fosse, eu tinha me tornado uma espécie de inimigo, ou pelo menos alguém com quem eles precisavam ser reservados e tomar cuidado. Eu já não era, digamos assim, confiável, como antes. Eu era o encarregado, o líder, controlando-os.

Nessas circunstâncias, revelou-se claramente para mim a linha divisória que têm de existir na empresa, entre quem comanda e quem é comandado. Eu já havia atravessado essa linha e não havia retorno possível: mesmo que meu pequeno cargo fosse apenas o de encarregado de uma área menos importante no negócio daquela empresa, eu tinha me juntado ao grupo dos primeiros, tendo por isso de sacrificar aquele grupo de pessoas que até então considerara, ingenuamente, amigos.

A existência dessa linha imaginária, mas muito real — e o porquê de ela existir — ainda hoje me põem para cismar. Porque ela existe e isso em *todas* as empresas! Mesmo quando imbuídos das melhores intenções, seus dirigentes inevitavelmente estabelecem, por meio de incentivos ou benefícios, por sinais mais ou menos evidentes e por discriminações às vezes facilmente explicáveis e outras vezes nem tanto, a diferença entre os dois extratos. E quem é alçado ao patamar superior não mais consegue navegar no patamar de baixo, muda de status, de classe. E, curiosamente, a coisa é estimulada até mesmo por certos sindicatos, que enxergam nisso um modo de cooptar os empregados e predispô-los contra os dirigentes e a empresa em que trabalham. Já vi muito sindicalista doutrinando trabalhador, ao lhe afirmar com veemência que seu chefe é seu inimigo. Aos vinte e poucos anos de idade, de repente e sem preparo algum, me vi atirado nesse ambiente movediço, instável.

Minha situação era especialmente difícil, não só por esse despreparo: é que eu, nesse momento, nem estava integrado ao grupo dos encarregados e gerentes e nem podia continuar integrado ao grupo dos trabalhadores operacionais — e a empresa não me dava respaldo algum para enfrentar essa situação (raras são as empresa que dão, aliás...).

E, ali, essa ausência de mínima orientação era flagrante: não havia um mísero curso de liderança a frequentar, um orientador mais experiente capaz de me aconselhar, uma cartilha publicada a respeito, que eu pudesse ler. Eu estava à míngua, sedento pela água que não existia naquele deserto.

E, como era inevitável, segui o caminho do bom senso, se é que podia dizer, àquela altura e com aquela idade, que o tinha: fui tratando de agir como me parecia melhor, tateando aqui e ali, pensando o melhor possível no que devia fazer a cada problema de supervisão ou liderança que me surgia à frente. Adotei o caminho da chamada *liderança por tentativa e erro* — que, penso hoje, é o *pior* que alguém pode seguir quando se prepara para ser um líder numa empresa. Vai-se testando, testando, testando, e em dado momento a gente acerta! Só que, quando se erra — e erra-se na maioria das vezes — o preço geralmente é alto, em produtividade, desperdício, imagem, custo financeiro...E, enfim, o que deu certo a gente repete, e o que deu errado a gente trata de corrigir o mais rápido possível, prometendo-se que jamais fará aquilo outra vez daquele modo!

Mas penso também que, de modo especial, a própria natureza da atividade principal daquela empresa — qual seja, a fabricação de explosivos, produtos altamente perigosos — influiu para enfatizar ainda mais a formação desse muro invisível separando encarregados e gerentes de um lado e operários do outro.

Por que? Bem, essa era uma empresa peculiar, na qual *não* atender aos procedimentos de trabalhos regulamentares — transgredindo as normas — podia ter consequências muito graves, catastróficas mesmo! Por isso, transgressões, quaisquer transgressões, tinham de ser objeto de punição severa, uma vez que colocavam em risco a própria vida do transgressor, bem como a vida de muitas outras pessoas que trabalhavam compartilhando o mesmo espaço físico.

Capítulo 6

Chefiando a Produção

Mais mudanças –

As reviravoltas em minha carreira profissional no curto tempo em que trabalhei na Broca Meirelles foram formidáveis. Vejam só: nem três meses haviam se passado depois de eu ter assumido o posto de encarregado e, estando eu já começando a me adaptar à posição, de novo veio o Bretas com novidades: chamou-me à sala dele e com aquele jeitão direto, despachado, sem nada perguntar, foi me comunicando:

"A partir de amanhã você passa a trabalhar no Laboratório de Ensaios. Precisamos de você lá. Vou ficar eu mesmo, por enquanto, chefiando a área das prensas e você vai ajudar no Laboratório."

"Como é?", perguntei.

Eu queria entender, mas o Bretas não era de explicar.

"É isso que eu falei: precisamos de você lá."

"Mas, meu trabalho na liderança...?"

"Esqueça esse trabalho por enquanto. Está tudo bem. Não estou tirando você de lá porque fez alguma coisa errada. Estou pondo você no Laboratório de Ensaios para fazer uma coisa mais importante. Não é o que você queria? Então, pronto!"

Fiz que sim com a cabeça e o Bretas finalmente esclareceu alguma coisa:

"Temos um projeto importante para ser desenvolvido na área de Ensaios: um temporizador térmico para um dispositivo de uso militar..."

Então interessei-me. Aquela frase que o Bretas tinha usado comigo logo no meu primeiro dia como encarregado, "Assim não dá!", tinha doído. Eu não tinha esquecido. Mas, agora via que isso tinha ficado para trás: seu chamado para que eu mudasse de área outra vez era um sinal de que eu tinha sido, finalmente, *aprovado*. E a minha ida, agora, para o Laboratório de Ensaios era como que uma promoção, não um castigo! Legal!

"O projeto do temporizador está em fase experimental. Vai ser aplicado num artefato de uso exclusivo das Forças Armadas. O doutor Broca..." E o Bretas fez uma pausa nesse momento e de repente trocou de assunto; completou dizendo: "É um projeto do Exército."

Entendi a mensagem: o Dr. Broca tinha interesse no projeto do temporizador. Era ele que tinha decidido me mudar para o Laboratório, não o Bretas, embora este quisesse me dar a impressão de que estava no comando.

Gostei de ter concluído isso. Agora parecia que minha carreira ali estava começando a tomar o rumo certo: eu estava sendo chamado para participar de um projeto especial, o desenvolvimento de um componente importante para um produto de uso privativo do Exército. E era justamente para coisas como essa que eu tinha estudado, feito meus estágios, me interessado por explosivos...

E mais: mesmo não dizendo isso, o Bretas tinha me revelado que o projeto era uma prioridade na empresa, e que o Dr. Broca tinha mesmo um cuidado muito especial com tudo que o pusesse em evidência e fosse relacionado às Forças Armadas. Ele era um político esperto. Com certeza, tinha feito lá suas conversações de bastidores, para que o tal artefato, ou pelo menos o temporizador dele, fosse produzido ali na fábrica. E além disso (o que me encheu de orgulho), ele tinha achado que eu era o sujeito para trabalhar nisso.

"Está bem", respondi. "Vou para o laboratório amanhã, então?"

"É."

"E quem vai ser meu chefe?"

O Bretas não respondeu, apenas fez um meneio de cabeça, como quem pergunta: "E isso tem importância?".

E talvez não tivesse mesmo importância: o time de projeto já estava a postos no Laboratório quando cheguei lá na segunda-feira e eles me receberam e me incorporaram sem dificuldade. O fato é que fizemos um bom trabalho e desenvolvemos o temporizador — a coisa, afinal de contas, não era assim tão complexa.

Eu me sentia à vontade com aquele pessoal. O laboratório me agradava e, mais do que isso, era onde eu queria mesmo estar. Minha experiência (já bastante apreciável, apesar de nem estar ainda oficialmente formado), no manuseio de explosivos e na realização de ensaios, especialmente no Laboratório Experimental, em meus estágios na Presidente Vargas e na Mantiqueira, me deixavam bem à vontade.

Eu tinha a intenção de permanecer no Laboratório de Ensaios, é claro. Mas não sabia bem que função teria se ficasse, ou mesmo se o Broca concordaria em me deixar trabalhando nessa área. Era uma incógnita. Porém, de uma coisa eu sabia: não queria voltar a trabalhar na produção, depois desse progresso!

E não voltei mesmo, mas também não permaneci no laboratório. De fato, mudaram-me de lugar mais uma vez. E, desta feita, quem me chamou à sua sala não foi o Bretas, mas o próprio dono da empresa.

O deputado Broca Filho era um mestre do discurso: falava fácil e bem! Tinha a voz empostada, pronunciando as palavras e frases com eloquência, como se as saboreasse. Construía imagens com palavras, e as acentuava com a gesticulação das mãos e as expressões faciais. Falava como se fosse um ator de teatro; era, de fato, *o* orador!

Foi exatamente como se mostrou a mim quando entrei em sua sala para saber o que queria. Abriu os braços e sorriu, veio ao meu encontro, cumprimentou-me efusivamente e passou a me elogiar, chamando-me de *jovem promissor, profissional res-*

ponsável e *cumpridor dos meus deveres*. Reafirmou sua *total confiança* em mim, um "jovem tão maduro, apesar da pouca idade". (Meu pai me dizia isso, mas o tom, o contexto, a intenção – tudo era bem diferente! Ele e o Broca *eram* diferentes!)

Resumindo, o que o deputado queria era que eu passasse a chefiar o setor de fabricação da pólvora negra – o que me pareceu um pouco assustador na ocasião, embora instigante também!

"A pólvora, é?"

"Sim. E você é o mais indicado para essa posição! Tem a experiência, a responsabilidade, o dinamismo..."

"Está bem", respondi. "Vou falar então com o senhor Bretas, que..."

"Esqueça o Bretas!", ordenou o Broca, peremptório. "Agora você se reporta diretamente a *mim*!", enfatizou, com o indicador apontando para o peito. A voz continuava empostada; e seu olhar de águia estava fixo em meu rosto.

Assumi a chefia do setor de fabricação da pólvora negra.

E o que isso significava, realmente? Para que o leitor entenda, preciso, nos próximos parágrafos, discorrer um pouco sobre o que é a pólvora negra e como se fabrica. Torço para não aborrecer o leitor com um conteúdo como esse, um pouco mais técnico. Mas vamos lá.

A temível pólvora negra! –

A Broca Meirelles fornecia pólvora negra principalmente para as fábricas de fogos de artifício e de cartuchos para armas de caça. Hoje se produz muito pouco desse tipo de pólvora, uma vez que outros explosivos mais modernos têm sido desenvolvidos, oferecem mais vantagens e têm a preferência do mercado. Mesmo assim, a pólvora negra não desapareceu por completo.

De fato, ela ainda tem certo apelo para muita gente. Em primeiro lugar, é um produto que carrega atrás de si um bocado de história, desde sua invenção pelos chineses, muito tempo antes de Cristo. Além disso, ela é relativamente fácil de produzir – e perigosa! Talvez essas características, tomadas em conjunto, sejam responsáveis pelo fato de a pólvora negra continuar a atrair o interesse de muitas pessoas e gerar curiosidade, especialmente entre adolescentes que sentem necessidade de dar vazão a fantasias aventurosas por meio de atos um tanto (ou muito!) marginais e proibidos.

Essa é, talvez, a melhor explicação para a existência de vídeos, comuns na internet, descrevendo formas artesanais de produzir a pólvora. Essas gravações são inoportunas e imprudentes, para dizer o mínimo. São obra de garotos metidos a sabidos, que acham que vão impressionar as coleguinhas do colégio, mostrando a elas o quanto são corajosos e amantes de aventuras. Mas, o que apresentam nesses vídeos do YouTube é muito perigoso e não deve ser copiado!

Em linhas muito gerais, a pólvora negra é uma mistura de nitrato de sódio, enxofre e carvão mineral. Misturam-se o nitrato de sódio e o enxofre e, em separado, o nitrato de sódio e o carvão mineral. Essas chamadas *misturas binárias* são necessárias para se evitar o risco de uma reação imediata, que poderia levar tudo pelos ares, caso se pusesse em contato direto o enxofre e o carvão!

É preciso que ambas essas misturas binárias sejam homogêneas, isto é, seus ingredientes precisam estar reduzidos a um pó muito fino. Essa homogeneização depende de se ter feito uma eficiente trituração dos ingredientes.

Hoje esse processo de trituração é totalmente automatizado e muito mais rápido, eficiente e seguro. Em minha época na Broca Meirelles, porém, fazia-se a trituração usando-se uma tecnologia antiquíssima, que remonta a tempos medievais: usava-se um moinho de rolo de pedra denominado *galga*. Era um conjunto formado por um panelão de concreto cuja base era uma pedra redonda e plana. A mistura era colocada nesse panelão e triturada por duas pedras que giravam sobre a base, moendo a mistura e reduzindo-a a grânulos. O panelão era de concreto liso porque o atrito com esse metal é menor e, assim, o risco de ocorrer uma faísca que leve a uma explosão é reduzido.

A galga era movimentada por tração animal: usavam-se burros de carga atrelados ao seu eixo central. Os burros permaneciam horas e horas a fio caminhando em círculo, fazendo a pedra girar dentro do panelão. Noto que o mesmo sistema era usado para operar as bolandeiras, nos velhos engenhos de moagem de cana-de-açúcar no Nordeste no Brasil colonial, embora ali os animais de tração geralmente fossem bois, e não burros.

Essa mistura na galga era a etapa inicial no processo de produção da pólvora negra. A mistura era depois transferida para outro setor, no qual uma pesada prensa a compactava, fazendo uma *bolacha* (era como a chamávamos), que tinha o aspecto de uma pizza de massa grossa e escura. Despejavam-se as *bolachas* num moedor, e um conjunto de martelos de cobre as desintegrava, sendo os pedaços levados por esteiras a peneiras vibratórias sucessivamente mais finas, que deixavam passar apenas o material de menor granulação. Os pedaços maiores eram retidos e retornavam para nova trituração, até que toda a mistura estivesse completamente reduzida a um pó extremamente fino.

Vinha o estágio seguinte, de secagem e grafitagem: os grânulos recebiam uma cobertura de grafite, finíssima. O carvão mineral é uma substância higroscópica (isto é, absorve água facilmente). Assim, a mistura estaria vulnerável demais sem a grafitagem, e mesmo uma pequena elevação na umidade relativa do ar poderia levá-la a perder a eficácia em semanas ou mesmo dias.

Mas a grafitagem é uma etapa perigosa, que requer cuidados especiais. Essa operação era feita numa máquina misturadora protegida por um grande balão de lona, para se minimizar o risco de se gerar eletricidade estática. Tínhamos na área o maior respeito pela eletricidade estática, um sério fator no aumento do risco de explosão. Por isso, acoplado ao equipamento de grafitagem havia um sistema de aterramento. Ao final desta etapa, a mistura já tinha adquirido seu aspecto característico, de um pó preto muito brilhante, conferido pelo revestimento de grafite.

A pólvora negra era então testada em laboratório de controle de qualidade e, uma vez aprovada, embalada e armazenada em paióis apropriados, convenientemente distantes da área de produção. Tanto as áreas de produção como os paióis de armazenamento do produto eram frequentemente inspecionados pelo SFIDT — o Serviço de Fiscalização da Importação, Depósito e Tráfego dos produtos controlados pelo Ministério do Exército. Periodicamente os militares vinham à empresa para fazer essas inspeções.

Parte de nossa produção de pólvora negra era embalada em sacas de 60 quilos, que supriam as fábricas de fogos de artifício, as quais empregavam esse explosivo na confecção de foguetes, bombinhas, morteiros, rojões e outros produtos típicos.

Outra parte tornava-se o que se conhecia como *polvurinho*: a pólvora era embalada em garrafinhas de plástico alaranjadas (para filtrar a luminosidade, que poderia alterar as propriedades do produto). Não sei por que essas garrafinhas eram chamadas assim, talvez seja apenas uma corrupção do diminutivo *polvorinha*. Essas garrafinhas eram acondicionadas em caixas e vendidas também às empresas fabricantes de fogos de artifício, onde eram adquiridas por usuários de armas de caça e frequentadores de clubes de tiro. Usava-se o *polvurinho* para recarregar cartuchos vazios, o que é bem mais barato do que sempre comprar cartuchos novos.

Finalmente, uma terceira parte da pólvora negra destinava-se a vários clientes, para usos específicos. Um de nossos clientes mais importantes era a CBC – Companhia Brasileira de Cartuchos, empresa pioneira na fabricação de munição no Brasil

Mas, a Broca Meirelles fabricava também produtos aplicados à produção dos explosivos propriamente ditos, entre os quais cordéis detonantes e espoletas, com suas especificidades e também seus riscos.

A área de produção da pólvora –

Na Broca Meirelles, como era necessário, os setores de produção situavam-se fisicamente distantes, não só dos paióis de armazenamento do produto acabado, mas igualmente dos setores administrativos da fábrica. Isso era necessário para se evitar que um eventual acidente em alguma fase do processo de produção provocasse uma reação em cadeia, ampliando os danos. Era preciso circunscrever o mais possível cada fase da produção e cada área da empresa, para minimizar riscos.

Mas é preciso dizer que a avaliação do risco de um explosivo detonar é feita considerando-se duas variáveis: a força potencial da explosão e o grau de estabilidade do produto. Quanto maior for a força do explosivo, mais violenta será sua detonação. Por sua vez, a probabilidade de detonação cresce com a instabilidade do material: quanto mais instável ele for, maior será o risco de detonar.

Quem lida com explosivos, portanto, deve estar permanentemente atento a essas variáveis, que poderiam ser visualizadas num gráfico: em algum ponto desse gráfico se encontrará um ponto de equilíbrio entre as variáveis — um ponto em que o material apresenta o grau máximo de violência potencial no caso de explosão, mas apresenta também uma estabilidade suficiente para garantir que o risco de explosão acidental seja mínimo.

Nosso setor de produção de pólvora localizava-se na encosta de um morro. À frente do morro havia uma ampla área aberta para a circulação das pessoas e dos materiais em processo. Os encarregados e operários passavam o tempo todo por essa área, entrando e saindo dos barracões em que estavam as estações de produção. De uma ponta à outra, a área de circulação tinha a extensão de menos de cem metros.

Havia seis dessas estações. Cada uma correspondia a uma das seis etapas básicas no processo de produção da pólvora negra. Os barracões ficavam enfileirados na encosta do morro, a um intervalo aproximado de uns dez metros entre um e outro. Em cada barracão trabalhavam geralmente cinco a seis operários.

Cada barracão era construído num espaço escavado no próprio morro, uma espécie de nicho aberto na encosta, como se fosse a entrada de uma mina. Os barracões eram muito simples, construídos com vigas de madeira fina e leve e usando uma cobertura também muito leve à guisa de telhado (nas antigas fábricas chinesas de pólvora, por sinal, essas estruturas eram propositalmente construídas de bambu). Entrando num desses barracões, via-se que o espaço interno deles tinha sido escavado no próprio morro, sendo as paredes, portanto, formadas de terra. Dentro de cada barracão estavam os equipamentos usados para aquela etapa do processo de produção da pólvora.

Essa arquitetura das estações de produção tinha uma razão de ser – a segurança, que era a mais importante norma a ser seguida naquele ambiente: como em todas as estações se manipulavam materiais muito perigosos, tudo ali exigia um grande cuidado, era essencial minimizar os riscos de danos, no caso de uma explosão.

Por isso as estações eram cavadas no próprio morro: no caso de haver detonação numa delas, não haveria propagação para as demais estações, pois as paredes de terra impediriam que a onda de choque se desse lateralmente. Assim, o deslocamento do ar se daria para cima e, nesse caso, a explosão numa estação levaria pelos ares o telhado do barracão. É por isso que o teto tinha de ser leve: para que a explosão se dispersasse no ar, com um mínimo de destroços caindo de volta no local. Uma construção mais sólida seria, portanto, extremamente perigosa: já pensou no que significa um monte de pedaços de concreto e restos de estrutura metálica desabando sobre as cabeças das pessoas, depois da explosão numa dessas estações!?

Do lado oposto, a área de circulação era margeada por um declive acentuado, de uns quarenta e cinco graus, no qual havia uma plantação de eucaliptos. Esse eucaliptal se estendia por cerca de cem metros abaixo e, entre as árvores, se percebiam lá embaixo as instalações dos escritórios, convenientemente distantes e separadas daquele perigoso setor de produção. A extensão do declive e a escolha dos eucaliptos tinham sido estudadas, pois é sabido que o eucaliptal é capaz de neutralizar a propagação das intensas ondas de choque que ocorrem numa explosão de grandes dimensões.

Foi esse o local de trabalho que passei a frequentar diariamente daí por diante, em meados de 1970, ocupando a posição de chefe do setor de produção das primeiras estações de pólvora negra na Broca Meirelles. Eu ainda nem estava formado no curso de Química e já dirigia uma área importante de uma empresa como aquela, dedicada à fabricação de um produto que, apesar de manufaturado de acordo com um processo pouco sofisticado do ponto de vista tecnológico, era de enorme responsabilidade, pelos altos riscos envolvidos.

O doutor Broca Filho tinha dito, ao convidar-me para a posição, que confiava em minha maturidade e meu discernimento. A bem da verdade, eu não tinha tanta certeza assim de que ele fazia essa afirmação de coração. Quanto a mim, porém, *eu* confiava, sim, em minha maturidade e em meu discernimento! Queria fazer coisas importantes na vida, e desde logo! Queria crescer profissionalmente e realizar trabalhos que de alguma forma fizessem a diferença. E, convenhamos: gerenciar o setor de fabricação de pólvora negra da Broca Meirelles, naquele momento ainda tão prematuro de minha carreira, era sem dúvida um excelente modo de iniciar essa caminhada!

Capítulo 7

O Brasil comemorando!

Assim, envolvi-me profundamente com tudo aquilo. Eu tinha, agora, nada menos que 30 homens sob o meu comando. E, talvez com poucas exceções, a grande maioria deles tinha aproximadamente o dobro da minha idade! Eram homens que diariamente cumpriam tarefas perigosas, que demandavam deles a máxima atenção. E era meu papel cuidar para que tivessem mesmo, todos eles, essa dedicação e esse cuidado com seu trabalho: *eu* devia ter a máxima atenção com de cada um deles, a fim de que a segurança na área de trabalho fosse a mais eficaz possível!

Dediquei-me muito, também, aos aspectos técnicos do trabalho. Rapidamente me vi tomado por uma grande ânsia por saber mais e mais sobre explosivos, por abarcar, se possível, todo o conhecimento disponível a respeito, tornando-me um especialista reconhecido na área dentro de algum tempo. Não havia, como eu já sabia muito bem, muitos brasileiros que pudessem ostentar essa qualificação — talvez um ou outro professor de universidade, talvez um ou outro profissional experiente que tivesse escrito um livro sobre o tema...

Assim, fui pesquisar sobre explosivos: consultei diversas bibliotecas e tratei de saber mais sobre esse tipo de produto, fui a livrarias e adquiri os livros disponíveis no mercado e, inclusive, identifiquei livros estrangeiros sobre o tema e tratei de importar os que me pareceram mais importantes. Lia atentamente tudo que me caía nas mãos, e lia meus livros sobre o tema da maneira como gosto de fazê-lo: com critério e atenção, grifando os trechos e parágrafos mais significativos, marcando termos e expressões-chave sobre os quais pretendia pesquisar mais, assinalando passagens importantes às quais poderia voltar em outras ocasiões, fazendo anotações com caneta ou lápis nas margens...

E, a partir de então, tampouco deixava passar alguma oportunidade que surgisse de me inteirar sobre essa indústria, sobre esse tipo de produto: suas matérias-primas, sistemas da qualidade, processos de produção — ou sobre a física e a química envolvidas, a base científica e tecnológica por trás dos explosivos. A cada conversa com alguém, a cada programa de televisão, filme, matéria de jornal ou revista ou outro tipo de informação que me chegasse e que pudesse ter alguma relação com explosivos, eu imediatamente deixava o que estivesse fazendo para prestar atenção. Eu estava, enfim, tomado pela firme disposição de ser um conhecedor do assunto, um profissional conhecido e respeitado na área.

Percebo hoje quanto essa atitude de então tem a ver com a disposição firme que desenvolvi, ao longo dos anos seguintes, de me dedicar com afinco à Qualidade. Sim, porque passei a agir coerentemente com a clara noção de quem ninguém se envolve com Qualidade apenas pela metade: não existe algum pretenso *semiespecialista* em Qualidade — ou você está *realmente* ali, totalmente mergulhado naquilo, ou você não está em absoluto; não há meio termo.

E era assim também com a segurança na produção de explosivos: ou você zela por ela e dá tudo que tem para que haja a máxima segurança, ou é melhor que não esteja ali de modo algum. Essa questão da dedicação total à causa que se abraça é o que vejo hoje de comum entre os dois focos de minha atenção — o de então e aquele a que me dediquei mais tarde: a Segurança e a Qualidade!

Assim, eu me vi a partir desse momento, na empresa, fortemente preocupado igualmente com a Segurança: se era para fazer, então eu iria fazer bem feito; e mais: fazer bem feito logo da primeira vez! Na época isso assomava à minha mente apenas intuitivamente — não sabia que já pensava, então, em termos de Qualidade. Hoje, trata-se de algo de que tenho plena consciência.

A superprodução! –

Mas foi um tempo bastante pesado esse segundo semestre do ano de 1970! As exigências que caíram sobre meus ombros e dos demais chefes da fábrica foram grandes, e comecei a sentir esse peso imediatamente, logo que assumi aquela posição.

Como já tive a chance de dizer mais acima, a produção de fogos de artifício no Brasil, no ano de 1970, foi simplesmente fantástica: talvez nunca se tenha produzido e consumido antes no país um foguetório de tais proporções quanto nesse ano de tantas comemorações entre nós, especialmente em função da retumbante campanha do Brasil na Copa do Mundo de Futebol realizada no México.

Era o Brasil explodindo de alegria e orgulho com sua amada Seleção Canarinho! E enquanto isso, em Guaratinguetá, no Vale do Paraíba, Estado de São Paulo, uma fábrica de explosivos, a Broca Meirelles, operando em sua capacidade máxima e empregando todo o seu corpo de trabalhadores somando incontáveis horas extras, ainda assim não conseguia dar conta do imenso volume de demanda urgente de mais pólvora, e outros produtos, que os clientes faziam todos os dias!

Sempre fui muito concentrado no trabalho, nunca enjeitei responsabilidade e sempre dei o máximo de mim no cumprimento de minhas obrigações. Mas o que vivia ali, naquele momento, não era normal, estava bem longe do que havia esperado. O trabalho na fábrica exigia que eu estivesse absolutamente atento a tudo, todos os dias, dia e noite, eventualmente nos fins de semana, em que nem conseguia ficar algumas horas tranquilo em casa, tenso que me sentia com o ritmo de produção.

E era necessário que eu tivesse também informações completas, claras e imediatas, na ponta da língua, para prestar contas ao Broca sobre qualquer contratempo, por mínimo que fosse, que pudesse nos levar a descumprir um prazo, ou a apresentar ao final do dia uma quantidade menor de produto que a prevista, ou a ficar sem atender a uma meta de produção.

Sim, porque nosso chefão era um homem muito duro, radical mesmo. Ele caía em cima do pobre diabo que cometesse um erro ou que não soubesse explicar muitíssimo bem qualquer coisa, por menor que fosse e que tivesse saído dos eixos. Todos ali, independente de posição, idade, formação profissional, tempo de trabalho na empresa ou qualquer outro quesito que se levasse em conta, tinham muito medo do Dr. Broca, que era, segundo se sabia, implacável. Contavam-se na empresa histórias terríveis de humilhações sofridas por chefes e funcionários pegos em algum erro, admoestações que frequentemente eram seguidas de sumárias demissões. E embora eu ainda não tivesse tido meu *batismo de fogo* com ele, essas histórias me deixavam também muito apreensivo, como a todos.

Imprudência!!! –

Eu cuidava o melhor que podia da produção. E em poucos dias, já estava sentindo nitidamente os efeitos da pressão. Certa vez me avisaram, com pouquíssimo tempo de antecedência, que uma empresa cliente de fogos de artifício viria buscar, nessa mesma noite, nada menos que dez toneladas de pólvora que havia adquirido de nós. Isso não era normal! Além de termos de produzir uma quantidade muito acima do usual, desta vez a pressão vinha acrescida de um novo fator: seria preciso dar uma produção ainda maior — e para já!

Sabemos bem quanto é complicado atender a uma meta quando ela é ambiciosa demais. Se a quantidade solicitada estiver acima do usual, a tensão certamente aumentará pela nossa incerteza sobre poder ou não atender a essa demanda. E, se o prazo que nos derem para produzir algo for curto demais, também nossa tensão crescerá, pela incerteza de podermos atender. Agora, quando exigem de nós não apenas uma quantidade de produto acima da normal, mas ainda a ser entregue num prazo de produção exíguo demais, então a tensão de que somos tomados cresce exponencialmente. E não preciso lembrar o leitor de que, se esse tipo de coisa acontecer numa fábrica de explosivos, a tensão que se acentuará irá também aumentar perigosamente o risco de um acidente de trágicas proporções.

Pois era esse o clima que estávamos enfrentando naquele dia, ao final da tarde, no setor de produção de pólvora. Ainda assim, estávamos, com enorme esforço adicional, conseguindo felizmente produzir o volume de produto solicitado, dentro do prazo dado. Foi quando recebi a ordem de carregar os veículos do cliente com o produto fabricado, que seria levado ainda naquela noite.

"Carregar os veículos do cliente!?". A informação me deixou espantado, pois aquilo era totalmente contra as regras estabelecidas. "Como assim?", quis saber. "O produto tem de sair daqui do setor de produção para o paiol. O cliente que vá retirar o produto lá, não aqui!"

"Não", disseram-me. "A ordem é retirar diretamente daí".

"Aqui? Não! Não pode! Claro que não!"

"Pode, sim. É a ordem. E os veículos de carga do cliente já estão chegando no seu setor!"

"Que maluquice é essa!?", protestei com veemência. "Não dá para trazer nenhum veículo aqui para a área de manobra da produção! Que absurdo! Todo mundo sabe que um veículo por aqui é uma coisa perigosíssima! E se der uma faísca?"

"Veja bem, é ordem de cima, não se discute! Então, é assim que vai ser feito. Os veículos, por sinal, já estão chegando."

E, de fato, nada menos que dez kombis apontaram lá na entrada, já se aproximando da área de manobra!

Fiz o que me pareceu o mais sensato, naquele momento que me pareceu de insanidade coletiva: imediatamente mandei interromper toda a produção e instrui o pessoal para tratar de proteger da melhor maneira possível os locais de manipulação do produto que fossem mais vulneráveis. Se um daqueles veículos produzisse uma fagulha que fosse, o risco de tudo aquilo ir pelos ares seria enorme!

Felizmente nada de mais grave aconteceu. Mas foram horas de angústia: as kombis, nada menos que dez daquelas tão conhecidas peruas fabricadas pela Volkswagen, chegaram, estacionaram lado a lado na área de manobra à frente das estações de produção e os operários começaram o carregamento do produto, que já se encontrava disponível naquele local. Já estava totalmente escuro, eram quase oito horas da noite, quando o carregamento começou. E cada perua foi carregada com cerca de uma tonelada de pólvora. Uma vez lotado, o motorista entrava na cabine e ligava o motor. Eu rezava para nenhuma faísca acontecer e o veículo então se afastava lentamente dali, para a entrada, a fim de esperar as outras kombis, antes de encetar o caminho de volta para sua cidade. A cada repetição desse episódio, eu fazia o sinal da cruz, agradecendo a Deus pelo fim de uma décima parte daquele risco enorme, totalmente evitável.

E por volta da meia noite, finalmente, o carregamento terminou e a última kombi deixou a área. Pude então suspirar profundamente pela primeira vez em várias horas, um pouco mais aliviado da enorme tensão daquela tarde-noite no setor de produção de pólvora da fábrica. A imagem daquela última kombi deixando o setor de produção completamente abarrotada de pólvora, como fora com as nove outras kombis que a antecederam, gravou-se em minha retina e aí ficou por muito tempo. Mesmo anos após o episódio eu ainda podia visualizar mentalmente as placas dos veículos, numeradas em sequência, todas elas mostrando que tinham sido emplacados em Santo Antonio do Monte, uma cidadezinha no centro-oeste do Estado de Minas Gerais, reveladoramente conhecida por Samonte — que é, como orgulhosamente ainda se anuncia ainda hoje até mesmo na internet, a *capital dos fogos de artifício*!

E mesmo que, a partir do fim do carregamento, eu tivesse me visto finalmente livre daquele terrível risco de explosão no setor de produção de pólvora, meu senso de responsabilidade não permitiu que eu me aquietasse. Pois eu sabia que o perigo de explosão não terminara. Eu me livrara dele, mas de fato ele apenas se transferira para aquele comboio formado por kombis abarrotadas de pólvora, viajando juntas na estrada, por 500 quilômetros, noite adentro, até o amanhecer! Era uma autêntica bomba ambulante que se dirigia para Santo Antonio do Monte! E ela tinha sido armada bem ali, no *meu* setor da fábrica, sem que eu nada pudesse fazer a respeito a não ser engolir as ordens superiores recebidas.

Veio-me à mente, de imediato, o caminhoneiro, protegido apenas pelo seu *revolvinho 22,* que tinha transportado aquela carga de fuzis de repetição do Exército, de Itajubá para Fortaleza, por três mil quilômetros de estrada, não muito tempo antes. E pensei então que frequentemente as pessoas dão uma tremenda sorte! Acabam sendo protegidas pela Providência Divina, apesar de tudo terem feito para se complicar! É Deus nos protegendo de nós mesmos! Naquela noite, fui dormir com a angustiante sensação de que minha vida profissional, afinal de contas, não estava correndo tão às mil maravilhas quanto eu, não mais do que apenas uns poucos dias atrás, ingenuamente tinha pensado...

Samonte –

E não mais que três dias depois, o *fantasma de Samonte* novamente veio me assombrar: o assistente do Broca Filho me comunicou que eu devia ir pessoalmente a Santo Antonio do Monte, examinar um lote de pólvora que tinha um problema de qualidade!

"Que problema!?", eu quis saber.

"Bem, isso não sei. É alguma coisa. A pólvora absorveu umidade, algo assim. O produto não está funcionando. Você deve ir lá, examinar o produto, ver qual é o problema e, se for necessário, vamos substituir o lote."

"É um lote?"

"É um lote."

Então, rumei para Santo Antonio do Monte, a fim de saber o que teria havido com o tal lote de pólvora que tinha falhado.

Não conhecia essa cidade mineira, que fica numa região montanhosa (daí seu nome) no Alto São Francisco, a mais de mil metros de altitude, no centro-oeste do Estado. Surgida como um povoado em 1758, Samonte tem hoje pouco mais de 25 mil habitantes. Tinha menos que a metade disso quando estive lá, em 1970.

É conhecida como a *capital dos fogos de artifício,* dada a grande quantidade de empresas locais fabricantes desse tipo de produto. Atualmente, essas empresas são responsáveis por nada menos que 96% dos fogos de artifício fabricados no Brasil e, juntamente com empresas de municípios de seu entorno, perfazem o que pode ser considerado o maior polo produtor de fogos de artifício do mundo ocidental, o que justifica plenamente aquele apelido.

Mas, contrariamente ao que muitos pensam, a maior fábrica de fogos de artifício brasileira — e também a mais conhecida, Fogos Caramuru, está sediada em Jacareí, no Vale do Paraíba, e não em Samonte. Fundada em 1915, a Caramuru tornou-se logo, e ainda o é, uma referência nessa área da pirotecnia.

Mas o novo milênio trouxe novos valores de mercado, obrigando muitas dessas empresas a ampliarem sua produção e buscarem maior qualidade, para concorrerem com os fogos de artifício importados. Atualmente existem cerca de cinquenta indústrias pirotécnicas instaladas no município, geralmente em locais situados fora do perímetro urbano.

Em 2006 foi inaugurado o Centro Tecnológico em Pirotecnia, bem como uma unidade especializada do SENAI, destinada a realizar cursos profissionalizantes para essa indústria. O laboratório desse Centro Tecnológico é, atualmente, o único do país autorizado pelo Exército a fazer análises de fogos de artifícios comercializados aqui, tanto os de origem nacional quanto estrangeira.

A pólvora na sala de jantar! –

Mas essa profissionalização da atividade de fabricação de fogos de artifício estava bem distante de acontecer quando estive em Santo Antonio do Monte, dias após o fim da Copa do Mundo de Futebol de 1970 em que fomos tricampeões. Ao chegar, fui diretamente à empresa à qual tínhamos fornecido o tal lote de produto com defeito. Recebido ali, fui levado ao armazém onde se encontrava o produto, colhi uma amostra dele e o examinei. Não lembro os detalhes a respeito, mas examinei o produto e este de fato não estava satisfatório e precisava ser substituído. Fiz os registros necessários sobre lote de produção, especificações e outros dados e combinei com o gerente da fábrica o contato com a área comercial da Broca Meirelles para a solução do assunto e encerrei o contato satisfatoriamente.

Porém, eu queria saber mais sobre como eles trabalhavam com aquele produto, pois não era líquido e certo que a pólvora em questão teria saído com defeito da fábrica. Aliás, era até mais provável que não tivesse sido esse o problema e sim uma manipulação inadequada do produto, ao ser utilizado na produção local.

"Gostaria de conhecer a unidade de produção de vocês", eu pedi.

"Os fogos são produzidos por famílias locais", ele explicou. "E isso é feito nas próprias casas deles."

"Vocês, então, terceirizam a produção...?"

"É."

"Posso ver uma unidade de produção dessas?", indaguei.

O gerente me levou à casa de moradia de uma das famílias contratadas para fabricar rojões, bombinhas e outros fogos. Chegamos e fomos atendidos pelo dono da casa, um homem muito simples, que nos levou para dentro da residência, uma casa modesta, de pequenas dimensões.

Ao entrar, vi-me diretamente na sala de estar da casa. O ambiente não funcionava, entretanto, como uma sala de visitas, mas como uma oficina de produção de fogos de artifício. Os móveis tinham sido retirados, sobrando apenas uma velha mesa de jantar, em torno da qual as pessoas da família estavam sentadas, trabalhando, produzindo fogos de artifício. Sobre a mesa, uma montanha de pólvora; ao lado das pessoas, caixas com cartuchos vazios, papeletas e outros materiais necessários à produção dos fogos.

Várias pessoas, seis ou sete delas, em volta da mesa, operavam juntas, em silêncio, laboriosamente. Tinham diferentes idades e dava para identificar ali pelo menos três gerações — aquelas pessoas deviam pertencer a uma mesma família, estando ali, provavelmente, avós, pais e filhos, formando uma espécie de linha de montagem: um enchia cartuchos com pólvora, colhida do monte sobre a mesa com uma espécie de dosador, outro socava a pólvora no interior do cartucho, outro ainda punha o papel no cartucho, algo assim.

Essas famílias ganhavam por produção, por isso envolviam todos nesse trabalho, dos velhos às crianças: quanto mais mão de obra empregasse, maior seria a produção obtida e, portanto, maiores os ganhos daquela unidade.

"E, isso não é perigoso...!?", arrisquei-me a perguntar ao gerente.

Mas, ele não me respondeu. Apenas pareceu surpreso por eu não ter entendido que aquilo era, afinal de contas, a coisa mais natural do mundo, que era assim mesmo que se fazia!

Tomei a estrada de volta profundamente pensativo sobre tudo aquilo. Era algo que não podia estar acontecendo: para mim, a gestão das empresas era um tipo de atividade que requeria enorme bom-senso e capacidade de organização — e o que eu estava vendo acontecer, em pouquíssimos dias de experiência naquilo, era exatamente o contrário! Desse modo, onde chegaríamos?

Capítulo 8

Aprendendo com Experiências *Realmente* Explosivas!

As terríveis reuniões de sábado –

O senhor Broca Filho, dono da empresa, não perdia a chance de discursar, inclusive dentro da sua própria fábrica. Sempre que achava necessário, tomada a palavra e se dirigia aos seus empregados, elogiando-os e exortando-os ao trabalho, sempre que precisava que elevassem mais ainda a produção da fábrica.

As pessoas não morriam de amores por ele, embora muitos o admirassem. Havia muita gente que não confiava e/ou não acreditava nele, achando que fazia demagogia e tudo que dizia era apenas no interesse próprio. Na vida política ele tinha inimigos; por exemplo, consta que, certa vez, durante um comício público, acabou sendo esfaqueado por um sujeito, tendo sofrido ferimentos sérios.

Mesmo entre os empregados da fábrica havia aqueles que não gostavam do chefão, mas simplesmente evitavam manifestar-se a respeito para não pôr em risco o próprio emprego. Havia, porém, os que gostavam dele e o admiravam. A área em que ficava a fábrica da Broca Meirelles, onde trabalhávamos, havia sido anteriormente uma fazenda de gado leiteiro de propriedade da família Broca. Ali os avós e pais do deputado tinham vivido e ali ele próprio havia passado boa parte da infância. Esse era para ele, portanto, um lugar de memórias, cheio de recordações.

Além disso, ao transformar a fazenda em fábrica, o deputado aproveitou boa parte da mão de obra já disponível: os empregados da fazenda, mesmo que totalmente inexperientes nas coisas de uma fábrica, tornaram-se, de uma hora para outra, da nova empresa de explosivos. Muitas dessas pessoas eram agradecidas ao dono do negócio por tê-las amparado dessa forma.

Broca Filho tinha um hábito que eu passei a abominar, tão logo fui obrigado a encará-lo e a conviver com ele: não desejando que seus chefes e gerentes se afastassem do trabalho durante o expediente, encasquetou de fazer reuniões com eles aos... sábados, logo nas primeiras horas da manhã! Com isso tinha seus homens plenamente dedicados à produção, como devia ser, e ainda ganhava de cada um deles a dedicação adicional à empresa, sem pagar adicional por isso!

O modelo era muito sacrificado para todos, que reclamávamos (apenas entre nós, é claro) daquelas famigeradas reuniões de sábado pela manhã, quando o que realmente queríamos (e precisávamos) era estar com nossas famílias e desfrutar do merecido descanso do fim de semana.

As reuniões de sábado eram, além de tudo, tensas e amedrontadoras — eram reuniões programadas claramente para que o Broca Filho lavasse a roupa suja e investisse contra quem tivesse cometido algum deslize durante a semana. Chegávamos à fábrica antes das sete horas e havia uma mesa posta para um cafezinho. Os chefes de setor e gerentes iam chegando e se servindo, amiúde trocando rápidas ideias entre si. Pelas sete horas a sala de reunião era aberta e nos transferíamos para lá, iniciando a reunião com o chefão. Éramos cerca de 8 ou 10 pessoas no grupo, e todos tinham seu lugar fixo, com o dono da empresa sentando-se à cabeceira da mesa e tendo ao lado direito seu assistente, um sujeito empolado e sempre disposto a agradar o chefe, no qual ninguém confiava.

A reunião era destinada à apresentação de relatórios individuais de produção, pelos chefes dos setores, ao dono da empresa. Um a um, éramos chamados pelo Broca para lhe relatar, alto e bom som, na frente de todos os colegas, como tinham sido as coisas em nossos setores durante a semana útil precedente. A vítima da vez, então, punha-se de pé e, tomando (ou não) anotações levadas à reunião, relatava o andamento semanal no setor que supervisionava.

Ao iniciar-se a reunião, as pastas com os números relativos aos vários setores da fábrica já se encontravam sobre a mesa do Broca. Ele havia lido aquilo tudo, havia consultado as pastas e sabia perfeitamente se um dado setor tinha bons ou maus resultados a apresentar.

Começava a reunião quase sempre com um sorriso, como se quisesse cativar a todos ali — como se isso fosse possível naquele ambiente. Porém seu sorriso durava apenas uns poucos segundos; logo em seguida ele já estava usando palavras bem duras, para advertir e ameaçar quem não tivesse bons números a oferecer e justificar.

Não raro, o Broca já tinha na manga um ponto importante a ressaltar sobre este ou aquele setor, geralmente algum problema havido. E, nesses casos, ele começava logo pelo responsável pelo setor problemático, querendo tratar, antes de mais nada, da tal questão. Esses eram os momentos mais tensos da reunião: quando aconteciam, era quase inevitável que a vítima logo recebesse uma saraivada de insultos capazes de fazê-lo perder o rumo da porta. Era vexatório, evidentemente, e o sujeito se sentia, junto aos colegas, o mais reles dos incompetentes, quando aquilo terminava.

Dizia-se que, no passado, mais de uma vez, depois de tê-lo espinafrado condignamente, o Broca demitira sumariamente o pobre sujeito. Em meu período de estada ali isso não chegou a acontecer, mas eu jamais duvidei de que poderia mesmo vir a acontecer a qualquer momento. O fato é que eu sofria muito por antecipação, a propósito dessas reuniões. Um sintoma disso era que, na sexta-feira à noite, eu geralmente já me sentia mal-humorado, tinha problemas intestinais e dificuldade para pegar no sono!

O caso das espoletas para a DuPont –

Numa dessas terríveis manhãs de sábado, cheguei ao local da reunião alguns minutos antes das sete, já encontrando ali a maioria dos colegas. E mal me servira de uma xícara de café, quando na sala ao lado, onde aconteciam as reuniões, a voz inconfundível do senhor Broca começou a vociferar: em altos berros, ele dizia a alguém sobre uma tal carta, cujo conteúdo não era possível saber, mas que tinha lhe trazido uma grande indignação.

"Alguém vai dançar hoje!", disse-me em voz baixa um colega. "Quem será?"

Olhei instintivamente para a pasta que trazia embaixo do braço, resumo de meus números na produção de pólvora. Senti algum conforto — mas não muito, ao novamente me certificar de que nada de sério havia acontecido em minha área durante a semana e que, salvo melhor juízo, minhas informações sobre a produção eram boas.

Mas os altos berros do dono da empresa ainda prosseguiram por um tempo, até que a porta da sala de reuniões se abriu e nós todos entramos, silenciosos e graves, desejando saber o que, afinal, teria acontecido.

Ao lado do Broca, seu assistente e inseparável escudeiro, tinha sido, como então deduzimos, o dono dos ouvidos que haviam suportado todas aquelas imprecações nos dez ou quinze minutos anteriores ao inicio da reunião.

Sentamo-nos e o Broca foi direto ao ponto: sacudindo uma folha de papel nas mãos, na qual se podia ver o logotipo da DuPont, ele relatou, com voz grave:

"Vou ler para vocês uma carta que acabamos de receber de um de nossos mais importantes clientes! Trata-se de um assunto da mais alta importância, que não podemos deixar passar em branco!"

A DuPont, multinacional americana muito conhecida, era nossa cliente. Tinha uma fábrica operando em Barra Mansa, no Estado do Rio de Janeiro, próximo da Volta Redonda, a 130 quilômetros de Guaratinguetá. A empresa tinha nessa fábrica uma pequena unidade de fabricação de explosivos, mais tarde desativada. A DuPont comprava da Broca Meirelles as espoletas que usava na elaboração de seu produto; ela preferia adquirir as espoletas de terceiros, para não ter de manipular em suas próprias instalações a terrível Azida de Chumbo, ingrediente perigoso demais que ia dentro das espoletas.

E o Broca leu a carta, que fazia referência ao contrato de fornecimento entre as duas empresas. A Broca Meirelles fornecia espoletas à DuPont em embalagens com 50 unidades, mas frequentemente, em vez de 50 espoletas, as caixinhas seguiam com 51 ou 52 unidades — e isso não era admissível! Trocando em miúdos, o que os dirigentes da Du Pont estavam dizendo é que nossa empresa era uma esculhambação, já que a contagem das unidades nas embalagens era assim descuidada. E, ao final, a carta advertia que a DuPont romperia o contrato de fornecimento, caso uma única caixa que fosse chegasse àquela empresa contendo 49 espoletas em vez de 50!

Lida a carta, os olhares de todos se voltaram imediatamente para o jovem engenheiro, formado há apenas dois anos, que chefiava o setor onde era feita a embalagem das espoletas. Certamente era ele quem iria dançar!

E, aparentemente ele próprio já havia chegado a mesma conclusão, pois tinha noção clara de que a coisa se referia à sua área e já sabia perfeitamente do modo destrambelhado como o dono da empresa costumava reagir aos problemas. E este problema *era* grave, sem dúvida!

"O senhor tem alguma explicação para isso!?", questionou o Broca, olhando diretamente para o coitado. "Levante-se, por favor! O senhor pode explicar o que houve?"

O rapaz pareceu-me já se sentir no olho da rua! E, dessa forma, achou, creio, que não precisava ficar tentando nem encontrar desculpas, nem discorrer sobre o assunto:

"Doutor Broca", disse ele bem alto, para todos ouvirem. "Não tenho a mais leve ideia do que aconteceu!"

"Não!? Mas, não é o produto da sua área? Não é de lá que saem as espoletas, já embaladas, para envio ao cliente?"

"Sim, é verdade", respondeu. "Mas, não conto pessoalmente as espoletas que vão na caixa, isso não é o trabalho de quem gerencia a área. Existe gente lá para fazer isso."

Era verdade. Que seria de um setor de trabalho, se o gerente tivesse de se ocupar ele próprio das tarefas mais subalternas?

"Ah, e quem é que embala as espoletas?", perguntou o Broca.

"Seu Zé!"

Seu Zé!? Ora, Seu Zé era um senhorzinho de setenta e tantos anos de idade, empregado na fazenda da família do deputado desde criança, e que este tinha decidido reempregar na fábrica ao desativar a fazenda e dar nova destinação às instalações! O deputado Broca conhecia o Seu Zé desde criança! Seu Zé tinha pegado o deputado Broca no colo!

Aquilo surpreendeu a todos, não menos ao deputado, que por um momento vacilou, sem saber o que fazer!

"Seu Zé...Seu Zé! Ora, sim, senhor!" Voltou-se para o assistente: "Chame o Seu Zé aqui!"

Minutos depois, Seu Zé entrou na sala, humilde, trazendo o inseparável chapeuzinho na mão, em vez de na cabeça.

"Licença, doutor."

"Senta aí, Seu Zé!", disse o Broca. E sacudiu a carta na frente dele, explicando o que era aquilo e o que dizia. "O que o senhor tem a dizer sobre isso, Seu Zé?", inquiriu.

O Seu Zé estava, sem dúvida, sentindo o drama; sabia que estava na berlinda. Mas, era honesto de propósitos e sincero. Respondeu com a voz um pouco trêmula, mas sem fugir do assunto:

"Olha, doutor. O engenheiro aí, nosso chefe, vem todo dia falar pra gente dessa empresa, a DuPont: 'Porque é o nosso melhor cliente'; 'Porque a gente não pode deixar eles na mão'; 'Porque nosso faturamento depende deles'; essas coisas. Então, eu sei que a gente tem de fazer o melhor para agradar a DuPont, não é mesmo? Então, o que eu fiz foi passar um melzinho na boca deles! Eu fiz alguma coisa errada?"

"Um melzinho!? Como assim?"

"Eu ponho uma ou duas espoletas a mais na caixinha. E eles ficam contentes, né?"

Ao ouvir isso, o Broca simplesmente não sabia o que fazer! Aquela era uma explicação completamente bizarra e inesperada para o caso. O Broca disfàrçou, tentou dar um tom de maior seriedade ao que tinha acontecido...mas o fato é que não havia como ignorar a hilaridade daquilo. O Broca mandou o Seu Zé voltar ao seu trabalho e o engenheiro recebeu ordens expressas para não deixar que aquilo acontecesse outra vez. E a reunião prosseguiu, outros setores foram analisados.

A solução encontrada para resolver o problema foi a implantação de um sistema mais do que rigoroso de controle da quantidade de espoletas na caixa. Essa medida ficou informalmente conhecida, dentro da empresa, por uma frase carregada de ironia: era o *sistema Broca de controle de qualidade.*

E como era esse *sistema*: bem, primeiro, a caixa de espoletas foi substituída por outra, na qual só cabiam *exatamente* 50 unidades, sem faltas ou sobra — e o Seu Zé recebeu instruções expressas para preencher a caixa com o número exato de espoletas que cabiam ali. Depois de cheias, as caixas eram passadas a outro empregado, que as retirava dali, contava tudo de novo e as punha num gabarito recém-criado, no qual havia espaço para exatamente 50 unidades. Em seguida, um terceiro empregado pegava as espoletas do gabarito e as recolocava na caixa, fechando-a! A quantidade de espoletas por caixa passou a ser contada e recontada três vezes, portanto, o que tornou o processo muito mais caro e lento, mas pelo menos não se correu mais o risco de um erro que acarretasse a volta do problema com o cliente.

Note-se que a nova caixa para embalagem das espoletas e também o gabarito constituíram mais um caso de *poka yoke*, um conceito japonês conhecido como *à prova de falha, ou de erro.*

Meu amigo Mané –

As reuniões da chefia e da gerência, aos sábados, foram um fator decisivo em minha decisão de sair da empresa. Foi rapidamente amadurecendo em mim a impressão de não valia a pena prosseguir trabalhando na Broca Meirelles. Ao longo de um breve tempo, tantas tensões e dificuldades foram minando meu interesse por aquilo, e em certo momento, já pela metade do segundo semestre de 1970, comecei a considerar seriamente a decisão de não prosseguir. Um novo acidente, acontecido quase ao se encerrar o ano, desta vez com um amigo, o Mané, foi a gota d'água que me levou a essa decisão.

Mané era um amigo, ex-colega no curso de Química de Itajubá. Formou-se dois anos antes de mim. Nós nos dávamos bem na escola e fomos nos reencontrar na Broca Meirelles, onde ele já trabalhava quando cheguei. Mané chefiava justamente a área de fabricação de espoletas, onde se manipulava a temível Azida de Chumbo $Pb(N_3)_2$, um explosivo primário, super instável e responsável pelo acidente que o vitimou, ocorrido exatamente num momento em que a pressão que a fábrica colocava sobre essa área era excepcionalmente grande.

Tenho para comigo que o Mané não conseguiu suportar essa pressão, muito embora nada indique que o acidente tenha acontecido por alguma falha ou descuido pessoal dele ou do encarregado que trabalhava com ele. O que se apurou na investigação do acidente é que muito provavelmente a operação de uma autoclave tinha produzido uma faísca capaz de gerar a ignição do produto, levando à explosão.

O fato é que o Mané e o assistente saíram muito feridos da explosão, cujas causas exatas não sei explicar. Desta vez eu não estava por perto, o acidente aconteceu em dia e/ou horário em que eu não me encontrava na fábrica. Mas corri para lá tão logo fui informado, ainda a tempo de ver que Mané e o colega estavam vivos, mas seriamente queimados, sendo transferidos por helicóptero para o Hospital das Clínicas em São Paulo, dada a gravidade das queimaduras, que chegaram a cobrir cerca de 80% do seu corpo.

Aquela cena abalou-me demais e me levou a um novo e imediato exame de consciência: não era a primeira vez que isso acontecia, de quando em quando havia um acidente, não poupando ninguém, nem operário nem chefe e atingindo tanto pessoas inexperientes quanto experientes. Mais dia, menos dia seria eu a vítima! E eu não estava ali para isso.

Ponderei que tinha motivos suficientemente sérios para sair da empresa, e foi o que fiz. Animou-me o fato de que eu já estava, nessa ocasião, dando aulas no curso técnico de Química da Escola Delta, em Cachoeira Paulista e tinha planos de me lançar como...empresário! Assim, ao mesmo tempo em que pensava que aquele tipo de situação tão perigosa não me servia, também pensava que eu tinha outras opções — e queria exercê-las.

Ficamos todos muito chocados com o acidente que vitimou o Mané. O Broca foi até a área onde a coisa se deu, na qual os trabalhadores estavam literalmente transtornados. Lá, ele fez um discurso, lamentando o ocorrido e concitando os empregados a não se desmotivarem nem se deixarem abater, coisas desse tipo. Mas, não foi muito eficaz desta vez: todos sabiam que ele estivera o tempo todo, por dias e dias antes daquilo, forçando a barra e fazendo pressão por mais e mais aumentos de volume na produção. Seu discurso soou, portanto, falso e não pegou nada bem entre os empregados.

Quanto ao Mané, internado em São Paulo, foi lentamente se recuperando, felizmente. Ficou praticamente um ano hospitalizado, o que dá uma ideia bastante precisa da seriedade de sua condição. Quando deixou o hospital em definitivo, voltou para Lorena, onde residia com a família. Estava com o corpo todo manchado e em vários pontos a pele mostrava claramente os efeitos da explosão. Os braços, particularmente, estavam deformados, retorcidos, ao ponto de Mané sentir-se envergonhado em mostrá-los e passar, daí por diante, a usar quase sempre camisas de manga comprida.

Visitei-o em São Paulo algumas vezes e depois em Lorena, onde também eu residia. Por causa do acidente ele acabou se aposentando ainda jovem por invalidez, passando a levar uma vida um tanto relapsa daí por diante, perambulando para lá e para cá sem algum propósito definido. Nós nos víamos ocasionalmente, aqui e ali — e trocar algumas palavras com ele já era suficiente para eu notar que o Mané tinha mudado muito com tudo aquilo: perdera a segurança anterior com que falava, agia, pensava. O acidente tinha mexido demais com a cabeça dele.

E isso me entristecia muito, porque eu genuinamente gostava do meu amigo. No fundo, até me sentia estranhamente agradecido a ele, porque, de certa forma, tinha sido ele, ao sofrer esse drama terrível que bem poderia ter acontecido comigo, quem me alertara para a urgência e a importância da decisão de sair da empresa. Era um sentimento algo distorcido, meio fantasioso, sei disso. Mas era mais ou menos como se o Mané tivesse me livrado de me acidentar na Broca Meirelles; como se ele tivesse, um pouco por obra do destino, sido escolhido para passar por uma tragédia que, tendo-o vitimado, eu mesmo já não sofreria!

Quando pedi demissão da empresa fui chamado pelo doutor Broca, que não queria minha saída e insistiu comigo para que reconsiderasse. Mas eu estava com a cabeça feita e não voltei atrás. Entreguei-lhe uma carta de demissão elegante e elogiosa, agradecendo todos os ensinamentos que tive ali e as oportunidades que me foram dadas. Saí da empresa, enfim, mantendo com ela excelentes relações. Guardo até hoje cópia dessa carta em meus arquivos.

Depois de meu desligamento ainda acompanhei assiduamente a vida daquela empresa, pois boa quantidade de meus colegas de trabalho residia em Lorena e cruzavam comigo vez ou outra, comumente parando para uma rápida troca de palavras. E pouco a pouco a imagem real daquela empresa e de tudo que ela tinha implicado para mim foi se transformando em lembrança.

De quando em quando eu ainda pensava, a propósito dela, no que significa a perda do medo na vida das pessoas. A Broca Meirelles mostrou-me que, quando convivemos o tempo todo com o perigo, é provável que a gente vá se acostumando com ele e o transformando cada vez mais um item corriqueiro em nossa vida. Às vezes me passava pela mente que estava acontecendo comigo justamente esse inexorável processo de banalização dos riscos representados pela pólvora negra. Quase inconscientemente, minha mente ia apagando, com o passar o tempo, a noção do perigo potencial inerente àquilo. E eu antevia que, a partir de algum momento nesse processo, eu passaria definitivamente a ver a pólvora negra não mais como uma ameaça, mas apenas como um mero...pó preto! Era aí que morava o perigo: essa tendência, que eu percebia em mim e que é perceptível em qualquer pessoa nessas condições, de acabar perdendo totalmente o medo de um objeto tão perigoso, era indicativa de que eu tinha agido certo, ao me afastar no momento certo da empresa,

Capítulo 9

Eu, professor!

Meteórica! Instantânea! Repentina! São adjetivos que, penso eu, descrevem bem minha trajetória na Broca Meirelles, que teve a duração de um ano, nada mais que isso. Ainda hoje sinto dificuldade em entender como foi que tanta coisa aconteceu em minha vida profissional em tão curto espaço de tempo!

Talvez o resultado disso tenha sido um amadurecimento mais acelerado, mas um tanto forçado, que seria preferível que tivesse acontecido de forma mais natural.

Como as bananas e as borboletas amadurecem –

Os entendidos dizem que uma maneira de acelerar o processo de amadurecimento das bananas ainda muito verdes é embrulhá-las em jornal. Sob esse aspecto, eu era como que uma banana verde que, embrulhada em jornal, amadureceu mais cedo (não há nenhuma intenção depreciativa na comparação). Por outro lado, esses entendidos em frutas dizem também que há uma segunda maneira de acelerar o amadurecimento de bananas verdes: colocá-las junto a bananas que já estão maduras – por alguma razão que desconheço, o contato com as bananas maduras ajuda a acelerar a maturação das verdes.

No caso do amadurecimento, não de bananas, mas de gente — de seu amadurecimento pessoal e profissional — parece claro que alguém ainda *verde* irá amadurecer mais rapidamente e adquirir maior experiência e competência se puder conviver com pessoas mais *maduras*. Por exemplo, um jovem sem experiência em liderar, como era eu na ocasião, poderia ter aprendido mais e melhor a dirigir pessoas, se tivesse tido um maior contato com um grupo de líderes realmente mais experientes.

Mas também há sérios riscos envolvidos, quando se tenta acelerar demais o desenvolvimento das pessoas, em vez de apenas deixar o processo de desenvolvimento seguir seu curso natural. Por exemplo, pode não ser muito apropriado tentar alfabetizar seu filho antes do tempo, ou tentar ensiná-lo a andar de bicicleta antes que seu corpinho esteja preparado para este desafio.

O escritor Nikos Kazantzakis, autor de *Zorba, o grego* (que depois virou filme de sucesso), certa vez, quando ainda criança, reparou num casulo que estava preso a uma árvore, do qual uma borboleta estava se preparando para sair. Impaciente com o processo, que estava demorando muito, resolveu acelerá-lo soprando seu hálito quente no casulo. A crisálida de fato terminou se transformando numa borboleta, mas como suas asas ainda não estavam completamente formadas, permaneceram presas e o animalzinho morreu pouco depois. "Era necessária uma paciente maturação feita pelo sol, que eu não soube esperar", disse o escritor ao contar o episódio. "E aquele pequeno cadáver é, ainda hoje, um dos maiores pesos que carrego na consciência! Mas, ao mesmo tempo, ele me fez entender o que é um verdadeiro pecado mortal: forçar as grandes leis do universo".

Bem, em meu caso, certamente seria um enorme exagero afirmar que minha meteórica carreira na Broca Meirelles teria forçado *as leis do universo*! Porém, em várias ocasiões, durante aquele ano de 1970, tive de ignorar minha clara inexperiência para agir como se fosse um veterano.

Um professor trafegando pela velha Dutra –

Mas, pródigo como foi, o ano de 1970 proporcionou-me ainda outra preciosa experiência: tornei-me professor! No início daquele ano, consegui um lugar para lecionar, numa escola de cursos profissionalizantes de nível médio em Cachoeira Paulista, na qual um dos cursos (aliás, o mais concorrido), era o de Química Industrial.

Quando me vem à mente essa nova experiência, sinto um grande prazer em lembrar que eu ainda não estava formado em Química na ocasião, pois o ano de 1970 era ainda meu quarto e último ano no curso de Itajubá, em que se previa que o aluno se dedicasse à produção e redação de seu trabalho de conclusão, não havendo obrigatoriedade de frequentar aulas. Assim, eu não tinha de usar meu tempo pessoal *presencialmente* na escola — e essa era, afinal de contas, a razão porque eu tinha conseguido assumir minhas atividades profissionais na Broca Meirelles.

Mas, apesar do intenso trabalho que cumpria nessa empresa, eu queria mais ainda! E resolvi ocupar também as minhas noites, dando aulas em Cachoeira Paulista. Este meu traço de conduta, de não me contentar em ter apenas um emprego e tratar de ficar quietinho nele, mas, ao contrário, desejar realizar várias coisas ao mesmo tempo, é algo que herdei de meu pai, com toda certeza. O velho coronel Claudino era assim: durante todo o seu tempo de serviço no Exército, sempre procurou também realizar outros trabalhos, e não só para complementar sua renda, mas igualmente pelo seu incansável desejo de atender a vários desafios. A vida era curta para ele, que viveu até após os noventa! E é para mim: temos de aproveitar nosso tempo! Enfim, *puxei* meu pai!

Ou seja, em 1970 tornei-me professor nos cursos da Escola Delta, em Cachoeira Paulista. Trabalhava na Broca Meirelles durante o dia, saía dali diretamente para a Escola ao final do expediente, dava minhas aulas e retornava para casa em Lorena, ao término destas. Na manhã seguinte, bem cedo, recomeçava a peregrinação: ia de Lorena para Guaratinguetá, para meu trabalho na fábrica de explosivos e assim por diante. Eu fiz esse trajeto, indo e voltando, quase todos os dias, durante aquele ano.

A Escola Delta era uma escola de cidade do interior, administrada pelo próprio dono, o conceituado professor Juraci de Paula Lico, cidadão influente em Cachoeira Paulista e Lorena, empreendedor dedicado e professor idealista. Não parecia um típico CEO dirigindo uma empresa — tinha muito mais o cacoete do professor —, mas era um gestor capaz, que temperava suas decisões administrativas com muito bom-senso, grande entusiasmo pelo seu negócio e forte crença em sua capacidade de fazer o que era certo. Convidou-me para dar aulas primeiramente no curso de Química, não se preocupando com o fato de eu não estar ainda formado. Mais do que no diploma (que eu ainda não tinha), ele estava interessado na experiência profissional que eu, apesar da pouca idade, apresentava e poderia transmitir aos alunos. Apreciei essa sua atitude pragmática e desprendida, e não foi só porque ela me favorecia. Eu acreditava que era mesmo assim que devia ser. E, desde logo, afinei-me muito com o professor Lico: aceitei de pronto e com alegria dar as aulas na escola dele e dediquei-me com afinco a elas.

Educação técnica profissionalizante –

Na Escola Delta não se aprendia apenas Química Industrial, a escola desenvolvia diversos cursos profissionalizantes de nível médio, como Construção de Estradas, Eletrônica e Prótese Dentária. Incidentalmente acabei por me tornar professor em disciplinas de vários deles, além do curso de Química Industrial.

A Escola Delta estava bem inserida no contexto da época e seus cursos tinham forte demanda. Bem administrada, era uma escola de boa reputação, que oferecia um ensino de qualidade. Além disso, Cachoeira Paulista estava (está) situada numa área do Vale do Paraíba na qual diversas cidades eram capazes de fornecer candidatos aos cursos daquela escola. Entre os alunos do Delta, além dos que moravam em Cachoeira Paulista, haviam muitos outros que viajavam diariamente para lá, residentes em Lorena, Cruzeiro, Piquete, Guaratinguetá, Aparecida, Canas, Silveiras etc. Cachoeira era, enfim, um polo de atração. Não sou capaz de precisar a quantidade de alunos do Delta que eram de outras localidades naquela época, ou mesmo dizer quais cidades próximas mais contribuíam na formação do corpo discente da escola — mas lembro que era uma escola com grande quantidade de alunos.

Além disso, como o curso de Química Industrial demandava, a escola tinha laboratórios bem equipados. As relações do Delta com as empresas da região eram muito boas, e ex-alunos dela tendiam a ser bem aceitos quando se apresentavam para vagas técnicas nessas empresas. Várias dessas empresas mostravam-se igualmente interessadas em que a boa qualidade do ensino da escola se mantivesse e, nesse sentido, contribuíam com ela, fazendo doações — geralmente mais em material e equipamento do que verbas. Professores e ex-alunos trabalhando nas empresas próximas intermediavam esse relacionamento e ajudavam a viabilizar essas doações. Eu próprio fui um desses intermediários enquanto trabalhei lá como professor, obtendo doações, à escola, de reagentes químicos e outros materiais de laboratório oferecidos pela Fábrica Presidente Vargas.

Professor tem de gostar do que faz! –

Como professor do curso de Química Industrial do Delta, escrevi meu primeiro livro (de fato um caderno de exercícios), *Cálculos Estequiométricos em Química Orgânica.* A estequiometria faz uso de equações químicas com o propósito de calcular com precisão as quantidades dos vários reagentes ou produtos que entram numa dada reação química. Era de fato um volume com exercícios, que produzi com intenção de utilizar com os alunos em sala de aula. Passei um período inteiro das férias dedicado a esse projeto, mas valeu a pena. Usei muito esse volume, não só durante as aulas, mas em provas e mesmo nos exames finais dos alunos.

Como é meu feitio, em tudo que faço mergulho o mais fundo que posso. Foi assim nesse meu trabalho como professor, e os alunos sentiram isso e gostaram: eu já tinha vivido muitas experiências práticas na fábrica e nos estágios que fiz, experiências que podia e queria lhes relatar e reproduzir nas aulas práticas. Eu era, aliás, um professor essencialmente prático, pouco acadêmico, tinha experiência vivencial e a aplicava o mais possível, como professor.

Ao me testar como professor, descobri um novo lado de minha personalidade e de minhas inclinações profissionais: eu *gostava* de ensinar e compartilhar conhecimentos, tanto quanto gostava de trabalhar na indústria! As aulas valorizavam muito minha capacidade de equilibrar teoria e prática: aos conceitos que apresentava e discutia com os alunos, eu gostava de adicionar exemplos reais, fatos acontecidos e casos que conhecia. E isso tornava minhas matérias, que podiam ser para muitos, disciplinas um tanto pesadas e monótonas, em conteúdos leves, atraentes e reveladores.

Minha breve experiência como líder na fábrica também influenciou minha relação com os alunos — e muito! Rapidamente percebi que o modo como me conduzia como professor, relacionando-me com os alunos, tinha muito a ver com o modo como me conduzia como encarregado ou chefe de um setor de produção, relacionando-me com minha equipe.

Em ambos os casos, para mim, essa relação tem de ser, sobretudo, de *conquista*: um dos mais importantes pilares da liderança está na capacidade do líder de obter a confiança do liderado — conquistá-lo. Somente conseguindo isso temos de fato seguidores! Quando se *conquista* o liderado (insisto no termo, porque conquistar pressupõe pôr energia na busca de algo, agir vigorosamente em relação ao alvo que se deseja atingir), o sinal de que isso aconteceu é a credibilidade que passamos a ter junto ao outro: o liderado passa a acreditar em nós, a confiar em nós!

Esse preceito tornou-se evidente para mim na escola, mas logo entendi que já o vinha elaborando na fábrica, mesmo sem perceber isso claramente. E para mim, isto é que é trabalhar com Qualidade! Eu já estava apaixonado pela Qualidade nessa época, somente não tinha consciência disso: passei a levar Qualidade para minhas aulas, assim como a levava para meu trabalho como líder na fábrica.

E não só a Qualidade na transmissão de conteúdos, mas no trato com os alunos e na busca da Qualidade deles próprios como futuros profissionais. Por exemplo: uma quantidade expressiva dos meus alunos na Escola Delta foram fazer estágios durante o curso, algo que não se pensava, até então, ser tão importante. Orgulho-me de ter despertado muitos deles – pelas minhas palavras e pelo meu exemplo – para essa necessidade. Eles a entendiam, quando ficavam sabendo do que construí a partir de algo que parecia a princípio apenas um fardo, que eram os estágios cumpridos durante meu curso.

Embora tenha dado aulas em outros cursos da escola, o meu curso do coração era mesmo o de Química Industrial. O professor Lico percebia que eu tinha um *quê* por este curso, em especial – e apreciava isso. Em meu segundo ano de trabalho como professor, em 1971, o professor Lico chegou à conclusão de que eu poderia ser ainda mais importante para a escola do que apenas atuando como professor. Chamou-me então e anunciou:

"Olhe, quero que você seja o Diretor Técnico desta escola!"

Aceitei com entusiasmo. Continuei a dar minhas aulas, mas passei a também ajudar o professor Lico no relacionamento com os professores, a pensar em como manter os laboratórios bem equipados, a discutir currículos e conteúdos, a controlar a carga horária dos cursos, a cuidar de material didático, de testes e provas etc. E adorei fazer aquilo!

Assim, eu ia para a escola, agora, todas as tardes e noites, mesmo que não tivesse aulas eu mesmo. Chegava lá no início da tarde e permanecia ali até mais de dez horas, às vezes até as onze. Aos sábados, dedicava-me à escola o dia todo, ainda mais depois que deixei a Broca Meirelles e suas famigeradas reuniões de sábado com o doutor Broca Filho. Eu continuava tendo uma vida profissional intensa, mas desta vez carregada de satisfação, em vez de apreensão.

Em 1971, o professor Lico teve ainda uma excelente ideia, da qual participei ativamente e que ajudei a implantar: a Escola Delta começou a realizar Exposições Técnicas (tipo feiras), que eram promovidas pelos próprios alunos. Era o equivalente, na época, ao que hoje se chamaria, talvez, *feira de inovação*. Os alunos eram as verdadeiras estrelas: eles desenvolviam projetos em sala de aula e, durante a feira, os apresentavam, explicavam e defendiam.

As feiras eram concorridas: não só alunos, professores e familiares dos alunos compareciam, mas também gente da comunidade local, especialmente empresários e funcionários graduados das empresas da região, que eram convidadas a participar. Cada Feira da Escola durava cerca de uma semana, durante a qual os alunos tinham a oportunidade de defender seus projetos, do mesmo modo que empreendedores tentam hoje, *vendendo* suas *startups* a investidores-anjos.

E comecei também a perceber associações bem plausíveis entre esses eventos e o que eles exigiam em termos de gestão, e minhas concepções sobre liderança e gerência nas empresas: muito do que eu via e fazia nessas feiras podia ser facilmente extrapolado para a vida empresarial. Comecei a perceber também peculiaridades relacionadas com a avaliação de projetos e com a premiação dos melhores trabalhos, que mais tarde me foram úteis, quando comecei a trabalhar como gestor da Qualidade!

A apresentação de trabalhos nas Feiras valia nota para os alunos — mas não era isso o que mais os motivava, e sim o fato de produzirem, apresentarem e defenderem seus projetos. É inigualável como fator de motivação, a oportunidade que alguém tem, de apresentar algo a um cliente em potencial, podendo lhe afirmar: "Fui eu que fiz!", "É invenção minha!"

Também sobre didática, o professor Lico me ensinou bastante. Eu o ouvia falar de pedagogia, e experimentava o que me parecia mais apropriado. E ele tampouco se furtava a me dar conselhos e fazer sugestões a respeito de como dinamizar as aulas e engajar mais os alunos. Ele foi um grande incentivador da minha carreira como professor.

Professor Quinzinho e professor Mané... –

Algo que fiz com enorme prazer, como professor e Diretor Técnico dos cursos da Escola Delta, foi convidar o Quinzinho, meu antigo mentor na fábrica Presidente Vargas, para me ajudar nas aulas de Laboratório. Em dado momento, ocorreu-me que o Quinzinho tinha um fantástico cabedal para passar aos alunos da escola, como passou para mim. E Quinzinho trouxe, realmente, uma grande contribuição aos alunos, no laboratório e na sala de aula. Nas aulas, ele me ajudava, quando lhe pedia que comentasse e explanasse sua posição pessoal acerca dos conteúdos que eu apresentava. Nas experiências de laboratório, eu praticamente deixava que o Quinzinho tocasse aquilo sozinho, porque ele conhecia cada teste de cor e salteado e era capaz de discorrer a respeito muito melhor que eu. E os alunos reconheciam isso e o consideravam muito.

Quanto ao Mané, meu amigo e colega que se acidentara na Broca Meirelles, também tentei encontrar um modo de introduzi-lo na Escola Delta e certo dia me senti encorajado a pôr essa ideia em prática. Procurei-o e lhe fiz uma proposta: eu poderia levá-lo para o Delta, em Cachoeira Paulista, e colocá-lo ali como professor, oferecendo-lhe uma das matérias que eu próprio lecionava. Afinal de contas, Mané entendia muito de Química e especialmente de processos, e seria um bom professor!

Senti que ele se animou! Então, consegui a anuência do professor Lico e repassei ao Mané uma das minhas matérias, como tinha pensado fazer. E isso pareceu funcionar: Mané foi para sua primeira aula, começou a expor o conteúdo aos alunos e eles estavam gostando. Ele tinha bons exemplos para dar e muitos casos para contar. Conhecia o assunto teórica e praticamente muito bem. Fiquei tanto quanto pude por ali, a fim de ver como ele se saía — e tudo parecia estar dando certo.

Até que, em certo momento, Mané largou intempestivamente a classe e abandonou a sala de aula, deixando os alunos perplexos, falando sozinhos e sem saberem o que pensar. Logo que percebi o fato corri atrás dele, porém sem conseguir alcançá-lo: ele já havia chegado ao estacionamento, entrado do carro e partido.

Voltei à sala e inquiri os alunos. Estavam perplexos, surpresos com a atitude do mestre. No dia seguinte fui à procura do Mané para tentar entender o que houvera. Ele me deu a explicação dele: estava, como de costume, usando mangas compridas, mas como a noite estivesse quente, arregaçou-as. Achou então que os alunos estavam horrorizados, olhando fixamente a deformação de seus braços. Sentiu-se observado demais e se indignou com isso: os alunos não deviam estar olhando para os braços dele e sim prestando atenção ao conteúdo que ele estava transmitindo! Concluí que o Mané, definitivamente, não estava psicologicamente bem. Para mim, tudo aquilo não passava de uma fantasia da sua cabeça.

Ele não voltou à escola. E, a partir desse momento, praticamente não tivemos mais contato.

Mas, quanto ao Quinzinho, tudo foi diferente: quando deixei a Escola Delta, o Quinzinho continuava lá, atuando como um importante orientador dos alunos, especialmente no gerenciamento dos laboratórios. Também o professor Lico gostava muito dele e reconhecia a excelência de suas contribuições.

Capítulo 10

Eu, Empresário!

Meus planos, ao pretender deixar o emprego na Broca Meirelles, incluíam coisas ainda mais importantes: casei-me, pouco antes de sair da empresa e em novembro de 1970 apresentei ao Broca meu pedido de demissão. Obviamente eu tinha o respaldo financeiro, (razoável, pelo menos), oriundo das minhas atividades como professor e Diretor Técnico da Escola Delta. Não ganhava um salário excepcional, mas dava para viver e, além disso, eu tinha planos que podia chamar de ambiciosos.

No rol dos homens sérios... –

Casei-me com a namorada que tinha há três anos, desde 1967, ao retornar do Colégio Militar de Porto Alegre. Valéria era professora do Colégio do Estado, filha de José Bellini, um comerciante de Lorena, cidadão benquisto e muito bem relacionado, proprietário de um conhecido armazém de secos e molhados na rua principal da cidade. Eu gostava genuinamente do Seu Bellini! Era uma pessoa boníssima, íntegra, bem-humorada, de papo super agradável.

E, como comerciante, tinha um modelo de negócio bastante peculiar: grande parte de sua freguesia era formada por fazendeiros e sitiantes da zona rural de cidades e vilas próximas de Lorena, que vinham buscar mantimentos e suprimentos no seu armazém. Comumente o valor das vendas a esses fregueses era relativamente elevado, porque eles compravam, a cada vez, quantidades grandes, bem maiores do que os fregueses que moravam no perímetro urbano de Lorena. Esses clientes da zona rural tratavam de abastecer-se por períodos bem mais longos, para não terem de viajar com muita frequência a fim de comprar mais suprimentos. Por isso, frequentemente saíam do armazém do Seu Bellini com sacos de cereais ainda fechados. Portanto, também o Seu Bellini adquiria esses produtos em grandes quantidades, atuando praticamente como um atacadista.

O que havia de mais peculiar em sua relação comercial com esses seus fregueses era que estes tinham crédito para pagarem suas compras, pasmem!...anualmente! Era bastante comum, na época, de inflação muito baixa, vender fiado aos fregueses de armazéns e empórios para pagamentos *mensais*, o que se fazia com o uso de cadernetas de compra, nas quais vendedor e comprador registravam as operações realizadas para serem saldadas no final do mês, quando o freguês recebesse o salário.

Mas, aquilo que eu via no armazém do Seu Bellini era inusitado: os fazendeiros e sitiantes não tinham salário. A maioria deles era pecuarista, produzindo leite e derivados para as cooperativas da região; e esses fazendeiros e sitiantes operavam quase sempre num horizonte de tempo anual e teriam dinheiro somente quando fizessem o acerto com as cooperativas sobre o leite fornecido a estas.

Seu Bellini havia ajustado seu negócio, em termos de prazo, às expectativas específicas de seus fregueses, conseguindo atendê-los num aspecto que lhes era crucial, mesmo que isso significasse ter de dispor de um capital de giro muito maior. Mas era assim que ele fazia e, com isso, conseguia obter excelentes resultados, com inadimplência praticamente igual a zero! Era um bom negociante e, sobretudo, um amigo leal de seus fregueses, sempre disposto a ajudá-los, e estes sempre correspondiam. Seu Bellini nunca teve problemas por causa dessa forma inusitada de comerciar.

Conheci então sua filha e, conhecendo-a, fiz o possível para conquistá-la. Não foi fácil! Ela até se mostrou receptiva às minhas tentativas, mas pragmática como era, ficou um tanto perplexa quando soube da minha idade: eu tinha quatro anos menos que ela! E Valéria, uma mulher adulta, que já trabalhava como professora, teve dúvidas quanto a levar adiante o namoro com um sujeito que era ainda muito jovem. Que futuro aquilo poderia ter?

Senti-me transtornado com essa reação, pois nutria um profundo sentimento para com ela e estava interessado em levar a sério nosso relacionamento. Felizmente, consegui convencê-la. E namoramos, casamo-nos e vivemos um casamento que foi feliz por todas as décadas seguintes — e prossegue feliz.

Finalmente empresário ...

Meu relacionamento com a família Bellini ganhou ainda outro lance, muito importante em minha carreira: imediatamente após casar-me e deixar a Broca Meirelles, fiz uma sociedade com meu cunhado, José Bellini Filho, o irmão mais velho da Valéria, para montarmos uma empresa industrial para a produção de sacos plásticos para embalagem.

Meu cunhado, hoje falecido, tinha passado anos trabalhando no pequeno Banco Inco (Banco Indústria e Comércio de Santa Catarina), uma instituição com sede em Itajaí-SC, fundada em 1934 por iniciativa de diversos empresários daquele Estado. Em 1968, o Inco foi adquirido pelo Bradesco e incorporado à rede de agências deste banco. José Bellini Filho, que tinha, ao longo do tempo, galgado posições sucessivamente mais altas no banco, viu que a incorporação pelo Bradesco produziria mudanças internas que levariam à sua saída. E foi o que aconteceu: ele deixou o Inco com uma indenização apreciável, que lhe permitiu pensar em ter uma empresa própria, transformar-se num empresário.

Eu pensava em coisa semelhante. Nas minhas lembranças durante os estágios na Fábrica Presidente Vargas, estava sempre observando um pequeno setor em que se fabricavam sacos plásticos para a embalagem dos explosivos. De fato, aquilo não passava de uma máquina extrusora de polietileno, mas ela me atraiu desde o início do meu estágio e eu dedicava a esta operação uma atenção especial: gostava de ver a matéria-prima entrar de um lado e o filme plástico sair pronto do outro, como se uma misteriosa e mágica transformação tivesse ocorrido no interior daquela máquina.

E tendo me interessado pela máquina, tratei de conhecê-la melhor e acabei aprendendo a lidar com ela: supri-la de matéria-prima, operá-la, controlar a qualidade do produto em processo e do produto acabado, fazer sua manutenção. O operador da extrusora na fábrica permitia que eu o ajudasse no processo, e assim cada vez eu tinha a oportunidade de aprender mais.

Conhecendo a intenção de meu cunhado, tive a ideia de empreender junto com ele. Como eu já tinha lhe falado de meu apego àquela máquina de fabricar filmes plásticos e embalagens, ele certo dia me fez a sugestão:

"Se você gosta tanto deste segmento de termoplásticos e se sente bem trabalhando com a fabricação de filmes extrudados, por que não criamos uma empresa industrial para produzir embalagens? Não há nada parecido na região. Você toca a parte técnica e eu, a área administrativa!"

Aquilo me agradou e, depois de pensar bastante a respeito, concordei com entusiasmo. Zé Bellini, como era conhecido (falo do filho, meu cunhado, não do pai dele) nada entendia das questões técnicas da extrusão de plástico, é verdade, mas confiava em que eu daria conta do recado nessa área, enquanto ele se dedicaria à administração, à venda e à parte financeira. E decidimos nos aventurar juntos.

O passo seguinte consistiu em buscarmos uma forma de pôr de pé a empresa. E a oportunidade logo apareceu, quando descobrimos que uma pequena fabrica de sacos plásticos sediada em São Carlos, na região central do Estado, estava à venda.

Zé Bellini e eu fomos ver, e gostamos do que vimos. Era algo bem parecido com a empresa que havíamos imaginado: era uma empresa fabricante de sacos plásticos, estava razoavelmente equipada para produzir, estava operando e tinha alguma clientela ativa. Além disso não ia financeiramente muito bem e o dono estava ansioso para vendê-la. E ele pedia pela empresa um preço que, com algum sacrifício e a própria produção, provavelmente poderíamos pagar.

Decidimos comprá-la e a batizamos Reinoplastic, que é como a empresa iria se chamar. Zé Bellini investiu nessa compra praticamente todo o dinheiro que havia recebido de indenização ao deixar o banco. Quanto a mim, vendi meu carro e também um terreno que tinha comprado há algum tempo, em que pensava em construir uma casa em alguma ocasião propícia, no futuro. Conseguimos com esse dinheiro e mais um empréstimo, adquirir a fábrica em prestações, para pagar em dois anos.

Buscamos um local para instalar a fábrica e encontramos um posto de combustível desativado à margem da Dutra, na entrada de Lorena. Conseguimos alugá-lo e tratamos, nós mesmos, de reformar e pintar as instalações, com o intuito de instalar a fábrica ali. Assinamos o contrato com o dono anterior da fábrica, tomamos as providências burocráticas para transferir a empresa, tanto para nosso nome quanto para as instalações de Lorena, transferimos as máquinas para as novas instalações e tratamos de começar a operar o mais rapidamente possível. A nossa Reinoplastic era uma fábrica pequena, com apenas duas máquinas extrusoras, uma impressora rotativa e algumas máquinas de corte e solda plástica. Contratamos quatro empregados para nos ajudarem e pusemos um no escritório e três na operação da produção.

... e trabalhando alucinadamente! –

Continuei dando aulas à noite no Delta — isso era vital, pois era minha única fonte de renda, além do salário exíguo de minha mulher como professora. Zé Bellini e eu combinamos o seguinte: ele se dedicaria integralmente à Reinoplastic e teria uma retirada mensal, à guisa de pro labore, para suas despesas. Quanto a mim, nada receberia da fábrica enquanto não liquidássemos nossa dívida e começássemos a ter alguma sobra.

Logo passamos a ter uma razoável demanda por nossas embalagens de plástico. A economia brasileira estava num bom momento, em que as empresas industriais produziam bastante, muitas já no limite da capacidade instalada e até precisando expandir. Na medida em que precisassem de embalagens de plástico, essas empresas eram nossas clientes em potencial; não havia, portanto, por que não ficarmos entusiasmados.

Passamos a fornecer sacos plásticos para bom número de clientes, indústrias e inclusive supermercados. Uma empresa cliente, uma fábrica de cobertores, logo começou a adquirir nossas embalagens em boa quantidade e nosso negócio começou a tomar certo vulto. Fomos obrigados a aumentar a produção e admitir novos funcionários. Adquirimos também uma impressora mais moderna, o que nos permitiria oferecer ao mercado sacos plásticos customizados, com a logomarca do cliente. E, para trabalhar nessa operação, tivemos de contratar mais empregados. Acabamos, por isso, nos endividando um pouco mais, nós que ainda estávamos pagando as prestações ao antigo dono da fábrica. Mas os negócios prometiam e continuávamos animados.

Zé Bellini e eu éramos os diretores, ambos. Dividíamos as tarefas da forma como nos parecia perfeitamente natural: ele cuidava de tudo que se referisse a vendas, finanças, contratação de pessoal, impostos, aluguel, pagamento da dívida etc. Eu era o *diretor de operações,* tocando a produção, a manutenção, o treinamento e a orientação dos empregados na fábrica. E eu tocava também meu trabalho como docente no Delta, no período da noite.

Então, minha rotina durante o ano todo de 1971 e uma parte de 1972, era a seguinte: bem cedo, pela manhã, eu rumava para a Reinoplastic e ficava ali, trabalhando, até pelas sete horas da noite, quando saía direto para a Escola Delta, em Cachoeira Paulista. Permanecia na escola até o final das aulas às dez e meia. Entre dez e onze da noite, iniciava o retorno a Lorena e ia direto para nossa fábrica. Era quando estava se iniciando o terceiro turno de produção, e eu precisava ver se tudo estava saindo bem.

Entretanto, frequentemente, nessa volta à fábrica, já tarde da noite, eu *não* encontrava tudo bem: muitas vezes me deparei com algum problema que exigia minha intervenção. Era o funcionário da noite que tinha faltado ao trabalho, ou um defeito surgido numa das máquinas, uma diferença na especificação na matéria-prima, um problema com energia elétrica...O fato é que, com frequência, eu não conseguia me desvencilhar daquilo e ir para casa dormir.

Quando Zé Bellini e eu percebemos que aquilo era recorrente, não tivemos saída se não arranjarmos um jeito de eu me acomodar, quando necessário, para dormir ali mesmo. Compramos, então, um sofá-cama e o pusemos no escritório. Ali passei a dormir com frequência, sempre que minha permanência era requerida. Nesses casos, dormia por algumas horas e, logo que acordava, iniciava o expediente do dia seguinte, às vezes muito cedo pela manhã, quando o pessoal do turno do dia ainda não havia chegado. Ocupava-me então de manutenção, suprimento de matéria-prima, preparação das máquinas para a produção etc.

Era extenuante. Porém, por um tempo, vimos que estava funcionando, e tivemos a expectativa de que logo teríamos alguma folga: a Reinoplastic estava, afinal, faturando o suficiente para pagar as prestações que havíamos assumido, dar conta dos custos fixos e variáveis, pagar o pro labore do diretor administrativo e, vez por outra, até mesmo guardar algum dinheiro para reforçar o caixa.

A OPEP contra um pequeno empresário de Lorena –

Gostávamos da nossa empresa, a Reinoplastic. Era uma fábrica simples, pequena, com poucos funcionários. Mas era limpa, bem organizada, com controles de produção, qualidade e sistemas administrativos bastante eficientes. O tempo foi passando, fomos aprendendo mais sobre como ser empresários, evitando problemas e achando soluções concretas para as dificuldades e, em determinado momento, constatamos, Zé Bellini e eu, que estávamos a poucos meses de terminar de pagar a última prestação da fábrica e, portanto, em condições de ingressar numa nova fase de competitividade e conquista de mercado. Já fazíamos planos para quando chegasse esse momento.

Mas...estávamos em fins de 1972, e todo mundo sabe o que aconteceu no mundo nessa ocasião: houve o famoso *choque do petróleo.* Ninguém esperava aquilo, e muito menos Zé Bellini e eu!

Não tenho intenção de discorrer aqui sobre a crise do petróleo dos anos 1970, mas preciso dizer algo sobre ela. A OPEP (Organização dos Países Exportadores de Petróleo) tinha sido fundada em 1960, reunindo os principais países exportadores: Arábia Saudita, Irã, Iraque, Kuwait e Venezuela. A OPEP foi uma forma de esses países se protegerem de uma política cartelizada de achatamento dos preços do petróleo, praticada pelas chamadas *sete irmãs*, as sete grandes empresas petroleiras ocidentais: Esso, Shell, Mobil, Gulf, PB, Standard Oil da Califórnia e Chevron.

Só isso já permite perceber que havia uma grande animosidade latente entre os países árabes que produziam petróleo (três dos cinco da OPEP) e as petroleiras ocidentais americanas e britânicas. Enquanto a queda de braço esteve restrita aos negócios de petróleo, algum entendimento ainda podia existir. Porém, em 1967, a *Guerra dos Seis Dias* opôs Israel, apoiado pelos Estados Unidos, a vários países árabes, inclusive aqueles três acima, e a situação mundial de suprimento de petróleo se agravou rapidamente. A OPEP elevou drasticamente o preço do barril de petróleo, que chegou a aumentar até 400% em cinco meses. A decorrência foi uma severa recessão nos Estados Unidos e na Europa. (Nos anos que se seguiram, novos desdobramentos aconteceram, como a nova *guerra do Yom Kipur*, em 1973, a Revolução Islâmica no Irã, com a deposição do Xá Reza Pahlevi, aliado dos EUA, a guerra Irã-Iraque, em 1980. Mas, então, a crise mundial do petróleo já tinha produzido seus efeitos sobre...a Reinoplastic!)

Tenho plena consciência do tom de pompa e circunstância que encerra a frase que acabo de usar: "a crise mundial do petróleo já tinha produzido seus efeitos sobre a pequena indústria Reinoplastic em Lorena"! Parece coisa de megalomaníaco sem noção, já que a Reinoplastic era uma empresinha (simpática, sim, querida, sim; mas, de qualquer modo uma empresinha) modesta, empregando meia dúzia de pessoas e montada apenas um ano e pouco antes, por dois cunhados otimistas e esforçados, um técnico e um ex-bancário!

Mas, por incrível que pareça, a frase é corretíssima. A propósito, quando ouço, atualmente, um jovem não muito consciente dessas verdades dizendo que sua loja, sua representação comercial, sua *startup,* ou seja o que for, é pequena demais para ser afetada pela globalização e que é uma bobagem ficar se preocupando com isso, não posso deixar de me lembrar da Reinoplastic e dar um sorriso *filosófico* em resposta à ingenuidade dessa pessoa. Pois foi exatamente isso que nos ocorreu na ocasião: Zé Bellini e eu, os empresários da Reinoplastic, fomos colhidos e levados de roldão pela globalização, em toda a sua complexidade e ferocidade!

Por que ela nos atingiu? Ora, é muito simples: nossos produtos eram embalagens plásticas; sacos plásticos são feito de polietileno, e polietileno é subproduto do petróleo. Cortando-se o acesso ao petróleo, corta-se o acesso ao polietileno, e cortando-se o acesso ao polietileno, a Reinoplastic não tinha como bancar as repentinas altas no preço e escassez de sua matéria-prima!

Até aquele momento comprávamos o polietileno de distribuidores em São Paulo, que eram por sua vez supridos por firmas brasileiras que importavam a matéria-prima do exterior. Comprávamos para pagar essa matéria-prima em 30, 60 e 90 dias. De uma semana para outra as condições de comercialização mudaram drasticamente: passamos a ter de pagar muito mais pelo polietileno e, além de tudo, à vista; e, ainda assim, a ter de esperar 30 dias até receber o produto (ou seja, pagávamos muito mais e bem mais adiantado). Não tivemos como repassar esse brutal acréscimo nos custos ao produto final. Na outra ponta, nossos clientes estavam acostumados a comprar de nós para pagamento também em 30, 60 e 90 e, por vezes, até em 120 dias, dependendo do caso. Não tínhamos tampouco como antecipar o recebimento das duplicatas.

Muito rapidamente entramos, assim, num estado de aperto financeiro cada vez maior, não sendo capazes de fazer girar nosso caixa. Em muito pouco tempo, o dinheiro começou a faltar e tivemos de fazer empréstimos para pagar até os salários dos empregados. Meu cunhado e sócio não sabia mais o que fazer, ele que era o responsável pelas finanças: não tinha como tirar um coelho da cartola! Em breve já não pôde contar com seu pro labore ele próprio, não sabendo como fazer para atender às despesas de sua própria família. Quanto a mim, mal me equilibrava, com a soma da remuneração que tinha na Escola Delta e o salário modesto que minha esposa Valéria recebia como professora do Estado.

Fim do sonho –

Em apenas algumas semanas de 1972 a situação de nossa empresa mudou drasticamente, de *promissora* para *periclitante*. Nossa motivação e nossa autoestima flagrantemente desabaram e nossas expectativas de alguma reversão no quadro que enfrentávamos se esvaíram. Em dado momento, meu cunhado e eu nos reunimos para uma reavaliação final do que acontecia e bastaram alguns minutos para verbalizarmos, ambos, o que já sabíamos de antemão e teríamos de aceitar: a Reinoplastic tinha se tornado inviável! De um sonho a ser erigido ela tinha se tornado um pesadelo do qual era imperioso que acordássemos o mais rápido possível: tínhamos de vender a empresa! Mas, para quem? Quem compraria uma fábrica dessas, nessas condições e nessa época conturbada?

A solução nos veio de uma fonte com que não contávamos: nosso cliente de Guaratinguetá, uma indústria têxtil fabricante de cobertores, que conquistáramos logo no início de nossas operações, e que era um dos nossos melhores clientes. Dr. Jorge, o dono da fábrica, era um empresário bem-sucedido que residia e tinha escritório no Rio de Janeiro e estava frequentemente visitando suas operações em Guaratinguetá — e, nessas ocasiões, era comum que desse um pulinho à Reinoplastic, para nos visitar e tomar um café.

Tínhamos para nós que ele fazia isso porque nos apreciava, porque gostava da maneira como administrávamos nossa empresa. Mas, pode ser também que ele nos visitasse e nos desse tanta atenção porque no fundo tinha a intenção de incorporar nossa operação à fábrica dele, ali próxima. A bem da verdade, ele nunca chegou a se manifestar de modo mais explícito nesse sentido; mas, depois que tudo aconteceu, refletindo a respeito, imaginei que bem podia ser, sim, que suas visitas tivessem a intenção velada de nos observar, à procura de sinais de que nós estaríamos dispostos a vender a empresa para ele.

Certamente ele teria benefícios se comprasse a Reinoplastic de nós: seus custos de produção das embalagens para os cobertores se reduziriam, já que ele seria capaz de incorporar essa unidade ao seu parque produtivo, diluindo custos de espaço e mão de obra. Além disso, ele tinha poder de fogo muito maior que o nosso para negociar com os fornecedores, e nós não tínhamos. Zé Bellini e eu não tínhamos nenhum trunfo nas mãos que pudéssemos usar para conseguir que nos fornecessem a matéria-prima (polietileno) de que precisávamos em condições mais favoráveis do que estas tão leoninas de agora. Com o Dr. Jorge era diferente: sua empresa era uma compradora mais forte e com maior poder de barganha.

Bem, o leitor já deve ter facilmente adivinhado o que aconteceu: numa sua visita à nossa fábrica, para um cafezinho, o Dr. Jorge, com seu olho clínico e sua enorme experiência no segmento empresarial em que atuava, sorveu um gole do café que tínhamos na garrafa térmica do escritório e soltou:

"Venha cá, D'Artagnan, com essa dificuldade toda que vocês estão enfrentando, não seria melhor vender essa fábrica?"

Quando eu, mal refeito da surpresa admiti que estava mesmo pensando nisso mesmo, o Dr. Jorge concluiu seu pensamento:

"Pois, me interessa comprar. Vamos negociar?"

Experimentado como era, o Dr. Jorge leu nos meus olhos o que eu pensava. Disse-lhe que sim, que conversaríamos e, tão logo ele foi embora, fui em busca do meu sócio, a quem relatei a conversa que tinha tido com o Dr. Jorge. Zé Bellini e eu já estávamos decididos sobre isso, de modo que não houve divergência alguma. E, em minutos, tínhamos decidido levar adiante a venda da fábrica.

Com isso, peguei emprestado o carro do meu pai (àquela altura, eu já não tinha um carro meu próprio) e abalei-me para o Rio de Janeiro, dirigindo-me ao escritório do Dr. Jorge. Ele me recebeu afavelmente e com uma expressão de satisfação nos olhos, como se estivesse me esperando.

Eu e Zé Bellini tínhamos conversado antes sobre as condições de venda da Reinoplastic — o que poderíamos e o que não poderíamos aceitar, de modo que cheguei no escritório do Dr.

Jorge com números ainda provisórios, mas combinados entre os dois sócios.

Porém, Dr. Jorge, um homem de uns setenta anos de idade, era um hábil negociador (ou pelo menos sabia construir uma cena para a negociação, que fosse altamente favorável para ele). Estava acompanhado de seu advogado, um sujeito empertigado, que vestia terno e gravata e era muito falante, monopolizador mesmo da conversa. E esse advogado tinha os argumentos na ponta da língua para afirmar que o senhor Jorge poderia aceitar isto, mas não poderia aceitar aquilo, nem aquilo mais, nem aquilo outro...

Não percebi bem no momento quais eram suas reais intenções, porque tudo que eu queria era chegar a um número satisfatório para concluir o negócio de venda da Reinoplastic para o Dr. Jorge. Porem, depois que saí de lá e já havia baixado a grande ansiedade que até então eu sentia, percebi que sua estratégia era bem inteligente...e sacana: ele estava ali com o único intuito de me apavorar com advertências graves sobre a tragédia financeira que se abateria sobre mim e meu cunhado e sócio, caso não aceitássemos as condições do Dr. Jorge — quaisquer que fossem.

De fato, ele pintou um quadro segundo o qual eu estaria me livrando de anos e anos de infortúnio econômico-financeiro, se tivesse a inteligência suficiente para vender (ou passar...) a Reinoplastic para o Dr. Jorge, meu único e grande salvador. E eu provavelmente deveria me arrojar aos pés desse meu salvador e beijá-los imediatamente, por ele se dignar a comprar, só para me ajudar (porque, em sua nobreza, ele gostava de ajudar jovens denodados, mas totalmente inexperientes como eu), uma empresa que não valia metade do que ele, magnanimamente, estava me oferecendo.

E enquanto o advogado empertigado fazia todo esse famigerado discurso, olhando-me fixamente, o Dr. Jorge, sentado à sua ampla mesa, tinha a atitude serena de um Buda (se é possível, sendo ele judeu), com seus olhos semicerrados e seu leve e enigmático sorriso nos lábios.

Quanto a mim, senti-me o tempo todo extremamente desconfortável e ansioso naquela negociação. Ela estava acontecendo de modo muito diferente do que eu esperava: eu achava (ingenuamente), que o Dr. Jorge era meu amigo, gostava genuinamente de nós e da Reinoplastic, e que iríamos conversar abertamente, facilmente, até intimamente, ele me ouvindo e eu ouvindo a ele. Aquilo que acontecia ali, entretanto, estava muito distante disso.

Para encurtar a história, vendemos a empresa ao Dr. Jorge, praticamente pelo valor nominal dos ativos e mais o montante das dívidas que tínhamos: entregaríamos a ele a empresa, nome, instalações, clientes — tudo, enfim — ele assumiria as dívidas que a Reinoplastic tinha e não tinha condições de pagar. A mais, nada receberíamos: zero! Sairíamos de mãos abanando dali. Nem mesmo as dívidas pessoais que Zé Bellini e eu tínhamos contraído por força das circunstâncias (já que, sem crédito adicional, a própria Reinoplastic, como pessoa jurídica, não conseguia mais fazer empréstimos ou comprar fiado), consegui que nos ressarcisse:

"Ah, não, isso, infelizmente, é um problema de vocês, com que terão de arcar! Legalmente a empresa não tem nada a ver com isso, não é?"

Foi necessário engolir também essa condição, na venda da empresa. Mas, conseguimos pelo menos que o Dr. Jorge aceitasse que o Zé Bellini fosse junto com a empresa, como o empregado responsável por tocar essa nova unidade de produção de embalagens de plástico por extrusão, que a fábrica de cobertores naquele município tinha acabado de incorporar!

Quanto a mim, voltando para Lorena, reuni os empregados, dei-lhes a notícia da venda, os instruí sobre o novo patrão, pedindo que aguardassem a chegada e as instruções mais explícitas dele. Respondi às dúvidas que tinham, fui ao escritório pegar minhas coisas pessoais e, após um último olhar um tanto melancólico em volta, despedi-me de minha efêmera, mas intensa aventura como empresário!

E, em poucos dias mais, os novos funcionários tomaram conta da Reinoplastic e trataram de transferir as máquinas e as operações da fábrica para dentro da indústria de cobertores deles, em Guaratinguetá. As máquinas extrusoras talvez já tenham sido hoje substituídas por outras mais novas e modernas, já que tantos anos se passaram, mas tenho certeza de que, se for hoje à fábrica de cobertores, ainda conseguirei identificar por lá os vestígios do que foi, outrora, a nossa pequena Reinoplastic.

Infelizmente, esse episódio teve ainda um novo lance, um trágico epílogo, que tenho dificuldade até de lembrar, quanto mais de relatar: o Zé Bellini não se sentiu confortável trabalhando na fábrica de cobertores e logo fez novo acordo com o Dr. Jorge.

Zé Bellini conhecia bem, a essa altura, a produção de sacos plásticos por extrusão, e nossa Reinoplastic, antes de ser vendida, fabricava outros modelos, além daquelas embalagens que o cliente comprava de nós. Assim, meu cunhado conseguiu recuperar uma das extrusoras e a transportou para sua própria casa, onde havia um espaço para operá-la. Com isso saiu da fábrica de cobertores e, de certa forma, reanimou, sozinho, a Reinoplastic, ou o que restara dela.

Porém, pouco tempo depois dessa mudança, Zé Bellini sofreu um trágico acidente, uma queda do alto do barracão em que trabalhava, perdendo a vida e nos deixando a todos totalmente prostrados. Foi um final sinistro e macabro, absolutamente inesperado, para um sonho de empreender que tinha se iniciado apenas dois anos antes e havia embalado o enorme entusiasmo com que fizéramos nossas primeiras reuniões idealizando a Indústria de Plásticos Reinoplastic.

Capítulo 11

Dias Difíceis!

De repente tomei consciência de estar desempregado! Levantei-me de manhã bem cedo, como sempre fazia e faço, aprontei-me, fui tomar meu café e...bateu-me a noção bem clara de que, pela primeira vez, eu não tinha um lugar onde ir trabalhar! Para alguém como eu, acostumado a trabalhar por longas horas e em mais de um lugar, essa sensação foi mais do que estranha – foi perturbadora.

Bem, eu ainda tinha uma fonte de sustento na Escola Delta: era professor, mas isso era algo que eu fazia somente à noite, a essa altura, três a quatro dias por semana e, embora ganhasse pelas aulas que ministrava, tais proventos não eram suficientes. Vivi nesse momento um sentimento interessante, capaz de pôr qualquer um de nós a pensar: costumamos trabalhar durante o dia, o dia todo, de manhã à tardinha, de segunda a sexta, ou às vezes, também aos sábados. E trabalhamos para uma dada empresa, num dado lugar relativamente fixo. E esse modelo de trabalho disseminou-se de tal modo pelo mundo todo, e está tão arraigado, que qualquer outro arranjo *complementar* que fuja a esse padrão nos parece anacrônico e deslocado, como se não se tratasse da mesma coisa. O que ajudava na minha receita, era um *fee (*algo como um salário mínimo da época*)*, que recebia da Quimirial, uma pequena indústria de produtos químicos de Lorena, para assinar seus relatórios de produção na condição de químico responsável, exigência contratual com alguns de seus clientes.

Nem mesmo o fato de eu ter trabalhado duramente dirigindo a indústria Reinoplastic por mais de um ano sem tirar um tostão que fosse de salário, me confortou: minha atuação na empresa *era* trabalho, ao passo que, agora, eu me encontrava *sem* trabalho!

Reconheci imediatamente, nesse meu primeiro dia útil depois de ter vendido (ou entregue, sei lá!) a Reinoplastic, que esse modelo tão tradicional de se encarar temporalmente o trabalho já estava me fazendo falta.

A crise na vida da gente –

Mas, enfim, estava *desempregado* e precisava buscar outro emprego. Minha primeira ideia, lógico, foi procurar o professor Lico, na Escola Delta: eu precisava de mais aulas. Poderia preencher meu tempo disponível, agora assumindo mais intensivamente meu trabalho como docente. Foi o que fiz: conversei com o professor Lico e lhe pedi que aumentasse minha carga horária.

"No momento não há possibilidade", ele me respondeu.

Certamente ele não rejeitaria meu pedido, se pudesse atendê-lo. Se estava dizendo não, é porque essa oportunidade não estava mesmo à vista. E, não podendo ampliar minhas horas de trabalho na escola, eu tinha de procurar outra coisa. Assim, fiz o que qualquer pessoa faz quando está sem emprego (*no desvio*, como às vezes se dizia então; ou *em transição de carreira*, como se diz elegantemente hoje): escrevi um currículo, tirei cópias dele e comecei a dar uns telefonemas, a falar com amigos, a fazer listas de empresas nas quais conhecia alguém...Falei também com meu pai a respeito, afinal ele era nada menos que o Gerente de Recursos Humanos da Fábrica Presidente Vargas, em Piquete. Talvez pudesse indicar-me alguma coisa.

O tempo foi passando, entretanto e, após algumas semanas, nada acontecia de concreto: vagas possibilidades, não muito frequentes, surgiam aqui e ali, mas nada evoluía no sentido de me oferecerem um real emprego, numa vaga concreta, numa empresa real.

De início eu não estava tão preocupado. Precisava trabalhar, é claro, pois tinha uma família para sustentar e meus parcos ganhos atuais não eram suficientes para isso. Além disso, eu tinha dívidas a liquidar, sobras de minha atividade empresarial. Muitas vezes olhei para aquela relação de contas que devia pagar e me critiquei silenciosamente por não ter sido mais incisivo com o Dr. Jorge, exigindo que ele assumisse também essas dívidas pessoais – minhas e do meu sócio Zé Bellini, e que eram, afinal de contas, da empresa. O fato de elas gravarem minha pessoa física, ao invés de gravarem a pessoa jurídica da Reinoplastic, era de fato um mero detalhe sem importância, já que eu não tinha despendido aquele dinheiro na compra de roupas, automóvel ou eletrodomésticos, mas de...matéria prima, polietileno! Então, eu me punia por não ter tido a ousadia (ou a experiência) de dizer ao Dr. Jorge e ao seu incômodo advogado: "Não, senhores! Isso é dívida da empresa e vocês têm de assumi-la, como todas as outras!". Não fiz isso na ocasião e, agora...Inês era morta!

Mas eu acreditava que, mais dia, menos dia, encontraria o emprego de que precisava e esse transtorno estaria finalmente ultrapassado. Eu era jovem com vinte e poucos anos, é verdade, mas podia dizer que já tinha um currículo respeitável – já tinha experiência como líder de equipe, era um químico, tinha tido vivências importantes na área de manufatura, controle da qualidade, havia sido empresário, era professor...Não era pouco, e o mercado reconheceria isso. Tão logo alguém batesse os olhos no meu currículo, me chamasse para uma entrevista e começasse a conversar comigo sobre toda essa experiência, isso mudaria. Porém, passava o tempo e a coisa simplesmente...não rolava!

Minha mulher Valéria fazia o que podia, tentando complementar sua remuneração como professora com alguns bicos de costura, algo que aprendera com minha sogra, exímia costureira, e fazia muito bem. E quando as coisas começaram a apertar ainda mais, tivemos, ela e eu, que experimentar sentimentos de solidariedade e a atitude compreensiva e protetora de nossos pais. Se necessário, eles nos socorreriam – o que de modo algum, porém, Valéria e eu queríamos.

Mas, dizem alguns (principalmente Murphy e sua conhecida lei), que, se as coisas podem ficar pior, então ficarão! A economia do País não ia bem depois do choque do petróleo, e o país começava a experimentar tempos difíceis, muito diferentes do que eram apenas dois ou três anos antes. Nos governos militares, o Brasil tinha feito uma opção estratégica, quanto à sua economia, pela substituição de importações: tinha se endividado fortemente no mercado internacional para transformar sua economia, até então predominantemente produtora de *commodities*, numa outra industrializada e, tanto quanto possível, de tecnologia intensiva.

Com a recessão mundial gerada pela crise do petróleo, essa via estratégica tinha sido bloqueada e, com a elevação absurda que houvera nos juros, a dívida nacional tornou-se, como então se dizia, *impagável*. Arrastadas pelo turbilhão dos débitos em dólares, agora muito difíceis de saldar, as empresas estavam economizando, cortando, esperando, observando...e não contratando. Como eu, muitos profissionais competentes estavam (ou se viam ameaçados de entrar) *no desvio*.

No que me diz respeito, tive o dissabor de ser comunicado pela Escola Delta de que não só não teria mais aulas do que já tinha, mas que perderia parte daquelas que vinha ministrando! A essa altura, a escola, como outras entidades do gênero, tampouco estava bem. Cursos antes bem frequentados deixaram de ser ministrados, por insuficiência de alunos.

A quase totalidade dos alunos da escola era de jovens que trabalhavam durante o dia e por isso estudavam à noite, tentando formar-se para conquistar uma posição melhor no mercado de trabalho. Não tendo mais um emprego garantido, boa parte dos candidatos a frequentar os cursos da escola tinham tido de reestruturar seu modo de viver e redimensionar suas finanças, cortando despesas — primeiro as supérfluas, depois as adiáveis, para então poderem se concentrar naquelas despesas obrigatórias, impossíveis de ignorar. E as despesas com um curso profissionalizante pesavam bastante no orçamento pessoal de qualquer pessoa da classe média. Podiam não ser classificáveis como supérfluas, mas não eram obrigatórias, e sim adiáveis.

Outras escolas e faculdades haviam, em outros tempos, me chamado para dar aulas também, algo que não tinha tido condição de aceitar, porque simplesmente não dispunha de tempo para elas. Agora os convites como aqueles seriam muito bem-vindos — só que eles não existiam mais. Fui checar essa possibilidade também, mas o que pude constatar foi que outras entidades de ensino da região estavam agora, basicamente, na mesma situação de retração.

Ainda existem empresas como essa! –

A busca infrutífera de emprego é altamente ansiógena. Num primeiro momento, achamos que conseguiremos ficar serenos até que uma oportunidade de trabalho surja. E vamos conseguindo fazer isso. Mas, à medida que as semanas e meses se passam sem que essa oportunidade apareça, nossa capacidade de manter a calma vai diminuindo. Frente às outras pessoas podemos fingir que está tudo bem e até fazer piadas a respeito das dificuldades que estamos encontrando. Mas, em casa, com nossos entes queridos, esse fingimento é impossível e a máscara cai. Mostramo-nos, então, como verdadeiramente estamos nos sentindo: tristes, deprimidos, com a autoestima lá embaixo — numa palavra: um lixo!

E, quando nada acontece em resposta aos nossos esforços para achar outro lugar para trabalhar, um fenômeno psicológico importante sobrevém: nossa autoestima tão baixa acaba minando nossa credibilidade perante nós mesmos. Podemos chegar a um ponto em que, quando surge uma oportunidade, um convite para uma entrevista, um contato que poderia ser promissor, nós mesmos nos encarregamos de sabotá-lo, desacreditando dele: "Não vai dar!" "Quer apostar que não vai sair!?", "Xi! Isso é uma furada!". Esta atitude é altamente nociva, porque afeta nosso próprio comportamento na situação, é uma profecia autorrealizável: vamos para o contato, a entrevista, o telefonema, já o solapando inconscientemente, sem perceber que fazemos isso! É péssimo!

E, se para algumas pessoas (raras, penso) a compreensão e a solidariedade demonstradas pelos entes queridos é um efetivo fator de conforto, para outras (e me incluo entre estas), essas demonstrações de apreço e encorajamento acabam fazendo o efeito contrário: em vez de nos pôr para cima, acabam por nos derrubar ainda mais! Sentimo-nos ainda mais depreciados — e, por mal dos pecados, quando em tais momentos reagimos irritados com tudo que se passa conosco, ainda acabamos magoando que nos ama e nos quer confortar. Então, constatando o que acabamos de fazer, nos sentimos *ainda pior*! Quer inferno maior que este!?

Depois de semanas e semanas desempregado, com a parca fonte de renda e tendo de recorrer à ajuda financeira de pais e sogros, recebi certa vez um convite para me apresentar para uma vaga numa empresa industrial do ramo de celulose na cidade de Americana, na região da antiga Paulista, pouco adiante de Campinas. Fiquei esperançoso e viajei para lá. Entrevistado, agradei, e o presidente da empresa me disse textualmente que eu estava empregado. Começaria já no dia seguinte!

Maravilha! Era uma boa posição, o salário era muito bom, o trabalho era dentro da minha especialidade, envolvendo conhecimentos de controle da qualidade no tratamento de água que eu tinha. Fui eufórico para o hotelzinho modesto em que, tentando gastar o menos possível, hospedei-me na cidade. Liguei para minha esposa Valéria, em Lorena, tomado por uma grande sofreguidão, e avisei que estava empregado:

"Arrume as malas!", disse eu. "Vamos mudar para Americana!"

No dia seguinte, logo cedo, apresentei-me à empresa e algo muito estranho aconteceu: não fui recebido de novo pelo presidente, como estava previsto. Disseram-me que ele tinha viajado (o que, constatei depois, era uma mentira). O gerente de Pessoal recebeu-me, mas somente depois de uma longuíssima sessão de espera, numa sala, sem que eu tivesse nenhuma informação sobre o que estaria acontecendo — para me dizer que houvera mudanças de planos e a vaga à qual eu me candidatara já tinha sido preenchida!

"A vaga! Que vaga!?", vociferei completamente descontrolado. "Não há mais *a vaga*! Aquela vaga existia, agora não existe mais, ela é *minha*! Foi o próprio presidente quem me disse isso, ontem, no final do dia, quando saí daqui depois da entrevista com ele! Como é possível que a *minha* vaga possa ter sido preenchida por outra pessoa durante a noite!!!?"

Pois, foi! Por incrível que pareça, foi! Ou a vaga que existia se evaporou na calada da noite, não sei bem! Nunca soube o que de fato aconteceu: se o presidente não tinha autoridade para de fato me contratar, se alguém com um grande pistolão ordenou que uma pessoa de seu relacionamento fosse posta na posição...Sei lá! Só sei que fique desarvorado com aquilo.

Hoje esse assunto é totalmente passado e já não me sinto emocionado ao me lembrar do episódio. Mas, na ocasião, foi algo difícil, pelas circunstâncias: quando você se sente lesado por alguém ou alguma organização, é legítimo e natural sentir-se indignado. Mas quando você é lesado a propósito de algo que lhe é muito caro ou importante, ou de que precisa muito, essa indignação sobe a níveis que você mesmo duvidaria que poderiam atingir, se lhe dissessem.

Mas neste episódio de Americana, ter aprendido algo com a situação não exime um dirigente como esse (dessa empresa cujo nome não me motivo a dizer), de sua enorme irresponsabilidade e falta de ética com as outras pessoas. Não é assim que se age! Essa era uma empresa que, definitivamente, não me merecia — assim como não merecia ter em seus quadros profissionais competentes e honestos, que provavelmente tinha.

Mas relato o episódio com o intuito de lembrar duas coisas ao leitor: primeiro, que há *de tudo* por aí, em matéria de ética empresarial - das empresas altamente elogiáveis às totalmente reprováveis; e segundo, que como acontece no futebol, também no mercado de trabalho *o jogo só acaba quando termina*! Isto é, até o apito final do juiz (isto é, até o contrato de trabalho assinado, preto no branco), qualquer coisa, por mais surreal que possa parecer, ainda pode acontecer!

Então, contra todas as minhas expectativas e a despeito de achar que aquilo tudo *não* estava realmente acontecendo, acabei me vendo de volta a minha casa, desempregado, com todas as portas fechadas no mercado de trabalho. Sobrevivia porque a minha mulher trabalhava duro, dando aulas de dia e de noite, ganhando muito pouco. Tínhamos nossa primeira filha,

Valeska, ainda pequenina; e, dadas as circunstâncias, Valéria saía para trabalhar e eu ficava em casa cuidado da filha, numa inversão dos papéis familiares tradicionais, que naquela época ainda estavam em grande parte preservados. Aquilo não era comum: o provedor da família ser a mulher, com o marido assumindo as tarefas domésticas.

Era para mim uma grande novidade ficar cuidando da pequenina Valeska – e eu sentia, pela primeira vez, que estava tendo com minha filha um grande e importante contato, e que isso fazia bem a ela e a mim. Era algo que nunca tivera antes, porque minha ética profissional sempre havia privilegiado o trabalho do *homem*, não da mulher – e um trabalho intenso, duro, exigente. Por essa razão, eu estranhava muito a situação esdrúxula que estava vivendo.

Mas tinha que tocar a vida...!

Toninho, uma lição de vida –

Morávamos numa pequena casa alugada, em Lorena, com não mais de 40m quadrados e um portãozinho dando para a rua. O dono da casa, nosso locatário, era o Toninho, um comerciante local muito bem-sucedido, dono de muitas residências (penso que seriam mais de 30!), que ele alugava a famílias como a nossa; e dono também de uma conceituada loja de material de construção chamada Coimbra, negócio que ele administrava pessoalmente. A loja ficava na mesma rua de nossa casa, aliás na mesma quadra, cerca de 30 metros de distância.

Apesar do diminutivo, o Toninho era um homem de mais de 30 anos, portanto mais velho que eu. Era circunspecto, tinha um jeito sisudo e uma cara de poucos amigos que intimidava as pessoas em geral. E parecia ser alguém muito prático e objetivo no que dizia e fazia.

Nosso relacionamento entretanto era muito bom e afetivo. Tínhamos nos entendido na combinação do aluguel, com a ajuda do meu sogro, que além do armazém, administrava alguns negócios imobiliários. E mensalmente eu me dirigia à loja dele a fim de pagar o aluguel devido. E parava por lá um tempinho, para um bate-papo e um cafezinho com o Toninho.

Eu gostava desse contato, com o qual aprendia bastante. Falávamos de comércio, de negócios, de Lorena, nossa cidade, das coisas do dia a dia por lá. E ele, por sua vez, demonstrava claramente gostar também de nossa conversa, apreciar aquele dedo de prosa com um jovem em início de carreira, interessado em tantas coisas da indústria, como eu era.

Pouco a pouco, nossos contatos tinham passado a acontecer mais vezes, sem mais se restringirem, como de início, àquela ocasião mensal do pagamento do aluguel: passei a aproveitar as oportunidades que tivesse para dar uma passadinha na loja de material de construção do Toninho, para mais um bate-papo. E, quando eu chegava, pela sua fisionomia e pelo fato de deixar outras coisas de lado para me dar atenção, era evidente para mim que eu era bem-vindo.

Mas, a falta de emprego e de dinheiro logo começou a pesar para mim, a ficar crítica. E, pela primeira vez, atrasei o pagamento do aluguel. Depois, atrasei-o de novo e, em dado mês, não consegui sequer fazer o pagamento. No mês seguinte, senti que essa dívida iria crescer mais ainda, porque eu de novo não conseguiria pagar o aluguel ao Toninho!

Bem, isso me mortificava! Jamais poderia pensar que chegaria a esse ponto, eu que sempre fui extremamente cioso de meus compromissos e deveres. Quase instintivamente, como um mecanismo de proteção, comecei a me retrair e a evitar encontrar o Toninho. Já não queria mais ir à sua loja tomar aquele cafezinho com ele, e quando passava por lá, ocasionalmente, ficava um tempo bem menor, não o olhava de frente, sentia que não tinha assunto, a conversa não fluía com antes...Já não era a mesma coisa: eu me sentia diminuído naquele contato, que agora me fazia mal. E eu não conseguia suportar isso. Quanto a ele, nada dizia, nada fazia a respeito. Simplesmente continuou sendo ele próprio, sem denotar que percebesse minha mudança de comportamento.

Com o agravamento de minhas condições financeiras, aí é que passei mesmo a evitá-lo. Para sair de casa, por exemplo, ao levar minha filha Valeska para um pequeno passeio ou ao ter de comprar algo num empório próximo, eu me via estudando bem o que havia na rua, para ter certeza de que o Toninho não estava visível, não se encontrava à porta do seu estabelecimento. Eu não queria dar de cara com ele, porque imaginava que, em algum momento, ele iria me atirar na cara — e com razão — a frase temível: "Cadê meu aluguel!?". Eu *tinha* de resolver essa questão e pagar-lhe o que devia, para poder voltar a encará-lo sem receio!

Mas, certo dia, minha tática de evitar o Toninho falhou: eu tinha de sair e inspecionei a nossa quadra sem vê-lo por perto. Saí pelo portãozinho para o outro lado da rua, tentando não passar na frente da loja e, ao dobrar a esquina, topei com...ele! Estava voltando de algum lugar, para a própria loja.

Frente a frente com o Toninho, eu não sabia o que dizer. Murmurei alguma coisa, engasgado. Eu era bem mais alto que ele, mas naquele momento senti-me pequenino, frágil, perante aquele homem poderoso: meu senhorio!

Surpreendentemente, ele pôs a mão no meu braço, olhou-me nos olhos e perguntou:

"Por que você não está mais indo tomar café comigo?"

"Bem, é que...", procurei uma desculpa esfarrapada, "eu ando ocupado, agora que eu..."

"Não é nada disso", ele retrucou; e completou, sem deixar de me olhar nos olhos: "Você não está indo mais à minha loja porque me deve o aluguel".

Aí eu engasguei mesmo! Fiquei mudo e baixei a cabeça, sem ter o que responder. Ele me disse, muito seriamente:

"Deixe eu lhe dizer uma coisa: não preciso desse aluguel. E, se você for à minha loja amanhã, trazendo o pagamento do aluguel e explicando que arranjou um emprego, não vou aceitar. Só vou aceitar que você me pague quando tiver a certeza de que você já estabilizou suas finanças."

Aquilo me surpreendeu tanto que continuei sem saber o que responder. E ele completou:

"Conheço você, D'Artagnan. Conheço sua família, sua esposa, seu pai, seu sogro. Sei que vocês são pessoas de bem, em que posso confiar. Portanto, não estou preocupado com o pagamento do aluguel. Não pare de vir tomar café comigo por causa disso. Fique tranquilo, esqueça por enquanto esse assunto do aluguel, porque mais cedo ou mais tarde ele vai se resolver. Vá achar seu emprego, resolver o seu problema, cuide de voltar a trabalhar. Mas, não deixe de vir tomar café comigo."

Senti-me profundamente emocionado com as palavras do Toninho. Continuando sem saber o que dizer, agora tomado por uma intensa emoção de outro tipo, fiz menção de expressar minha gratidão. Ele não deixou. Num gesto me impediu e esboçou um rápido sorriso, naquela fisionomia que parecia tão intimidadora para tantas outras pessoas. Com um tapinha no meu braço, saiu dali. Dois passos à frente, voltou-se para mim, me apontou o dedo e repetiu:

"O cafezinho, hein! Não esqueça!"

Não esqueci. Saí desse encontro como quem está pisando em nuvens. Entrei em casa, de volta, sentei-me e tive dificuldade para me conter emocionalmente, com sentimentos confusos, entre eles a gratidão pelo gesto dele, a tristeza pela minha situação do momento, a esperança de dias melhores e nem sei mais outros sentimentos estiveram presentes nessa reação bioquímica!

Continuei indo à loja de material de construção do Toninho para tomar nosso cafezinho. Continuei gostando muito de conversar com ele e ele comigo. Com algum tempo mais, as coisas finalmente entraram nos eixos e pude liquidar minha dívida com meu locatário. Ele recebeu o dinheiro que eu lhe devia normalmente, sem alarde nem comentário, como se aquilo fosse uma operação de pagamento absolutamente corriqueira. Nem ele nem eu jamais comentamos o assunto entre nós; e é raro que eu o comente com outras pessoas. Faço-o aqui, porque acho importante lembrar o fato. Mas, ter sido tão reservado sobre esse episódio não significa que ele não me tocou ou que não aprendi muito com ele. Bem ao contrário!

Capítulo 12

De Volta!

Curioso: um mês depois, pouco mais, ingressei na Embraer! E com isso, em dezembro de 1974, uma nova fase, certamente a mais importante delas, estava se iniciando em minha vida profissional.

Eu havia ficado desempregado, sem fonte de renda, por aproximadamente um ano, e nesse período, foi a minha mulher, Valéria, com a ajuda providencial de nossos pais, meus e dela, quem conseguiu sustentar nossa casa. Valéria foi o grande ponto de apoio que tive nessa fase difícil, e nosso relacionamento somente cresceu e se solidificou ainda mais ao atravessarmos esse deserto.

Por muitos anos à frente, continuei sem entender bem o porquê de todas aquelas coisas terem acontecido comigo, e confesso que nunca consegui apreender por completo o que teria havido. Foi, porém, uma passagem que me trouxe um grande amadurecimento.

Lembrei-me muito, durante e depois daquilo, da descrição que meu pai costumava fazer de mim, quando dizia que "D'Artagnan é um jovem velho". O velho coronel Claudino escreveu isso numa das suas crônicas, anos atrás. Teria ele razão? Talvez. Mas, caso sua frase não expressasse uma verdade antes dessa época difícil pela qual passei, pode ter certeza de que passou a expressar, sim, depois desses meses de penúria.

A luz no fim do túnel –

Mas, como disse, em novembro de 1974 fui para uma entrevista na Embraer, em São José dos Campos. Quem me forneceu a carta de apresentação foi um grande amigo do meu pai, o general José Alves Martins, então diretor geral da Fábrica Presidente Vargas em Piquete, onde eu havia estagiado por vários anos. Com a carta de apresentação em mãos, fui recebido pelo eng.º Ozires Silva, diretor superintendente da Embraer. Na época, a Embraer estava procurando para integrar a área da qualidade, um profissional que coordenasse o projeto Círculos da Qualidade. Ozires acreditou naquele jovem professor de química com boa bagagem empresarial e me contratou.

A Embraer é um conglomerado brasileiro, de fato era uma sociedade de economia mista vinculada ao Ministério da Aeronáutica, com sede em São José dos Campos, no Vale do Paraíba, fabricante de aeronaves para uso comercial, militar, agrícola e aviação executiva. Tinha cerca de três mil empregados, nessa época.

A Embraer sempre foi uma empresa da qual o Brasil se orgulhou. Nasceu em 1969, por iniciativa do governo brasileiro, como um projeto estratégico, visando a implantar uma indústria aeronáutica no país. O DCTA (Departamento de Ciência e Tecnologia Aeroespacial), fundado em 1946, e o ITA (Instituto Tecnológico da Aeronáutica), em 1950, ambos sediados em São José dos Campos e concebidos pelo idealista tenente-coronel aviador Casimiro Montenegro Filho, estão na origem da Embraer.

Ozires Silva, que havia liderado o desenvolvimento do avião nacional Bandeirante, tornou-se seu primeiro presidente. Já nos primeiros anos da década de 1970, praticamente recém-fundada, a Embraer começou a conquistar projeção nacional e internacional, com os aviões que construía e planejava construir nos anos vindouros. Eu estava ingressando, portanto, em uma empresa importante, de projeção — e se fosse contratado certamente estaria trabalhando num contexto que me permitiria ter realizações profissionais significativas.

Ozires recebeu-me afavelmente em sua sala e, após alguns minutos de conversa, encaminhou-me para um dos gerentes da empresa, em cuja área havia uma vaga aberta, a ser preenchida por alguém que tivesse uma experiência, digamos, híbrida — que incluísse tanto a vivência em áreas de produção em empresas industriais quanto em atividades educativas. Animei-me, pois essa parecia ser uma posição à qual minhas qualificações aplicavam-se perfeitamente.

Que posição era essa? Eu não tive grandes detalhes nessa conversa, nem Ozires achou que deveria ser ele a me dizer isso naquele momento, mas pude perceber que a Embraer procurava alguém que implantaria um projeto de *gestão participativa.*

Fui encaminhado à gerência de Qualidade da Embraer, para falar com o titular da área, o Cerqueira. O engenheiro Pedro Paulo Cerqueira Lima, que a partir de então fui conhecendo cada vez melhor, era um sujeito de personalidade forte, que jamais passaria despercebido em qualquer ambiente – e que chamou fortemente minha atenção, portanto, logo de início.

Ele examinou meu currículo numa leitura rápida, deteve-se olhando um pouco mais aqui e ali no documento, fez-me algumas perguntas querendo esclarecimentos a respeito e deu-me, depois de alguns minutos, a impressão de que, no geral, havia gostado. E foi logo confirmando, sem pestanejar:

"Você tem o perfil que eu quero!"

E rapidamente acertou comigo meu ingresso na Embraer!

Exultei!

Ele me mandou na mesma hora para a área de Pessoal, onde eu devia combinar as condições de trabalho e tratar das providências para meu ingresso. Ali tratei de salário, benefícios e providências burocráticas que devia tomar, exames médicos, tudo. Aceitei sem discutir tudo que me ofereceram, — não era o caso de negociar coisa alguma, embora isso nem me parecesse necessário, pois as condições que me ofereceram eram, a meu ver, boas.

Definimos que eu começaria a trabalhar imediatamente (era o que eu queria!) e me atribuíram uma salinha para trabalhar. Também deram comigo um giro pela área e me apresentaram as pessoas que trabalhavam mais próximo — enfim, aquelas coisas de praxe na admissão de um novo empregado.

No primeiro dia de trabalho voltei à sala do Cerqueira, agora meu chefe. Ele fez uma breve reunião comigo e uma breve preleção sobre o grande tema que o levara a me contratar:

Nas empresas industriais japonesas, um novo paradigma estava surgindo e provocando uma grande comoção no mundo empresarial americano e europeu. Tratava-se de uma série de novas concepções sobre a Qualidade na indústria. Tudo havia começado com as ideias que um estatístico americano chamado W. Edwards Deming havia levado para o Japão após a Segunda Guerra Mundial, como parte do esforço americano para reconstruir aquela nação após o conflito. Com seus métodos estatísticos, Deming havia conquistado os japoneses, e o produto desse seu trabalho por lá era uma forma peculiar de participação dos empregados das empresas na gestão da produção, que recebera o nome de Círculos de Controle da Qualidade, ou simplesmente Círculos da Qualidade - CQ's

Em breves palavras, foi mais ou menos o que o Cerqueira me contou.

"Então, é um novo modo de olhar a Qualidade?", arrisquei.

"Sim", foi a resposta. "Os operários não se limitam a fazer seu trabalho rotineiro nas linhas de produção. Eles participam ativamente da gestão, dando ideias, discutindo-as, tratando de ajudar a implantá-las. Eles fazem isso nesses CQs — Círculos de Qualidade.

Um livro enigmático -

Desde logo aquilo me atraiu, e não exatamente porque eu precisava do emprego (e eu precisava!). Mais importante até, a posição me parecia ser uma na qual eu poderia fazer trabalhos importantes e me realizar profissionalmente. Eu não sabia o que eram os tais CQs — exceto pela rápida explicação do Cerqueira, resumida demais para permitir uma visão mais crítica. Mas gostei muito da perspectiva de passar a trabalhar voltado prioritariamente para a Qualidade, um conceito que tinha aprendido que era vital nas empresas, a partir de minha experiência na produção da Indústria Broca & Meirelles e nos laboratórios de controle da qualidade da Fábrica Presidente Vargas.

"Fora o que eu acabei de lhe dizer, você não sabe nada sobre Círculos de Qualidade, certo?"

"Não tenho ideia", concordei.

"Está bem, não tem problema, você vai aprender."

Sobre a mesa de trabalho do Cerqueira havia um pequeno livro preto. Tinha a capa voltada para baixo e, como a quarta capa era preta e nada estava escrito nela, não havia como eu saber de que se tratava. Mas, era um livrinho fino, de quarenta ou cinquenta páginas, se tanto, que passaria despercebido para qualquer um, em meio àquela papelada sobre a mesa do Cerqueira, fossem outras as circunstâncias.

Eu nem teria percebido o tal livrinho, aliás, se ele não tivesse pego o livrinho e sacudido na minha frente:

"Você vai estudar este livro", disse. "É a primeira coisa a fazer. O livro é sobre esse nosso tema, o **CQ**, Círculo da Qualidade."

"Certo."

"Então, vá para a sua sala e estude. Daqui a uma semana, quando tiver entendido tudo isso aí, volte a falar comigo."

Pela aparência, aquele livro tão magrinho de modo algum me tomaria tanto tempo!. Uma semana!? Imaginei que no dia seguinte eu estaria pronto a discutir seu conteúdo. Mas por ora achei melhor não dizer nada.

Ele se levantou e encaminhou-se para a porta de saída, eu indo atrás. Ao caminhar, continuou dando instruções:

"Depois de você entender tudo isso, vou encaminhá-lo a um estágio. Aí você vai ver como funcionam os CQs na prática. Após o estágio você estará pronto para começar a coordenar este projeto aqui na Embraer."

"Certo."

Pegando-me pelo braço, indicou-me a porta. Saí e, do lado de cá da soleira, ele me estendeu o livro preto. Peguei-o, mas por um breve instante, ele não o soltou. E ficamos ali, os dois, um meio dentro e o outro meio fora da sala, com o livro retido pelas mãos de ambos. Tive a brevíssima impressão de que ele queria me dar o livrinho, mas por alguma razão hesitava em fazê-lo.

"Então, tá!", finalizou, soltando o livro. "Depois de ler, volte aqui."

Fechou a porta. No corredor, com o livro na mão, pensei mais uma vez que uma semana para ler aquilo era um exagero. "Afinal, eu sou um professor, estou acostumado a ler, estudar... Será que ele está me subestimando?"

Junto à porta fechada, ainda no corredor, olhei para a secretária do Cerqueira, a Rosa Conteçote, que estava sentada a poucos passos. Ela olhou-me também e brevemente sorriu, entre simpática e compreensiva. Rosa trabalhava havia anos com o Cerqueira, segundo soube depois, e estava acostumada com o modo de ser dele — que, como também logo vim a saber, era uma pessoa bastante peculiar em vários sentidos.

Virei o livro para olhar o título: *QC Koryo*. Que quereria dizer isso? Abri-o e o folheei sem ordem, só para inspecionar as páginas. Estava escrito em... japonês!

Por um momento fiquei sem reação, junto à porta. "Teria havido algum engano?", foi o que primeiro pensei. "Talvez, não...", ponderei em seguida com meus botões. Olhei a porta fechada da sala e veio-me de relance a visão de que o Cerqueira devia ser um tremendo gozador, que estaria nesse momento em pé, do outro lado da porta, rindo muito da peça que tinha me pregado! Por um momento mais consenti na construção dessa minha fantasia e fui além, achando que talvez ele só estivesse esperando eu bater na porta, revelando minha perplexidade, para dar uma gargalhada na minha cara!

"Ah, é assim?", pensei. "Então, vou jogar o jogo dele e...não bater!"

Mas, em seguida, pus um pouco mais de coerência nas ideias. Ponderei que não devia ser esse o caso. Ora, se o Cerqueira tinha me dado para ler um livro em japonês, talvez fosse porque era o único que tinha disponível com ele. Talvez houvesse mesmo falta de literatura em português, em inglês, sobre os tais CQs. O Cerqueira não iria fazer esse tipo de brincadeirinha boba comigo — aquilo era uma coisa séria, *tinha* de ser uma coisa séria!

É, mas, ao mesmo tempo, algum tipo de joguinho havia ali, sem dúvida: é claro que ele estava me testando, querendo saber como é que eu reagiria ao ter pela frente uma situação inusitada como esta. Devia ser, sim, um jogo, mas no bom sentido: era, talvez, um desafio à minha inteligência e à minha iniciativa.

E comecei a achar que eu ia, afinal de contas, me dar bem com esse chefe, o Cerqueira! Eu gostava de desafios, até mesmo os procurava e já tinha mostrado isso antes. Não tinha questionado o sargentinho de Itajubá? Não tinha topado chefiar a fabricação de explosivos? Não tinha sido empresário? Então..!?

Além disso, se o Cerqueira era um sujeito meio radical, pessoa difícil, também isso era um desafio que eu já tinha enfrentado. Era uma espécie de *especialidade* minha conquistar pessoas difíceis! Ou não? Eu já tinha encontrado pessoas que me eram importantes e que trouxera para meu lado, conquistando sua confiança e sua amizade. A começar pelo meu próprio pai que, quando queria uma coisa, queria mesmo! Meu rol de amizades sinceras e valiosas com pessoas mais ou menos difíceis já era apreciável: incluía o Quinzinho...(não, o Quinzinho não valia, ele não era realmente uma pessoa difícil). Incluía este sim, o Dr. Broca Filho, incluía meu locatário Toninho com sua cara de poucos amigos. Enfim, eu podia também conquistar a confiança e a amizade do Cerqueira. E é o que ia fazer.

O providencial amigo japonês –

Então, afastei-me da porta e fui para minha nova salinha de trabalho pensar no que fazer. Sentei-me e contemplei o livro que tinha nas mãos: *QC Koryo.*

“Deve ser *Quality Circles Koryo*”, imaginei. “Mas, que diabos quer dizer essa palavra japonesa, *Koryo*?”

E, num pequeno *insight,* quem me veio à mente nesse momento foi o Fujimi.

“Claro, pensei! Aquele japonês que eu conhecia em Lorena!”

Depois de alguns minutos examinando, sem nada conseguir de prático, o impenetrável livrinho preto, voltei minha atenção para outras coisas que tinha a fazer num primeiro dia de trabalho e, terminar o expediente, fui para casa, em Lorena. De imediato fui à procura do Fujimi Fukuyama. Era meu vizinho de bairro e trabalhava numa indústria de origem japonesa, e embora ele não fosse japonês de nascimento (era um nissei), tinha morado e trabalhado no Japão e dominava a língua.

Fujimi ficou surpreso com a visita, mas entendeu: eu tinha comigo um livro em japonês e queria saber quanto ele cobraria para me traduzir aquele texto. Fujimi não tinha a menor ideia de quanto cobrar, nunca tinha feito tradução por dinheiro.

"E você pode traduzir com urgência?", eu quis saber.

"Oh, sim, claro, com urgência..." Pegou o livro e virou-o de um lado para outro, enquanto pensava. "Para quando você precisa? Um mês está bom?"

"Um mês!!! Nem pensar, Fujimi. Preciso disso dentro de três dias!"

"Três dias!!!? Não, não, não dá! Não dá!"

Tinha que dar! Tentei encontrar uma solução e achei: no fim de semana, ele e eu iríamos nos sentar juntos com o livro nas mãos e ele iria lendo e me explicando o conteúdo, enquanto eu faria anotações. Se trabalhássemos a sério, o sábado e o domingo deveriam ser suficientes para dissecar aquilo. Fujimi concordou e foi assim que fizemos.

Começamos pelo título:

"Que é isso: *Koryo*?"

"Ah, isso pode ter diversos significados! Não sei ainda, exatamente, sem ler um pouco do livro. Veja, o japonês tem vários sistemas de escrita e, dependendo da frase, esses ideogramas podem ser lidos de várias formas...Isso é uma das partes mais complicadas do japonês, porque cada *kanji*..."

"Cada o quê?"

"*Kanji*, esses caracteres, esses ideogramas que a língua usa para escrever...Cada um deles tem diferentes formas de leitura, dependendo do contexto. Um único *kanji*, às vezes, pode ser lido de cinco ou mais formas diferentes!"

Hummm, aquilo não estava começando bem. O japonês parecia ser um idioma bem mais complicado do que eu pensara a princípio, e talvez não fosse tão simples assim fazer esse tipo de tradução oral, em que um sujeito que conhece a língua vai lendo e traduzindo na hora e o outro, que não conhece, vai anotando. E, ao que parecia, o Fujimi estava gostando da ideia e resolvera mostrar que sabia japonês...!

Mas passados alguns momentos iniciais de indefinição, o trabalho fluiu: pegamos o jeito — o Fujimi, o jeito de ler e traduzir; e eu, o jeito de anotar. Começamos a perceber qual era o contexto em que aquela palavra tinha sido escolhida, o significado do texto do livro nesse contexto e as repetições de sentido ao longo do texto...

O livrinho preto era uma espécie de *Beginner's Guide*, quase que apenas uma apostila sobre os CQs, trazendo o que de mais básico se sabia então sobre esses grupos. O nome *QC Koryo*, podia ser traduzido basicamente por *Princípios* [ou essência, diretrizes, cânones, doutrina, sistema de pensamento] *dos Círculos de Qualidade.* O termo *Koryo* se escreve 顧慮, em ideogramas japoneses; e a palavra é pronunciada, aproximadamente, *Kouryou.*

O livrinho não tinha um único autor, era uma obra coletiva, produzida por membros da JUSE – *Japanese Union of Scientists and Engineers* que, como soube mais tarde, era, naquele país, a organização que concentrava os profissionais dedicados à Qualidade num sentido amplo e, num sentido mais estrito, aos Círculos da Qualidade. O principal nome, entre os membros da JUSE, era o do engenheiro Kaoru Ishikawa, um dos primeiros a se aproximar de W. Edwards Deming e a absorver, seguir e desenvolver os ensinamentos deste para a reconstrução da indústria japonesa no pós-guerra.

Fundada em abril de 1962, a JUSE foi a iniciadora dos CQs no Japão, em particular nas áreas de produção das empresas industriais. Um Círculo de Qualidade era, em termos gerais, um pequeno grupo de empregados trabalhando em atividades de primeira linha (setores de produção ou chão de fábrica), dedicados a controlar e aperfeiçoar continuamente a qualidade dos processos, produtos, matérias-primas e equipamentos com os quais trabalhavam. Com o bombástico sucesso que tiveram em seu país de origem, os CQs estavam rapidamente se disseminado por outros países europeus e asiáticos, além dos EUA, e chegavam agora, com maior ênfase, também ao Brasil.

Fujimi foi lendo o livrinho com desenvoltura cada vez maior, enquanto eu absorvia e anotava o que ouvia. Frequentemente eu o interrompia e pedia para repetir ou explicar melhor, pois não se tratava apenas de uma tradução literal dos termos e frases, com correspondência direta entre uma língua e outra. O que estávamos tendo de fazer ali era uma tentativa de compreender como os japoneses pensavam a questão da Qualidade nas áreas de produção das fábricas, e de traduzir isso para a nossa cultura, nosso modo de pensar sobre o assunto.

Assimilar o *modo de pensar* sobre CQs, dizia o texto, era um tipo de habilidade que todas as pessoas envolvidas em atividades fabris, e mesmo empresariais de modo geral, deviam tentar fazer. Aprender sobre os CQs e seus conceitos e ferramentas lhes permitiria encarar de modo mais disciplinado, lógico e científico os problemas que eram enfrentados na administração da produção — e mesmo na administração em geral, nas vendas, nos serviços —, aumentando as chances de solucionar esses problemas.

No Controle da Qualidade, advertiam os autores, não é suficiente apenas adquirir conhecimentos — é preciso pô-los em prática, experimentá-los, trabalhar com esses conceitos na vida real. Os CQs eram o meio adequado de se fazer isso. Não bastava ao leitor, portanto, compreender o conteúdo apresentado naquele opúsculo; ele teria de ir, em seguida, à sua área de trabalho e tratar de aplicar esse conteúdo ali. Só assim perceberia o enorme potencial dos CQs na construção de um sistema de produção mais robusto, mais eficiente e mais qualificado.

Com o Fujimi lendo e me explicando aquilo e eu anotando tudo, completamos a leitura e tradução do livrinho. Ficamos nisso praticamente os dois dias que tínhamos previsto gastar. E foi muito, muito interessante este primeiro contato meu com a língua japonesa. Frequentemente Fujimi, que se revelou para mim, afinal de contas, um bom tradutor, parava para me mostrar o ideograma correspondente ao que estava dizendo e para explicar e comentar seus possíveis significados. Havia muitas histórias por trás desses signos, e nessa experiência sobre o conteúdo do livrinho preto, aprendi a encarar com grande respeito um idioma tão distante do nosso, com o qual não tinha tido qualquer contato, mas que a partir de então constituiria para mim um importante objeto de atenção.

É possível surpreender o Cerqueira? –

Hoje tenho um exemplar desse livrinho em casa, mas em inglês. Consegui-o algum tempo depois.

Passei outros três dias, depois das sessões com Fujimi, datilografando tudo que anotara. Organizei o material, ordenando o conteúdo da maneira que me pareceu mais apropriada, colocando títulos e subtítulos em capítulos internos. Enfim, produzi uma apostila em português, com o título *Princípios dos Círculos de Qualidade* e um subtítulo embaixo e dando o crédito à fonte original. Isso deu, no total, umas trinta páginas, das quais mandei tirar três ou quatro cópias encadernadas.

No dia combinado, voltei à sala do Cerqueira. Fazia uma semana que eu estava naquela fábrica da Embraer praticamente sem ter o que fazer, apenas por conta do livrinho. E, como o próprio livrinho me alertara, havia ali na Embraer, de fato, muito que fazer quanto aos CQs.

Dirigi-me à secretária do chefe:

"Rosa, vim falar com o Cerqueira, como ele mandou".

Rosa entrou na sala dele e voltou em seguida:

"Pode entrar."

Entrei e caminhei até a mesa do Cerqueira, com uma cópia da apostila nas mãos, propositalmente não muito à mostra.

"Senta aí", disse ele naquele tom mandão. "E aí? Leu?"

Esse era o tom de voz usual do Cerqueira: voz de comando, autoritária. Quem o olhava pela primeira vez podia achá-lo prepotente, até mesmo meio grosso, e detestar o sujeito. Conhecendo-o melhor ao longo do tempo, percebi que na verdade ele tinha mudanças relativamente bruscas de humor. Não penso que isso fosse um problema de maior gravidade, alguma forma de bipolaridade, mas é verdade que às vezes ele mudava de atitude e, de falante que estava sendo, tornava-se de repente calado ou de sereno, impaciente, de dócil, agressivo.

Mas, aprendi a ver, por trás de toda essa complexidade emocional, uma pessoa no fundo gentil, sensível, capaz de apreciar uma boa companhia e de valorizar muito quem demonstrasse qualidades. E sua ferocidade na defesa de sua equipe era impressionante: "Não mexa com os meus meninos!", flagrei-o certa vez dizendo a outro gerente numa reunião. Os *meninos* em questão, éramos nós, seus funcionários!

"Li", respondi.

"Leu mesmo!?"

Ele ergueu os olhos dos papéis de sobre a mesa para me encarar de baixo para cima, penso que meio surpreso. Saboreei esse momento:

"Li. E não só li, mas traduzi com a ajuda de um amigo e fiz uma apostila. Está aqui."

Entreguei-lhe a apostila. Ele a pôs sobre a mesa, à frente, e começou a folheá-la, detendo-se no conteúdo de várias páginas. Em dado momento já se encontrava absorto naquilo, esquecido de todo o resto. Quanto a mim, só o olhava, desfrutando do efeito que tinha causado.

Naquele dia, penso que conquistei em definitivo a confiança do Cerqueira.

Capítulo 13

Preparando-me para o Desafio

Cerqueira imediatamente se desarmou em relação a mim. Passou a agir com naturalidade, olhando-me como se eu já fosse — pasme! — um velho conhecido ou mesmo amigo. Aquela apostila em português tinha operado um autêntico milagre.

Acomodou-se na poltrona, largou todo o resto e começou a folhear, agora a sério, entretido mesmo, o texto que eu redigira. Parecia querer apreender aquilo imediatamente. Fez perguntas, me fez discorrer sobre o assunto e ouviu-me com atenção.

"Então você leu mesmo!", murmurou em dado momento, não sei se para mim ou para si próprio. E seu pensamento o fez sorrir!

Expliquei-lhe com o detalhe possível o conteúdo do livrinho preto: o que era de fato o Círculo da Qualidade, como tinha surgido, onde, com quem, por que era importante e quem na empresa devia se interessar e cuidar daquilo...Mencionei o tal Deming e o tal Ishikawa, falei da JUSE. Fui até um pouco gabolas, dando ao Cerqueira uma aulinha sobre a complexidade do termo japonês *Koryo* e seus diferentes sentidos! E até me atrevi a dar minha opinião sobre como aquilo se relacionava com a liderança, a motivação dos operários no chão de fábrica, a manutenção de um bom clima de trabalho nas áreas de produção.

Um *manchuriano* na qualidade

Ele pareceu gostar muito daquela conversa toda, era o que esperava de fato que acontecesse. E ficamos um bom tempo ali, conversando sobre o tema.

“Bem, agora você precisa pegar um pouco da prática”, ele me disse, voltando à realidade. “Você precisa fazer um estágio.”

Anotou numa folha de rascunho, que me entregou:

Oleg Greshner

Johnson&Johnson

Via Dutra, km 154

“Na segunda-feira, vá a esta empresa e procure este sujeito. Ele vai encaminhar você para um estágio lá dentro, onde você aprenderá tudo que precisa saber sobre CQs, antes de começar a coordenar o projeto aqui na Embraer.”

“Então já existem empresas fazendo CQ no Brasil?”, surpreendi-me.

“Sim, existem, claro. As empresas japonesas que estão operando aqui, Toyota, Honda, Matsuhita...Essas já conhecem os CQs, trouxeram lá do Japão diretamente. E a Johnson’s, onde você vai estagiar, também já faz isso. Mas a Embraer vai ser a primeira empresa, no Brasil, em que haverá um Coordenador de Círculos de Qualidade dedicado *full time* a essa tarefa de coordenação: você.”

“E quanto tempo vou ficar lá? Quando devo voltar aqui para começar?”

“Vamos ver”, disse ele. “Você vai ficar lá o tempo que precisar.”

Na segunda-feira pela manhã sai bem cedo de Lorena e rumei para a fábrica da Johnson & Johnson, no km. 154 da rodovia Presidente Dutra. Fui sem pressa, atento às placas que sinalizam os quilômetros na estrada. Eu agora trabalhava na Embraer, em São José dos Campos, e a fábrica ficava no km 135 da Dutra. Já havia, portanto, vários dias que eu fazia diariamente o percurso, pela velha Dutra, entre Lorena e São José. Mas, desta vez, mesmo ainda estando no município de São José, eu ia alguns quilômetros adiante, à fábrica da Johnson’s no km 154.

Era um trecho da Dutra que eu ainda não estava acostumado a percorrer.

Chegando à Johnson's, estacionei e me dirigi à portaria principal, procurando pelo senhor Oleg Greshner. O pessoal da portaria já tinha meu nome anotado na sua folha de registro, já sabia que eu iria chegar. Isso era bom, senti-me importante...

"O senhor Oleg está esperando", me disseram, depois do registro de entrada de praxe.

Dentro da fábrica, dirigi-me à área da Qualidade, aonde tinham me orientado a ir, e fui levado pela secretária do Oleg Greshner até a sala dele.

Surpreendi-me! O homem tinha nome alemão, mas a aparência não lembrava alguém de origem germânica, tanto quanto eu podia perceber. Pelo contrário, Oleg tinha olhos puxados, como um chinês, mas tampouco me pareceu ser de fato um chinês (embora identificar nacionalidades pela aparência da pessoa não seja exatamente o que sei fazer bem).

Mais tarde, com a convivência com ele e outras pessoas na Johnson's, e também por intermédio do Cerqueira, fiquei sabendo da estranha mistura étnica do Oleg Greshner: ele era nascido na Manchúria, uma vasta região no leste da Ásia, que atualmente inclui o extremo nordeste da China e uma parte da Sibéria, fazendo fronteira com China, Mongólia, Rússia e Coréia. Era um homem de formação cosmopolita, falando vários idiomas (inglês, chinês, russo e possivelmente outros, além, obviamente, de seu idioma materno, o *manchu*). Sua esposa era de origem francesa e eles tinham vivido nos Estados Unidos! Ele era a própria globalização resumida numa só pessoa!

Oleg Greshner era importante! Era um dos nomes ligados à Qualidade mais respeitados na época, e não só no Brasil. Era o grande especialista da Johnson's nessa área, mundialmente reconhecido. Por seus trabalhos com a Qualidade, foi agraciado com o prêmio Phillip Hoffman, concedido pela Companhia às celebridades internas da Johnson's ao redor do mundo. Aprendi, com o tempo, a ter uma grande admiração por Oleg, de quem me orgulho de dizer que, com o tempo, tornei-me amigo.

Mas, nessa ocasião eu não o conhecia, e apenas pude apreciar, com a discrição que a situação recomendava, sua aparência inusitada. Cumprimentamo-nos, apresentei-me e lhe disse francamente que não sabia exatamente o porquê de o Cerqueira ter-me enviado a ele.

Ele sabia, entretanto: Cerqueira e ele já haviam se comunicado sobre isso. Os dois eram amigos e frequentemente conversavam e trocavam ideias sobre suas experiências com a Qualidade nas respectivas empresas. Em poucas palavras, Oleg esclareceu o que eu fazia ali:

"Você está aqui para fazer um estágio conosco. Como já iniciamos aqui um programa de Qualidade e temos vários grupos de qualidade funcionando, o Cerqueira achou que seria uma boa ideia você conhecer nossa experiência, antes de começar a coordenar o projeto lá na Embraer. Também acho que essa é a melhor solução."

Os Círculos da Qualidade –

Fiquei sabendo que, nessa época, apenas duas empresas de origem não japonesa tinham Círculos da Qualidade funcionando, de forma relativamente *aculturada* às condições brasileiras. Uma delas era a Volkswagen, que tinha um gerente (não um coordenador) dirigindo os CQ's, Serge Dietchtareff, nascido na Alemanha e criado na Rússia, mas há anos vivendo no Brasil. A outra empresa era justamente a Johnson's, sob a orientação do Oleg Greshner.

Umas poucas outras empresas cultivavam Círculos da Qualidade na época, mas eram todas de origem japonesa, e haviam trazido a prática diretamente de suas matrizes no Japão, repetindo aqui a forma como se fazia lá. Basicamente, esses Círculos da Qualidade tipicamente japoneses não tinham um Coordenador, já que no Japão esse papel não fora criado: os grupos de qualidade, nesse país, eram individualmente coordenados pelos próprios supervisores ou encarregados das áreas de produção das fábricas.

Percebi em pouco tempo que, logo que iniciasse o trabalho na Embraer, eu seria de certa forma uma espécie de pioneiro, já que seria o primeiro Coordenador de Círculos da Qualidade em tempo integral dedicado exclusivamente a essa atividade. Não era assim na Johnson's ou na VW, onde Oleg e Serge Dietchtareff, respectivamente, exerciam postos de gerência, tendo responsabilidade por outros aspectos da Qualidade que iam além dos CQ's. Ou seja, eles não iam pessoalmente às áreas de produção trabalhar com as equipes de operários que discutiriam os problemas de suas áreas, e sim delegavam essa tarefa a auxiliares.

Seria diferente na Embraer, onde o Cerqueira era o gerente, ocupando posição análoga àquelas dos outros dois gestores da Qualidade da Johnson's e da VW. Mas, na Embraer, eu não me dedicaria a mais nada, além dos Círculos da Qualidade. Por sinal, em minha carteira profissional, o registro do título de meu cargo na Embraer atesta o que digo, pois ali está textualmente anotado: *Coordenador de Círculos da Qualidade.*

Cerqueira é que havia concebido esse modelo para um projeto de gestão participativa, através dos grupos de qualidade. Ele não queria entregar a coordenação diretamente aos supervisores de produção, pois não acreditava que pudessem desempenhar bem essa função sem algum tipo de auxílio, e ao mesmo tempo, acreditava que a tarefa de fazer essa coordenação era suficientemente complexa para exigir que alguém especializado a assumisse, e não alguém que fizesse também outras coisas, como era o caso dos auxiliares do Dietchtareff e do Greshner.

Oleg encaminhou-me a outra pessoa lá dentro, justamente o engenheiro que cuidava, entre outras atividades, dos Círculos da Qualidade. Era o Paulo Sérgio Ferreira, de quem também acabei por me tornar amigo. O Paulo Sérgio, ainda muito jovem, recém-formado, fazia a coordenação de campo dos CQs na sua empresa.

Tendo assumido o papel de meu *coach* naquele assunto, Paulo Sérgio propôs que nos localizássemos na biblioteca da Johnson's, onde poderíamos conversar à vontade sem sermos interrompidos. Fomos para lá e iniciamos a longa conversa sobre os CQ's.

“Bem, então você já sabe os princípios dos Círculos de Qualidade, não?”, ele começou.

"Sim, sei", respondi. "Eu li o *Koryo*".

"Certo", ele disse. "Agora, então, vamos ver esses princípios na prática: como se formam os grupos, como são os projetos, quais são as ferramentas usadas etc."

E começou ali mesmo meu treinamento prático sobre como coordenar Círculos de Qualidade, e a época era o início de 1975.

Fiquei estagiando na Johnson's, para se ter uma ideia, por cerca de dois meses. Depois de pouco tempo me sentia *da casa* e todos os que trabalhavam naquela área já haviam se acostumado com minha presença — era como se eu trabalhasse na Johnson's, não na Embraer.

Praticamente, fiquei trabalhando com o Eng.° Paulo Sérgio, ajudando-o em tudo que fazia com relação aos CQ's. Devo ter sido para ele também um colaborador útil, uma vez que Paulo Sérgio tinha várias outras atribuições que ocupavam todo o seu tempo. Em poucos dias ele já podia até mesmo informalmente me *delegar* certas tarefas relativas aos seus grupos, sem, é claro, perder de vista o fato de que eu não podia tomar decisões ou ter iniciativas no lugar dele ou do Oleg. Mas creio que ajudei a desafogar um pouco sua agenda diária bastante carregada, durante aquelas semanas.

De quando em quando batia em mim o desejo de ir embora e começar logo a trabalhar com meu projeto na Embraer. E eu, então, telefonava ao Cerqueira, perguntando como estavam as coisas por lá e se não estaria na hora de eu encerrar meu estágio na Johnson's. Afinal, eu simplesmente não retornara sequer uma vez à Embraer, depois de ter iniciado esse estágio na empresa vizinha!

Mas, ele era taxativo:

"Fique aí mais um pouco! Aprenda tudo, tudo!"

Mais claro impossível: eu não deveria voltar enquanto não tivesse absorvido tudo que fosse necessário sobre o trabalho que iria fazer na Embraer. E eu sabia reconhecer, apesar de meu desejo de ir-me, que continuava aprendendo algumas coisas importantes na Johnson's. Então, ficava um pouco mais.

Conhecendo de fato o Cerqueira –

Finalmente, depois de algumas semanas ali, eu disse a mim mesmo, convictamente, que estava pronto. Então, avisei meus colegas da Johnson's sobre isso. Marcamos o encerramento de meu estágio para o final daquela semana e, na sexta-feira, agradeci e despedi-me do Oleg, do Paulo Sérgio e de outros coordenadores mais com as quais tinha convivido, como Joszef Zoltay e Sandra Delbuque. E me fui, preparado para iniciar uma vida nova, como efetivo Coordenador dos Círculos de Qualidade da Embraer, a partir do próximo dia útil, a segunda-feira.

Estávamos, como já disse, no início do ano de 1975 e eu começava a me dedicar integralmente ao Programa de Qualidade da Embraer. Nesse mesmo ano tratei de mudar-me, com a família, de Lorena para São José dos Campos, passando a não mais ter de viajar diariamente cerca de 200 quilômetros de ida e volta entre as duas cidades.

Passei a conviver diariamente com o Cerqueira, que tinha um especial interesse pelos Círculos de Qualidade. Ele desde logo queria saber tudo a respeito: sempre me deu autonomia, nunca cerceando minha iniciativa — mas queria saber de tudo que se passava.

Eu tinha uma interação muito grande com ele, diariamente. Como gerente, Cerqueira era muito exigente, sempre fazendo questão de que sua equipe mantivesse altos padrões de qualidade. Exigia bastante de todos os que trabalhavam com ele e não suportava desleixo, descaso, *corpo mole* ou erros estúpidos ou recorrentes. Erro, para ele, podia ser cometido, mas não repetido. E nunca por ter o sujeito deixado de pensar — isso ele não admitia. Mas, com um apurado senso de justiça, ele mostrava também incondicional lealdade para com seus subordinados, saindo em defesa deles sempre que fosse necessário e contra quem quer que fosse.

Cerqueira conhecia como poucos os meandros da Engenharia da Qualidade na indústria aeronáutica. A gestão da Qualidade na fabricação dos aviões da Embraer, já desde a época dos primeiros Bandeirante nos anos 70 e prosseguindo até o início dos anos 90, levava a marca registrada dele, como excelente Gerente da Qualidade que era.

Mas não era uma pessoa fácil de lidar, era o que todos pensavam. Muitos já tinham tido algum tipo de tensão no relacionamento com ele, porque Cerqueira não tinha freios na língua e quase sempre dizia o que pensava com todas as letras — o que algumas vezes lhe trouxe dissabores que podia ter evitado com um pouco mais de comedimento. Ele não tinha grande preocupação em parecer afável ou simpático com quem quer que fosse e não suportava quando a outra pessoa recorria a um posto hierárquico, título ou outro tipo de credencial para exigir algo dos demais. Em sua filosofia de vida, as pessoas valiam pelo que eram capazes de fazer, de modo claro, competente, demonstrável, insofismável — e por essa qualidade deviam ser elas respeitadas e seguidas, não pela posição que ocupassem.

Por esses seus traços tão marcantes de personalidade, Cerqueira parecia ser um indivíduo solitário, incapaz de fazer amigos. Não era! De fato, isso tudo era, no fundo, uma forma aparente de ele agir: o Cerqueira tinha amigos, sim, gostava deles e os valorizava; e esses amigos lhe eram muito leais. E por trás daquele jeitão despachado, pouco polido, que ele apresentava em público, escondia-se na verdade uma pessoa sensível e afetuosa.

Como a demonstrar essa contradição, Valéria, minha esposa, logo no início do meu trabalho, quando conheceu o Cerqueira nos primeiros encontros sociais que tivemos, não gostou nada dele! Dizia-me: "Não sei como você consegue trabalhar com um sujeito como esse!". No entanto, mais tarde, e principalmente anos depois, quando o Cerqueira se aposentou e passamos a nos frequentar mais assiduamente como amigos, Valéria tornou-se uma grande admiradora dele, de seu lado protetor, de *paizão*, que ele agora demonstrava, sem preocupação em se esconder ou fazer um gênero.

Eu sempre me dei muito bem com ele! E trabalhávamos juntos, intensamente, reunindo-nos e falando diariamente dos Círculos de Qualidade na Embraer e sobre a Qualidade de modo geral. E aprendi a conhecê-lo, em seu jeito de ser. Havia dias em que eu abria a porta da sala do Cerqueira e antes de entrar, com uma mera olhada no seu semblante, eu já dava meia volta, deixando o assunto para depois: percebia que não seria produtivo conversamos naquele momento, porque seu humor não estava dos melhores.

Mas quando começávamos a conversar sobre o trabalho (e isso era, sem dúvida, mais frequente, pelo menos em meu caso), íamos longe: era muito produtivo. E eu valorizava muito essas conversas, porque aprendia com elas. Cerqueira foi, para mim, um excelente *coach*.

Talvez eu tenha aprendido a conquistar as pessoas que parecem ser, à primeira vista, muito intimidadoras. Já mencionei isso mais atrás, mas não custa repetir. Talvez essa qualidade que eu acho que tinha, novamente a pude exercer no contato com o Cerqueira. De fato, nunca me detive muito em refletir sobre essa questão, mas talvez o fato de eu estar agora contando minha história profissional facilite a percepção dessa, digamos, competência em conquistar pessoas difíceis.

Pode ser que esta qualidade, se é que a tenho de fato, tenha a ver com minha forma de me relacionar com meu pai, que era um homem claramente disciplinador. Quem lê os textos (crônicas e histórias) que ele escreveu e estão no seu livro (*Risos & Sisos* – Qualitymark Editora – 1992), entenderá um pouco melhor quem ele foi, o que pensava e o que valorizava na vida. Jamais tinha parado para conjecturar sobre essas coisas, mas bem pode ser que eu tenha desenvolvido, sem ter muita consciência disso, uma espécie de estratégia pessoal para me relacionar bem com pessoas que apresentam esses traços de comportamento: intimidador, autoritário, despachado e opiniático. Mas, se tenho isso, repito, é algo totalmente instintivo, não pensado.

Enfim, Cerqueira foi alguém a quem devo muito e sou grato, pela amizade sincera que devotou a mim, pelos ensinamentos sobre Qualidade que me transmitiu e pelas oportunidades, pela orientação e pelos conselhos fundamentais que deu em minha trajetória profissional. Em última análise, foi ele o trampolim para todas as grandes oportunidades de trabalho que tive. Ele acreditava — e me disse isso depois, abertamente — que eu iria mesmo em frente naquele desafio que começou com a análise do conteúdo do livrinho preto, o *QC Koryo*. Foi naquele momento, provavelmente, que ele decidiu que iria investir em meu desenvolvimento!

Quanto ao desenvolvimento dos Círculos de Qualidade na Embraer, tão logo me instalei de volta do estágio na Johnson's, arregacei as mangas e parti para o trabalho, com enorme gana. Lá dentro fiz inúmeras reuniões, palestras e ministrei cursos, destacando a importância da Qualidade, divulgando os CQ's e motivando trabalhadores e seus supervisores e gerentes a aderir. Fui atrás de resultados e, em pouco tempo, já tínhamos um bom numero de equipes funcionando – e funcionando bem! E a quantidade de grupos foi crescendo estavelmente, até abranger praticamente todas as áreas da empresa, das áreas de produção aos escritórios administrativos.

Capítulo 14

Círculos da Qualidade

As ferramentas para aplicação nos Círculos da Qualidade foram desenvolvidas no Japão, após a Segunda Guerra Mundial, nos esforços de reconstrução da economia e da indústria japonesas (o chamado *Kōdo keizai seichō* (高度経済成長 ou *milagre econômico japonês*), gerado com a decisiva participação americana, na forma de assistência técnica, créditos e outros subsídios mais.

Deming, o maior de todos –

Willian E. Deming foi – no meu entender – o mais importante nome na história da Qualidade. Esteve no Japão, levando conceitos e práticas estatísticas voltadas para a melhoria da Qualidade e da Produtividade, como membro do enorme estafe americano dedicado ao revigoramento da indústria desse país.

Era estatístico de profissão. Antes do Japão, era conhecido e reconhecido por seu trabalho na busca de melhorias nos processos produtivos das fábricas americanas, e foi essa *expertise* que levou ao convite para ir ao Japão participar do esforço de reconstrução daquele país no pós-guerra.

Nesse país, a partir de 1950, Deming dedicou-se a ensinar os dirigentes locais a aperfeiçoar técnicas de gestão e a melhorar a qualidade dos processos de produção. Usou para isso o arsenal de técnicas estatísticas que possuía.

Um dos pontos altos do seu trabalho é sua proposta dos *14 pontos para a gestão* (do livro: *Out of the Crisis – 1989*), presentes em quase toda obra que se publica sobre Qualidade. Esses *14 pontos* pavimentam o caminho para a busca da chamada *Qualidade Total*, por parte das empresas.

No Japão, Deming sensibilizou-se com a sociedade japonesa e acabou sendo convidado pela JUSE para palestras a gerentes e empresários. O pessoal da JUSE estava atento ao que se passava com a Qualidade nos Estados Unidos. Sabiam dos trabalhos de Walter Shewhart, outro estatístico, criador do chamado Controle Estatístico de Processo (CEP).

Com Deming no papel de orientador, com notável rapidez uma grande quantidade de indústrias japonesas, aplicando suas técnicas, obteve um nível de qualidade e de produtividade nunca antes vistos no Japão. Deming transformou-se numa espécie de herói da indústria japonesa, e a admiração por ele cresceu ainda muito mais quando se soube que ele recusou receber honorários por seu trabalho. Isso produziu um profundo sentimento de gratidão nas pessoas, naquele país; e a JUSE, no mesmo ano de 1950, expressou essa gratidão criando em sua homenagem o prêmio Deming, para celebrar as empresas mais exitosas em desenvolver e aperfeiçoar a Qualidade.

Os demais gurus –

A história da Qualidade antes, durante e depois da verdadeira explosão que foi a *era dos CQs* no mundo, inclui, é claro, além de Deming, alguns outros nomes relevantes. Cito alguns:

- Walter A. Shewhart (1891-1967), engenheiro e físico norte-americano, visto como o *pai* do Controle Estatístico da Qualidade;
- Armand V. Feigenbaum (1922-2014), que foi diretor mundial de Produção da General Electric e presidente da ASQC (American Society for Quality Control), é o criador da expressão TQC (Total Quality Control);

- Joseph M. Juran (1904-2008), engenheiro, gestor e consultor nascido na Romênia e radicado nos Estados Unidos, foi contemporâneo de Deming e também participante do esforço de reconstrução do Japão do pós-guerra, e foi o primeiro a associar a Qualidade à gestão estratégica das empresas;
- Philip Crosby (1926-2001), engenheiro norte-americano, que foi gestor da Qualidade na Martin-Marietta, desenvolveu os conceitos de Zero Defeito e *fazer certo desde a primeira vez*;
- Walter Masing (1915-2004), físico, o maior nome alemão ligado à Qualidade, conhecido por sua atuação como grande divulgador do conceito, na Alemanha e em todo o mundo.

Entre os autores japoneses, posso destacar:

- Genichi Taguchi (1924-2012), engenheiro e estatístico que deu contribuições para o Sistema Toyota de Produção e criou o conceito de QFD (Quality Function Deployment, ou desdobramento da função da Qualidade);
- Masaaki Imai, nascido em Tóquio em 1930, criador do conceito de Kaizen, que defende o estímulo à busca contínua de melhoras operacionais no ambiente de trabalho;
- Taiicho Ohno (1912-1990), que com Shingeo Shingo (1909-1990) e Eiji Toyoda (1913-2013) fundou a Toyota, empresa na qual precipuamente buscou aplicar os conceitos de Deming, levando com isso ao desenvolvimento de um corpo de práticas que ficou conhecido como STP – Sistema Toyota de Produção, e que inclui propostas como as de: *lean manufacturing, just-in-time, kanban* e *heijunka* (nivelamento de produção).

Kaoru Ishikawa e a JUSE –

Mas o grande nome japonês da Qualidade, associado aos CQs, é, para mim, o de Kaoru Ishikawa (1915-1989). Engenheiro nascido e criado em Tóquio, Ishikawa foi técnico naval no Exército Imperial durante a guerra, trabalhou na Nissan, foi professor na Universidade de Tóquio e, em 1949, entrou para a JUSE, onde teve seus primeiros aprendizados sobre os princípios da Qualidade, desenvolvidos por americanos. Trabalhou assiduamente, desde então, sob a orientação de Deming, tendo integrado e ampliado os conceitos de gerenciamento da Qualidade deles, bem como aculturando-os ao modo de vida dos japoneses.

A contribuição mais importante de Ishikawa foi o desenvolvimento de uma estratégia da Qualidade tipicamente japonesa, envolvendo ampla participação de todos na empresa. Sua presença na JUSE foi decisiva para que a instituição criasse e divulgasse o conceito de Círculo de Qualidade, ao qual o nome de Ishikawa está mais associado do que o de qualquer outro especialista em Qualidade, japonês ou não.

A regra dos pequenos grupos –

Há três requisitos essenciais, na formação de Círculos de Qualidade, que todo coordenador dessa área precisa observar e dos quais não pode abrir mão. Refiro-me a: (a) o tamanho dos grupos; (b) a participação voluntária dos membros; e (c) o uso das ferramentas apropriadas nas reuniões. Vale a pena discorrer um pouco sobre cada um desses quesitos.

Na formação dos CQs, os grupos devem ser pequenos, congregando entre seis e oito participantes. Por que? Porque a quantidade de membros é um requisito fundamental para viabilizar ou inviabilizar a fluidez das discussões, a precisão dos diagnósticos e a qualidade da análise dos problemas abordados. Todos os membros devem participar ativamente, sem que ninguém domine os debates ou se torne o centro deles, e de forma que as decisões sejam tomadas por todos. Isso só é possível em grupos pequenos.

Além disso, os grupos menores também alcançam mais facilmente o consenso, quando necessário. Ao contrário, em grupos com muitos membros o consenso por vezes é quase impossível de se obter. Não que o consenso *tenha* de ser obtido em todas as situações; ele não é uma regra geral, pois muitas vezes, ao buscar a unanimidade o grupo acaba deixando de lado alternativas de solução mais interessantes ou inovadoras, apenas para perfilar-se em torno da ideia proposta por um de seus membros, que pode ser o membro mais influente. O trabalho do coordenador é central para que isso não ocorra.

Experimentações com os CQs –

Na Embraer, eu sabia que a questão do tamanho ideal dos grupos de CQ já havia sido equacionada, por ter sido amplamente discutida e testada no Japão e em outros países. Mesmo assim houve ocasiões em que foi difícil obedecer à risca a essa regra, e decidi, ocasionalmente, fazer experimentos com grupos maiores ou menores. Talvez outros tamanhos de grupo de CQ se ajustassem também à cultura brasileira, por que não?

Experimentei com grupos de CQ maiores, de até doze participantes, e menores, de até três. Percebi que os grupos muito pequenos de fato não funcionavam bem: se faltasse um único participante que fosse, acabávamos tendo de cancelar ou adiar a reunião por falta de quórum.

Outra consequência negativa era a baixa produção de novas ideias nas fases de geração de problemas e de busca de soluções. Em ambos os casos, as sugestões ficavam excessivamente centralizadas em um ou dois membros do grupo e isso tendia a desmotivar os poucos participantes adicionais.

Quanto aos grupos com maior número de participantes (dez a doze, digamos), o maior problema era a dificuldade de gerir o tempo de reunião, que era padronizado entre 45 minutos e uma hora. Com o volume de ideias que surgiam e a quantidade de intervenções pessoais, o tempo parecia agora curto demais.

Além disso, nos grupos maiores sempre havia alguns membros que permaneciam calados o tempo todo, não tendo chance de expor suas opiniões sobre os projetos.

Enfim, minha conclusão, depois de várias experiências, foi simplesmente a de que os japoneses...estavam certos: o tamanho de grupo que apresentava os melhores resultados estava mesmo entre cinco e oito participantes.

Assim, quando havia um número maior de voluntários de uma mesma área, eu propunha a formação de mais de um grupo de CQ. Ou então, numa área em que trabalhassem apenas cinco funcionários, se todos se apresentavam como voluntários para compor um CQ, eu aceitava esse número sem problemas. O que mais interessava, portanto, era agir com bom senso e flexibilidade, evitando extremos.

Também experimentei na Embraer a reunião de participantes de mais de uma área de trabalho. Isso não acontecia nos CQs japoneses tradicionais, onde todos os membros de um CQ deviam pertencer à mesma área de trabalho, sob supervisão de um mesmo chefe. Mas, por vezes, fizemos diferente disso na Embraer, mais para sentir o que acontecia.

De qualquer forma, sempre tentei reunir membros de áreas que tivessem alguma afinidade entre si, especialmente quando havia entre elas uma relação do tipo *fornecedor/cliente interno.* Apelidei esse tipo de CQ de *grupo heterogêneo.* Achei que o formato ajudaria a resolver problemas de processos que não se confinavam a uma única área, mas permeavam várias delas. Lembro-me de ter consultado a literatura disponível, mas nada encontrei que me orientasse sobre essa questão.

Quando resolvi finalmente tentar esse formato, o primeiro grupo foi formado por voluntários da gerência de Produção e de Manutenção. Para minha satisfação, a experiência foi um grande sucesso: quando o problema focalizado era o de uma dessas áreas, a participação ativa de membros da outra área enriquecia a visão de todos e agregava valor aos debates. Porém, mais que isso até, o grupo conseguia também equacionar e tratar o que chamei de *problemas de interface* — problemas cujas causas estavam numa área e os efeitos, na outra!

Chegamos a testar até mesmo CQs compostos por membros de três áreas de trabalho distintas, sempre respeitando a proposta de que houvesse uma clara interface (ou dependência) entre estas.

Quando Ishikawa pela primeira vez visitou a Embraer, relatei-lhe essas experiências, ilustrando-a com o testemunho de participantes e gestores das áreas envolvidas e a apresentação de projetos em que havíamos obtidos melhorias operacionais significativas em *problemas de interface*. Ishikawa deu grande atenção à questão e, com sua enorme experiência e sensibilidade, fez ponderações úteis. O mais importante é que gostou da experiência e aprovou-a para as condições culturais do Brasil. Mesmo assim foi prudente e comedido em seu comentário a respeito, dizendo apenas, em seu inglês carregado do acento nipônico, as seguintes palavras:

"Todas as iniciativas e novas formas de alcançarmos resultados mais eficazes, vindas da participação dos empregados sempre serão muito bem-vindas."

Chegamos a levar bem mais adiante a inovação, formando um grupo que reunia participantes da Embraer e de um importante fornecedor de peças. Os membros desse CQ que trabalhavam na Embraer tinham a responsabilidade de inspecionar a Qualidade no recebimento das peças que iam para fabricação das aeronaves, enquanto os membros empregados do fornecedor eram responsáveis pela expedição dessas peças. O princípio da busca de uma interface entre as áreas estava, portanto, sendo claramente obedecido.

As reuniões do grupo eram mensais e realizavam-se alternadamente numa e noutra empresa. Observei, com satisfação, que a motivação dos integrantes, de ambos os lados, era visível: eles tinham enorme prazer em receber seus colegas da outra empresa, quanto em visitá-los. Além disso, davam muito valor à oportunidade de conhecer e investigar outra realidade de trabalho, assim como apreciavam muito os conhecimentos que adquiriam dessa forma — sem falar na chance que tinham de discutir os problemas funcionais da empresa fornecedora (ou cliente).

Esse grupo solucionou vários problemas de Qualidade, de excesso de burocracia e de logística, numa e noutra organização. Mesmo quando considerados *simples* no âmbito de uma das empresas, esses problemas frequentemente se tornavam bem mais complexos e até mais graves, quando se viam as repercussões que tinham na outra empresa. A Embraer valorizou muito e obteve ganhos expressivos em Qualidade com essa iniciativa.

A participação voluntária –

A segunda regra básica na formação dos CQs refere-se à participação *voluntária* dos membros do grupo. Essa determinação era parte da essência dos Círculos de Qualidade originais japoneses e estava claramente enunciada naquele *livrinho preto* da JUSE, o *QC Koryo*.

A participação voluntária, característica especial dos CQs, nem sempre foi observada em outros tipos de grupos de melhorias operacionais e solução criativa de problemas, nas empresas. Por exemplo, a voluntariedade nunca foi pensada como regra nos grupos de Análise de Valor que Lawrence D. Miles iniciou na General Electric Co. em 1942; ou nas sessões de *brainstorming* que Alex Osborn transformou numa prática comum na BBDO e outras agências de propaganda.

Mas, nos CQs, a voluntariedade era uma questão central porque responde, na verdade, a um forte traço cultural japonês. A ordem de valores na cultura japonesa coloca acima de tudo a defesa dos interesses da nação, bem acima dos interesses individuais. Em seguida, deve vir a dedicação do indivíduo à sociedade em que vive e ao grupo a que pertence. Em prioridade decrescente, aparece na sequência a defesa dos interesses da família e, por último, a defesa dos próprios interesses individuais.

Assim, no Japão, é esperado que o indivíduo tenha atitudes de solidariedade, interesse pela coletividade, espírito de cooperação e intenção honesta de trabalhar em grupo, e que sinta autêntico prazer quando pode exercer seu espírito de renúncia e de sacrifício pessoal. Ele deve fazer das oportunidades que tiver de expressar esses valores um motivo de orgulho, satisfação e engajamento pessoal. Se agir de modo contrário, com egoísmo, autolouvação ou defesa dos próprios interesses em detrimento do interesse coletivo, o japonês provavelmente será visto como um ser desprezível, que deveria envergonhar-se de sua atitude. No budismo, que é marcante em grande parte da sociedade japonesa, o egocentrismo é uma não-virtude, que tem de ser evitada.

Ao contrário, nas sociedades ocidentais, a ordem de valores é a inversa: impera entre nós o individualismo, e as pessoas protegem e brigam pelos seus interesses. “Quem não chora não mama” é um ditado que só cabe numa cultura ocidental, nunca na cultura japonesa. Por isso os ocidentais *choram* o tempo todo, sem nenhuma vergonha disso, quando é necessário para levarem vantagem!

Participação voluntária com segundas intenções? –

A participação voluntária não era nem de leve posta em questão nos CQs japoneses. Mas, nos brasileiros, a cultura local não favorecia muito esta atitude e, quando eu salientava aos trabalhadores da Embraer que sua participação seria voluntária, às vezes a receptividade não era tão entusiástica. Mas logo aprendi que isso não se devia à questão usada como argumentação pelos sindicatos. O problema era outro.

Por vezes, o empregado aceitava participar de um CQ por motivações pessoais ocultas, que jamais passariam pela cabeça de um trabalhador japonês: o brasileiro poderia aceitar participar porque isso o livraria, por cerca de uma hora, das tarefas tediosas ou desagradáveis que ele era obrigado a executar no posto de trabalho!

Outras vezes ele aceitaria participar porque era uma forma indireta e relativamente segura de confrontar atitudes autoritárias de seu próprio chefe: como sua participação no CQ estava sendo requisitada pelos *homens lá de cima*, rejeitá-la não seria uma opção muito inteligente. E o supervisor do empregado também sabia disso, mas prudentemente se calava. É claro que o trabalhador não verbalizava essas intenções ao aceitar o convite para integrar um CQ.

Tomado pelo entusiasmo com o trabalho de formar, pôr em ação e coordenar os grupos de CQ, demorei a perceber essas sutis questões culturais, políticas e psicológicas. Mas a gente aprende com o tempo e a observação das pessoas. E assim fui ganhando maior traquejo em perceber essas motivações subliminares por trás dos *sim* que ouvia dos trabalhadores, ao convidá-los para os CQs!

A ferrenha oposição dos sindicatos –

Nos anos 1970 e 80, os sindicatos, baseados num chavão marxista, amiúde faziam às empresas industriais que mantinham grupos de CQ em operação, uma dura crítica. Diziam que, ao convocarem os trabalhadores para participar dos grupos, as empresas estavam perversamente explorando sua mão de obra sem pagar pelo trabalho extra de seus empregados.

Essa acusação não era apenas injusta, mas ridícula. Em primeiro lugar, a participação nos CQs sempre foi voluntária. Em segundo, acontecia sempre durante o expediente normal de trabalho, pelo qual o trabalhador já estava sendo pago. E, se não fosse por isso, bastava observar o que acontecia nas reuniões, para ver que a autoestima dos trabalhadores crescia visivelmente quando apresentavam suas ideias para a solução de problemas de trabalho. Em muitos casos, além disso, eram soluções que aumentavam seu próprio conforto, facilitavam sua atuação no local de trabalho ou lhes davam maior comodidade para circularem nos recintos da empresa.

Mais interessante que tudo, entretanto, era, a meu ver, o fato de ter sido Karl Marx um prussiano que residia em Londres e estava, portanto, culturalmente muito distante do modo de ser dos japoneses. Embora fosse uma sumidade em política e economia, Marx não entendia nada do que pensavam e sentiam os nipônicos! Houvesse havido uma JUSE naquela época (meados do século XIX) e tivesse tido Marx a oportunidade de visitá-la, talvez tivesse acrescentado, na parte de *O Capital* em que discorre sobre a mais valia e a exploração do trabalho pelo capital, ao menos uma breve nota de rodapé dizendo: "Exceto no Japão, onde as coisas são diferentes!"

Perceberemos uma nítida mudança de postura nos sindicatos, se compararmos sua forma de agir na segunda metade dos anos 1970 e na primeira metade dos anos 1980. Nos 70, eles eram radicais, raivoso, ideológicos ao extremo. Tudo que a empresa fazia era explorar o trabalhador, sugá-lo, oprimi-lo, escravizá-lo. Nos anos 80, os sindicatos começaram a atuar de forma mais prudente, tornando-se mais negociadores. A economia brasileira estava tão obviamente em frangalhos nos anos 1980, que os cortes de pessoal eram frequentes e inevitáveis. Os sindicatos passaram a atuar muito mais na estratégia de conservar os empregos do que em melhorar os ganhos do trabalhador no emprego.

Porém, por volta de 1976, 77, 78, a relação entre empresas e sindicatos era extremamente tensa. Havia forte repressão militar ao sindicalismo que então surgia. E entre os sindicalistas, muitos defendiam ideias extremadas de esquerda, como militantes socialistas e comunistas, inclusive tendo muitos deles sido treinados em táticas de guerrilha na União Soviética, em Cuba e outros países comunistas.

Nas universidades também uma quantidade de professores e estudantes faziam a apologia do socialismo e atacavam as empresas, aberta ou veladamente, acusando-as de serem verdadeiros templos de uma *religião* capitalista intolerante e exploradora. Nesse contexto, os CQs não passavam, para eles, de um instrumento de manipulação usado pelo capital para espoliar o trabalhador.

Tive certa vez uma reunião com um sindicalista, em que ele apresentava com veemência essa argumentação. Era um sujeito experiente em liderar greves e paralisações, especialmente nas montadoras de veículos do ABC paulista. Inquiri-o sobre se ele já havia conversado com os próprios operários a respeito dos CQs.

"Você já perguntou a eles?", eu quis saber. "Pois se você parte do pressuposto de que os trabalhadores estão sendo explorados, talvez seja bom perguntar-lhes se eles se sentem de fato assim, não?"

Ele desconversou. Certamente não havia tentado conhecer o que pensavam os trabalhadores da Embraer, pois eles me pareciam felizes em participar. Acreditavam que aprendiam com aquilo, além de serem reconhecidos por suas ideias. Muitos operários tinham resolvido voltar a estudar depois de participarem desses grupos, e houve casos em que empregados saíram de uma empresa para outra com promoção e melhora de salário, por terem aprendido mais nos grupos de CQ.

Houve dentro da Embraer até mesmo um caso em que os operários não tinham condições de formar um CQ, porque seu trabalho naquela área não podia ser interrompido de modo algum. E eles foram se reunir na casa de um deles, no fim de semana — isso apesar de minhas advertências de que não podiam fazer isso, pois ia contra a legislação trabalhista.

"A Embraer não pode dar apoio a essa iniciativa de vocês", eu lhes disse.

"Tá bem", me responderam, "mas vamos fazer assim mesmo, porque nos interessa. Você pode nos ajudar conversando com a gente extraoficialmente?", quiseram saber.

Como o *sindicato* interpretaria essa atitude?

Algumas empresas, principalmente no ABC paulista, sofreram muito com aquela atuação agressiva dos sindicatos contra os CQs. A Vokswagen chegou a interromper o funcionamento dos seus grupos, dadas as pressões que recebeu; na Aços Villares houve até mesmo sabotagens à produção por causa dos CQs; também a GE enfrentou problemas na época, segundo soube.

Numa indústria têxtil de Santa Catarina, o diretor organizou uma convenção para apresentação e premiação de projetos de grupos de CQ num evento da empresa e, entre os muitos convidados, chamou os dirigentes do sindicato, que compareceram. Na hora da premiação dos grupos, o diretor chamou ao palco os sindicalistas e os incumbiu de entregar os prêmios. Eles não puderam se furtar a isso em público e tiveram de fazê-lo, um tanto constrangidos! Aquilo, segundo parece, repercutiu mal dentro dos sindicatos locais, parecendo *peleguice* ou *frouxidão* dos sindicalistas implicados.

Capítulo 15

Coordenando os Círculos da Qualidade

A *caixa de ferramentas* –

O terceiro grande quesito a ser atendido num grupo de CQ era que seus membros fizessem uso das ferramentas apropriadas, ao analisar problemas e buscar soluções para eles. O nome de Ishikawa está indissoluvelmente ligado a essas ferramentas. A chamada *caixa de ferramentas* dos membros de um CQ, propostas por Ishikawa, inclui sete delas, a saber:

- diagrama de causa-e-efeito;
- diagrama de Pareto;
- histograma;
- folhas de verificação de processo;
- gráficos de dispersão;
- fluxograma e
- cartas de controle.

Basicamente, todo membro de um CQ deve conhecer essas ferramentas, embora algumas sejam mais utilizadas e/ou mais importantes, conforme o caso, do que outras.

Não creio ser necessário discorrer aqui sobre essas sete ferramentas. Eu o faria se este livro não tratasse de minha biografia profissional, mas fosse um texto técnico sobre Qualidade. Convido o leitor, assim, a ler meus outros livros sobre o tema, se for do seu interesse aprofundar-se nessa *caixa de ferramentas*.

O *sequencial de Ishikawa* –

Entretanto, na Embraer, muitos participantes de grupos de CQ mostraram notável criatividade no uso dessas ferramentas. Um dos grupos, certa vez, desenvolveu uma extensão do diagrama de causa-e-efeito (também conhecido por *gráfico espinha de peixe* ou *diagrama de Ishikawa,* o nome mais popular na Embraer), passando a aplicar essa ferramenta já não mais a cada operação analisada isoladamente, mas à análise do conjunto das operações sequenciais de um processo inteiro.

Sendo esse gráfico múltiplo uma sequência de vários *diagramas de Ishikawa*, deram-lhe o nome de *sequencial de Ishikawa.* O nome pegou, passou a ser usado e a nova ferramenta entrou no rol daquelas que eram comumente usadas nos grupos de CQ da Embraer. E os participantes dos novos grupos que foram se formando, assumiram o *sequencial de Ishikawa* como mais uma ferramenta, sem se preocupar em rastrear sua origem.

Em 1979, Ishikawa foi convidado a vir ao Brasil por um grupo de associações de Qualidade e visitou a Embraer. Organizamos um programa de atividades para recebê-lo, no qual constava uma sessão de apresentação dos melhores projetos desenvolvidos por grupos da empresa nos meses anteriores.

Sentado a meu lado na primeira fila do auditório, Ishikawa acompanhou as apresentações de vários grupos de CQ e, quando um deles mencionou o *sequencial de Ishikawa,* ele não entendeu bem de que se tratava:

"Não conheço essa ferramenta", disse o mestre Ishikawa expressando uma mistura de curiosidade e dúvida.

Os membros do grupo não entenderam a perplexidade do mestre, porque imaginavam que o *sequencial de Ishikawa* tinha sido desenvolvido pelo especialista japonês, como as demais ferramentas da Qualidade que usavam.

Foi preciso explicar ao Ishikawa que aquilo tinha sido uma invenção local, *criatividade brasileira* ao que ele, comedido como era, murmurou apenas:

"*Very interesting...!*"

Como funciona um Círculo da Qualidade –

Uma vez constituído e formalizado o grupo de CQ, realizávamos a primeira reunião. Dávamos um nome ao grupo e, por vezes, quando os participantes estavam muito entusiasmados, até mesmo um logotipo, ou um distintivo. Em seguida, por votação direta, o grupo elegia um líder e o secretário. E decidíamos sobre detalhes para funcionamento do grupo: local das reuniões, periodicidade, horários etc.

Eu então os instruía sobre a dinâmica das sessões, informando o grupo sobre o andamento das reuniões, os procedimentos a seguir, os papéis do coordenador (eu), do líder e do secretário (eleitos entre os membros) etc. Encerrava-se assim, a primeira reunião.

O grupo era então cadastrado na Coordenação e submetido ao treinamento de oito horas sobre o uso das ferramentas de análise e diagnóstico dos problemas. Enfatizava-se como os problemas eram identificados e abordados, tratava-se da importância dos processos de inovação na empresa, falava-se dos critérios para a priorização de projetos e do tratamento a esses projetos, do início ao fim. O treinamento tinha duração de um dia integral (oito horas), às vezes um pouco mais ou um pouco menos, conforme os pré-requisitos dos participantes do grupo.

Na reunião seguinte o grupo dava início às atividades propriamente ditas, realizando (sob orientação e acompanhamento do coordenador), uma sessão de *brainstorming* para compor sua *carteira de projetos.*

Cada reunião era registrada em ata, anotando-se tudo que acontecia; o secretário do grupo era responsável por isso. Líder e Secretário ocupavam essas funções por um período de tempo previamente definido pelo grupo mediante consenso, variando de seis meses a um ano.

Após algum tempo de funcionamento do grupo (tempo variável, conforme o perfil dos *circulistas* e seu desempenho nas sessões, o grupo podia ser *liberado* do acompanhamento contínuo pelo Coordenador. Neste caso, subentendia-se que aquele era um grupo já suficientemente maduro para dispensar uma supervisão mais atenta — o grupo já tinha condições de funcionar num regime de autogestão, por assim dizer.

Havia, portanto, um efeito educativo nesse processo — um dos importantes subprodutos dele: o CQ *realmente* podia transformar os empregados em indivíduos mais participativas, maduros, autônomos e solidários! Os membros do grupo percebiam isso, até mesmo intuitivamente, e comemoravam a *liberação* do grupo por parte do Coordenador quando este lhes comunicava isso. Essa passagem funcionava, de fato, como uma espécie de rito de passagem, atestando que aqueles empregados já podiam ser considerados *melhores* do que quando ingressaram no sistema de CQs.

A intensa atividade de um Coordenador de CQs –

Também para o Coordenador (no caso, eu) essa *liberação* servia a um propósito prático, que era o de dar-me tempo para constituir e acompanhar novos grupos de CQ na empresa. Creio que fiz um bom trabalho nesse sentido, pois em dado momento, os registros da coordenação já identificavam a passagem de nada menos que 160 equipes de Círculos da Qualidade!

Com um programa de CQs dessa dimensão, em dado momento constatei que não mais daria conta, sozinho, das inúmeras tarefas que a Coordenação tinha a cumprir. Eram inúmeras reuniões todos os dias, do início da manhã ao fim da tarde, com empregados das mais diferentes áreas: Produção, Engenharia, Comercial, Recursos Humanos, Financeira, Administrativa, Manutenção, Logística, Materiais...todas essas áreas tinham seus grupos e, frequentemente, mais de um. E faziam reuniões semanais ou quinzenais.

Meus dias de trabalho eram, por essa época, estafantes: por vezes eu entrava numa reunião com um grupo da Engenharia, por exemplo, um pouco antes das oito da manhã, no qual se discutia o tema trem de pouso, pelas nove saía dali para outra reunião na qual seriam tratados problemas relacionados com circuitos elétricos. Pelas dez e meia despedia-me do grupo e ia para uma terceira reunião com o pessoal dos serviços gerais, em que o assunto era qualidade do detergente, vassoura, limpeza de carpetes...Ao meio dia já estava em outra, na área administrativa, discutindo sobre questões da Legislação Trabalhista que impactavam a empresa...Com tudo isso, minha mente raramente desligava: funcionava freneticamente durante todo o dia e, quando chegava a noite, que era o tempo que tinha para descansar (isso quando não tinha outras atividades a que me dedicar!), a cabeça simplesmente não obedecia ao comando de relaxar: por horas ainda, meus neurônios permaneciam ativados, soltando faíscas!

Fiquei mais de dez, quase onze anos, nesse permanente *brainstorming*! Mas aprendi muito com ele, sobre inúmeros assuntos referentes à produção aeronáutica. Às vezes sentia-me meio *enciclopédico*. Foi uma grande oportunidade de aprendizado para mim. Eu convivia diariamente nas reuniões com problemas e soluções de toda espécie. Aproveitei na época para também me aperfeiçoar em alguns conhecimentos periféricos que ajudassem os CQ's na busca da solução de seus projetos. Participei e conclui com bom aproveitamento, até o Curso de familiarização Geral para Pilotos do EMB-110 – Bandeirante, no nosso Centro de Treinamento para Clientes. A recomendação para esse curso foi do Cerqueira, pois queria que eu estivesse o mais proficiente possível em relação ao nosso produto.

Porém, com maior frequência, o que eu me sentia mesmo era cada vez menos tolerante e mais impaciente. Havia ocasiões em que entrava numa reunião e, mal alguém começava a sugerir algo, eu precisava fazer um esforço para me conter, pois tinha ímpetos de interromper a fala do sujeito e lhe dizer:

"Não, não! Pare, não é por aí, isso não vai dar certo!"

Porque eu já tinha presenciado situações desse tipo anteriormente, em outros grupos, por vezes várias delas. Já tinha acompanhado projetos, por vezes demorados até, que enveredaram por caminho semelhante e deram em nada. E já podia antever que o que estava sendo proposto não iria funcionar.

Entretanto, eu não podia agir dessa forma! Os grupos de CQ — as equipes de trabalho em geral — crescem e se desenvolvem num processo que pode ser bastante longo, exigindo muita paciência. Muitas vezes partem de um estágio muito primário, em que as pessoas mal se conhecem, em que é difícil reconhece naquele mero agregado de pessoas o embrião de um verdadeiro *grupo*; e paulatinamente os participantes vão se articulando e constituindo de fato uma equipe. *Team building* é um processo muito delicado e sensível, em que cada passo tem seu *timing*, o qual não pode ser grosseiramente atropelado.

Assim, com esforço, eu me continha. Mantinha-me firme, estimulando, questionando, provocando a reflexão das pessoas, enquanto por dentro podia estar me queimando de impaciência, querendo ir logo adiante com aquilo.

O bom Coordenador de CQ é a antítese desse vulcão subterrâneo que às vezes eu sentia que era. O bom Coordenador de CQ tem serenidade para esperar a hora certa, desafiar, estimular — educar, enfim. Quando consegui compreender isso, passei a me treinar e disciplinar para assumir uma melhor atitude, e com isso comecei a lidar melhor com a situação.

Entendi então o grande dilema que um educador enfrenta (um educador, não apenas um professor ou um transmissor de conteúdos): ele acompanha seus alunos, cuida deles, desenvolve-os. E, para poder fazer isso, esse profissional tem também uma alta responsabilidade para consigo mesmo: deve ser capaz de neutralizar sua ansiedade e manter-se equilibrado, a fim de acompanhar e estimular o crescimento do outro, no ritmo do outro. Não é fácil...

Organizei uma pequena estrutura, um departamento próprio, para me ajudar na Coordenação dos grupos. Passaram a me ajudar um assistente (o técnico Ariovaldo P. Barros), um profissional formado pelo Senai e com muita habilidade com grupos da produção, e uma secretária. Era uma estrutura mínima; porém, se ela parecia natural dentro da Embraer, por vezes causava certa estranheza nos visitantes que vinham ver como operávamos — especialmente se eram funcionários de empresas de origem japonesa. Nesse caso, eles questionavam o que viam:

"Mas é necessário ter uma estrutura dessas? E os supervisores das áreas? Não são eles os coordenadores dos grupos?"

Mas não tenho dúvida de que o trabalho que fizemos deu excelentes resultados em termos de melhorias operacionais. A quantidade de projetos e melhoria de processos que a Embraer viu ser implantados a partir das ideias dos funcionários nos CQs foi simplesmente notável! E, na maioria das vezes, eram projetos baseados em ideias muito simples, com as quais ninguém na empresa atinara antes, porque ninguém estava formalmente encarregado de cuidar daquilo.

Na maioria dos casos, as questões levantadas pelos empregados nos grupos não chegavam a pôr em xeque as especificações dos produtos ou os projetos da Engenharia Industrial, que estavam por trás da fabricação das nossas aeronaves. Isto é, os grupos de CQ dificilmente apontavam defeitos ou erros que a Engenharia da empresa pudesse ter cometido. Ao contrário, quase sempre os grupos ficavam adstritos à miudeza, a inovações *no varejo*, por assim dizer.

A Engenharia, portanto, não se sentia e nem estava sendo ameaçada pelos CQs. Mesmo assim, era constantemente chamada a opinar sobre a viabilidade de algum projeto formulado ou das soluções apresentadas pelos grupos, uma vez que a implantação dependia dessa anuência. E, comumente, a Engenharia da Embraer entendia, aceitava e aprovava as mudanças sugeridas nos projetos, elogiando-as inclusive.

Estou seguro de que essa atividade toda não apenas rendeu à organização um bom retorno econômico, mas (e principalmente) proporcionou a todos os envolvidos ganhos enormes, ainda que não totalmente mensuráveis, em crescimento pessoal, em aperfeiçoamento das relações interpessoais e em motivação dos empregados.

Premiação dos grupos –

Outro fator distintivo importante, entre os CQs japoneses e brasileiros, era o sistema de premiação e reconhecimento dos grupos. No Japão, os incentivos concedidos pelas empresas às melhores ideias eram apenas a oportunidade de participar de solenidades comemorativas internas, nas quais os grupos vencedores apresentavam seus projetos.

Outros prêmios concedidos no Japão eram totalmente simbólicos: como um *botton* com o nome e o dístico da JUSE, um livro autografado por Ishikawa, uma camiseta com o logo da empresa...Os japoneses valorizavam muito essas coisas. Nesse país, ninguém dava sugestões de melhoria pensando em ganhar dinheiro com isso; não seria apropriado, pois era contra a ética do trabalho.

No Brasil era diferente. Tivemos de criar novos incentivos, mais realistas e condizentes com as expectativas culturalmente orientadas dos brasileiros. Percebemos que era inconveniente dar incentivos financeiros, que mercantilizariam o programa de CQs e desvirtuariam seu espírito original. Mas, por outro lado, não podíamos ficar apenas nas formas simbólicas de premiação dos japoneses. Conduzi então um levantamento (tipo pesquisa informal) de opiniões entre os empregados, que me ajudou a equacionar o problema: cheguei à conclusão de que os melhores prêmios a oferecer seriam...*viagens*!

Assim, adotamos viagens como um padrão de premiação aos grupos que apresentavam projetos de maior destaque. Tivemos bons resultados e a cada concurso de avaliação de projetos os grupos se motivavam e sentiam-se reconhecidos ao participarem das viagens-prêmio, que normalmente incluíam suas esposas ou alguém da família. Outras premiações também marcaram a vida dos participantes dos CQ's da Embraer. Uma dessas premiações, foi o importante e disputado *Prêmio Produtividade* concedido à Embraer em 1977 pelo Instituto Roberto Simonsen/FIESP, alusivo aos projetos dos CQ's.

Melhorias também podem trazer problemas políticos –

Alguns projetos de grupos de CQ da Embraer geraram ideias fantásticas: simples na origem, mas levando a soluções excelentes.

Um grupo desenvolveu um projeto sugerindo mudanças nas especificações de determinada peça de uma aeronave. Quando levei o projeto à aprovação da gerência de Engenharia apareceu um potencial problema político: aprovar a inovação poderia, aparentemente, levar as pessoas a concluir que o projeto original da peça tinha sido mal elaborado:

"O difícil não vai ser implantar essa ideia", disse o engenheiro com quem conversei. "Difícil mesmo vai ser lidar com o fato de o projeto original não ter sido feito desse modo desde o início e vão querer saber quem projetou essa peça", enfatizou com ar de preocupação.

Felizmente a situação foi contornada satisfatoriamente, com a justificativa de que, desde a época do projeto original da peça, o contexto em que era produzida alterou-se, justificando a inovação. Mas, antes que chegássemos a esse argumento, o projeto inovador do grupo de CQ ficou engavetado por mais de um mês.

Detecção de falhas no sistema de ar condicionado –

Houve também outros projetos excelentes, nos quais os membros dos grupos que os desenvolveram me puseram numa autêntica *saia justa*! Num desses, um grupo criou um dispositivo simples e criativo para detectar eventuais falhas no sistema de ar condicionado do avião, capaz de reduzir em muitas horas o trabalho de identificar onde, especificamente, estaria o defeito no sistema.

Porém, como esse tipo de problema somente apareceria nas aeronaves já comercializadas e em uso pelas empresas clientes da Embraer, o grupo teve a *péssima* ideia de levar o dispositivo para ser analisado por um engenheiro de uma empresa cliente, que operava diversos aviões que fabricávamos. Fizeram isso evidentemente sem que eu soubesse. A ideia era tão boa que encantou o engenheiro responsável pela manutenção da empresa cliente. Ele a apoiou entusiasticamente e fez questão de ficar desde logo com o protótipo artesanal produzido pelo grupo.

E quando chegou a ocasião de esse projeto (entre vários outros também muito bons) ser apresentado numa solenidade no auditório do Sesi em São José dos Campos, o grupo convidou, por conta própria, o tal engenheiro que tanto apreciara a ideia. O homem subiu ao palco, apresentou-se e elogiou o projeto rasgadamente. A diretoria e todo o corpo gerencial da Embraer estavam presentes à solenidade, e ficou sem saber como reagir àquilo.

Quanto a mim, eu nada sabia — não tinha ideia de que o grupo poderia tomar a iniciativa de envolver na apresentação um profissional de uma empresa cliente, acerca de um projeto sobre o qual a Embraer não estava em condições de dizer coisa alguma oficialmente. Até então não passava de um protótipo.

O mal-estar produzido em todos foi grande. Quanto a mim, tive o dissabor de receber uma séria admoestação do gerente, o Cerqueira:

"Como é que você deixa o cliente vir aqui sem que a gente saiba?", ele me questionou depois.

"Mas eu não sabia! O grupo tomou essa decisão por conta própria", respondi.

"Como não sabia?", disse ele, irado. "Se você nem sabe o que acontece dentro do programa que administra, então o QUÊ você sabe!?"

Foram palavras duras, que jurei a mim mesmo que nunca mais iria ouvir! O acontecimento serviu de grande valia na minha carreira como gestor.

Os psicólogos de ocasião! –

Como se vê, o trabalho do coordenador de CQs exige habilidades e um cuidado permanente, para evitar que os participantes extrapolem suas funções e cometam alguma infantilidade.

O caso do dispositivo para detecção de defeitos no sistema de ar condicionado da aeronave não foi o único problema que tive com algum grupo de CQ na Embraer. Houve outro episódio mais em que eu deveria ter tido maior controle sobre a situação e deixei que ela desandasse, felizmente sem maiores consequências.

Neste caso, um grupo estava interessado em desenvolver algum projeto que elevasse a um alto grau de motivação e engajamento dos empregados de sua área. Eu vinha acompanhando razoavelmente o grupo e achei que o que surgiria dali não iria dar qualquer problema. Como eu estava extremamente atarefado, deixei que o grupo avançasse sem supervisão próxima.

Mas o grupo fez uma verdadeira *lambança*: vendo que um colega novo na empresa estava sempre solitário e tristonho, decidiram melhorar seu humor e o abordaram. O rapaz confessou que era casado há poucos meses e seu relacionamento com a esposa estava desgastado, por causa de um litígio entre os pais de ambos, por questões financeiras: o pai dele havia emprestado dinheiro ao pai dela, e este não saldara a dívida.

Decididos a ajudar, o grupo convenceu o rapaz a fazer um churrasco em casa no fim de semana e convidar para o encontro os colegas do grupo de CQ e também os pais de ambos, dele e dela. Assim foi feito e, no encontro, os membros do grupo tomaram a frente e tentaram reaproximar os dois homens em conflito, estimulando-os a fazer as pazes! A tentativa não funcionou. Os dois homens não quiseram saber de se entender e foram ambos embora da festa, furiosos. Felizmente nada mais aconteceu além disso.

Quando eu soube do que os membros do grupo tinham feito, senti-me transtornado e, mais uma vez, recriminei-me interiormente por não ter controlado melhor a situação. Os membros do grupo de CQ tinham ultrapassado, nesse caso, todos os limites do bom senso! Fiz uma reunião com eles e os critiquei severamente!

Porém, já tinha acontecido, infelizmente. E a coisa não acabou aí, porque a Assistente Social da Embraer soube do caso e fez questão de uma reunião comigo, onde, com justa razão, mostrou toda sua indignação com a exorbitância do ato cometido pelos membros daquele grupo de Qualidade.

Por causa de situações como essas que relatei, redobrei minha atenção ao controle que devia fazer sobre as decisões dos grupos. Logo me vi perguntando sobre tudo, duvidando de tudo que me contavam e querendo sempre *ver para crer*. Mas, esse nível de desconfiança de minha parte não era bom — nem para os grupos, nem para o programa de CQs e nem para mim.

Felizmente não perdi de vista o caráter educativo dos CQs. Continuei desejando e fazendo o possível para que os participantes dos grupos, individualmente, e os grupos enquanto coletividades, amadurecessem e crescessem, no processo de escolher projetos, desenvolvê-los, finalizá-los e apresentá-los à empresa.

Quando percebia que essa maturidade tinha sido atingida, eu me sentia feliz, com a sensação de dever cumprido. Com isso, passava a delegar mais ao grupo em questão, a deixá-lo mais livre — mesmo que às vezes meu julgamento falhasse e coisas inadequadas como essas que contei acontecessem. Isso não queria dizer que tudo estivesse errado — mas apenas que minha avaliação crítica da capacidade do grupo de agir com autonomia havia falhado.

O *galeio* do trator -

Mesmo após ter saído da Embraer, quando atuava no mercado como consultor, ajudando empresas a organizarem seus sistemas de participação de empregados via CQs, tive grandes alegrias com a constatação de que meu trabalho surtia efeitos muito positivos.

Em certa ocasião, atuando como consultor da Cia Hering, fui aportar na Fazenda Ilhota, uma empresa do grupo situada próximo a Itajaí, em Santa Catarina. O grupo mantinha ali negócios de produção de leite e cultivo de produtos agrícolas. Fui inicialmente ministrar um curso e orientar os gestores locais na organização de grupos internos de CQ.

Os participantes tinham perfil muito diferente daqueles com que eu estava acostumado a trabalhar, dada a natureza das atividades da fazenda. Ademais, cerca de 80% deles eram pessoas muito simples, que haviam passado toda a vida num ambiente rural. Várias delas sequer sabiam ler e escrever. Por isso mesmo, quando entrei na sala para dar início ao seminário, fiquei sabendo que o setor da empresa que me acompanhava na execução do projeto, havia dispensado meus slides, *já que seriam inúteis*!

Entre os participantes, lembro-me do Zé Padre, um senhor já perto dos seus 80 anos, que se encontrava sentadinho à minha frente, muito comportado e com o chapéu nas mãos, junto ao peito. Fiquei sabendo que devia seu apelido ao fato de ter sido coroinha na adolescência, algo que nunca lhe permitiram esquecer, ao lhe darem o apelido. Zé Padre sempre tinha vivido ali, trabalhando na lavoura.

Iniciei meu evento sem projeção de slides, falando aos participantes na linguagem mais simples e adequada que pude sobre o trabalho em grupo, e destacando a capacidade que todos tinham de criar e melhorar o trabalho etc. Expliquei-lhes as ferramentas usadas pelos grupos de CQs da maneira mais simples possível, evitando termos técnicos. No fundo, não acreditava muito no que aquelas pessoas poderiam vir a fazer com aquilo, e foi essa a sensação com que saí dali.

Cerca de um ano depois, a convite da diretoria da Hering, retornei à Fazenda Ilhota para conhecer o resultado dos trabalhos desenvolvido pelos grupos que eu havia treinado. Uma solenidade havia sido programada para a apresentação desses trabalhos. Cheguei cheio de curiosidade, é claro, e encontrei um auditório repleto, onde se encontravam dirigentes e funcionários da empresa, familiares dos participantes dos grupos, clientes, amigos da casa. Teria eu conseguido passar àquelas pessoas as informações fundamentais sobre o uso da metodologia e das ferramentas da Qualidade? Como teriam eles feito uso dessas técnicas?

O primeiro grupo a se apresentar detalhou o trabalho que havia feito, maravilhando todo mundo! Simples, direto, eficiente, irrepreensível mesmo! Tinham produzido uma melhoria operacional digna dos melhores grupos de CQ de qualquer grande empresa brasileira ou japonesa e a apresentaram utilizando projeção de fotos numa tela. O grupo tinha feito um estudo sobre o trator usado na fazenda para puxar o arado e outras tarefas. Quando chovia, o piso do trator comumente ficava molhado e escorregadio, e o pé do condutor frequentemente resvalava para fora do piso, batendo contra a enorme e pesada roda do trator. Era difícil evitar isso, porque o terreno percorrido pelo trator (no campo) era muito irregular e o trator, como disseram eles, *dava galeio* (isto é, balançava). Com isso, o pé escorregava mesmo! O problema é que, ao escorregar, o pé do condutor batia com toda força no pneu do trator, muitas vezes provocando uma lesão.

"Já quebrei o pé *treis veiz*!", disse um dos condutores do trator, que fazia parte do grupo.

A solução encontrada pelo grupo foi supinamente simples: instalar uma proteção metálica lateral no piso, de tal sorte que o pé, ao escorregar, fosse impedido de resvalar para fora e atingir o pneu do trator.

"E, pra não ficar muito feio, *pusemo* a proteção também do outro lado", disse, sorrindo, o porta-voz do grupo, mostrando a foto na tela.

Foram intensamente aplaudidos pela plateia! Soube também que a solução encontrada foi apresentada aos fabricantes do trator, que a incorporaram ao projeto do veículo! Correu, na ocasião, o boato de que o projeto inicial tinha sido elaborado por engenheiros que não podiam ter previsto aquilo, pois jamais haviam pilotado um trator, muito menos puxando um arado no campo num dia de chuva!

Zé Padre –

Mais dois ou três grupos se apresentaram, até que chegou a vez do último deles, justamente o grupo de que fazia parte o *seu* Zé Padre. E foi ele quem subiu ao palco para descrever o que tinham produzido. Ele olhou para a plateia, não exatamente com humildade, como me pareceu ser sua atitude naquela reunião inicial de um ano atrás, em que trazia o chapéu nas mãos, junto ao peito; ele agora parecia ter um ar mais positivo, mais firme, de quem saboreava uma vitória que estava prestes a revelar àquela gente toda. E foi isso mesmo! Em três minutos, não mais que isso, o Zé Padre deu seu recado, informando qual tinha sido a grande inovação produzida por seu grupo:

"Meu grupo é este: Fulano, Sicrano, Beltrano...E nosso primeiro projeto já foi implantado."

Zé Padre fez silêncio e olhou a plateia, muda. Que projeto seria esse? Ele caminhou uns passos até um *flip-chart* situado no canto do palco, pegou um pincel e, na folha em branco, escreveu seu nome – em forma cursiva, com letra bem razoável.

"É o nosso projeto", disse. "*Pusemo* um posto do Mobral aqui na fazenda! *Nóis aprendemo* a ler e a escrever."

Emocionei-me, como todos ali. E quem não se emocionaria?

Capítulo 16

Lidando com Resistências

Não se trata de planos de sugestões –

Antes dos Círculos de Qualidade, a proposta mais concreta que as empresas já tinham desenvolvido para obter dos empregados propostas de melhorias operacionais tinham sido os *planos de sugestões*, sucessores das *caixas de sugestões* que já existiam em algumas empresas desde fins do século 19. Essas caixas eram dispostas em pontos estratégicos nas fábricas ou escritórios, para que os empregados colocassem mensagens à Direção, sugerindo mudanças ou fazendo reclamações.

O sucesso dessa iniciativa sempre dependia da espontaneidade dos empregados. Além disso, muito material inútil, inconveniente ou inadequado vinha junto com sugestões eventualmente aplicáveis, quando se lia o conteúdo dessas caixas.

Os Planos de Sugestões apareceram mais à frente, já no século 20, como um produto das minuciosas sistematizações da atividade fabril vindas com a Administração Científica, de Taylor e outros; mas também como um dos muitos avanços em Gestão de Pessoas que a indústria americana experimentou durante a Segunda Guerra Mundial (entre os quais estavam os planos salariais, os testes de seleção, a avaliação de desempenho, o jornalzinho interno para empregados etc.).

Os Planos de Sugestões de então eram uma forma de se inserir os empregados no processo de gestão da empresa, premiando-os pelas ideias novas e aproveitáveis que apresentassem. Mas os Círculos de Qualidade significaram um grande avanço em relação a esses Planos de Sugestões, pelo menos em dois aspectos:

O primeiro é que eles significavam claramente o chamamento ao empregado para engajar-se e participar ativamente da vida da empresa: por meio dos CQs, as empresas iam além de apenas dizer aos seus empregados: "Deem ideias e, se forem boas, nós os premiaremos por isso." Ao invés, elas agora estavam dizendo: "Você é parte desta comunidade. Envolva-se com ela, inclusive dando ideias sobre possíveis inovações — e todos nós seremos beneficiados, inclusive você!"

O outro aspecto inovador dos CQs em relação aos Planos de Sugestões estava em seu caráter coletivo: as pessoas agora eram estimuladas a compartilhar ideias. Nada nos CQs estimula o individualismo e o egocentrismo — ao contrário, tudo acontece em favor da vida em comunidade, da colaboração, da solidariedade e da lealdade ao grupo e à organização.

Supervisores, sutis sabotadores –

Embora eu comumente encontrasse receptividade aos CQs entre os trabalhadores, não era exatamente assim entre alguns supervisores e gerentes. Poucos deles se manifestavam contra o programa de CQs, é verdade, mas também eram poucos os que se manifestavam abertamente a favor. Na maioria dos casos, supervisores e gerentes mantinham uma atitude de prudente neutralidade a respeito.

No início eu não entendia bem o porquê disso, já que os CQs me pareciam oferecer tão somente vantagens para todo mundo. Com o tempo, consegui ir, pouco a pouco, entendendo as razões da resistência velada de muitos supervisores e gerentes. Uma delas, das mais importantes, é que os supervisores e gerentes tinham receio de ir abertamente contra o programa, uma vez que este tinha sido decidido de cima para baixo. Ou seja, eles não tinham sido consultados; e o programa invadia sua alçada, dispondo de seus subordinados sem lhes pedir licença e sem considerar que eles, supervisores, tinham de contar com esses subordinados para atender às meta de produção pelas quais eram cobrados.

Veladamente, os supervisores e gerentes usavam de expedientes bastante sutis para boicotar o programa de CQs. Um desses expedientes era sua postura desestimulante junto aos empregados de suas áreas. A meu ver, as reuniões dos grupos, uma vez por semana, com duração de 45 minutos, não chegavam a atrapalhar a produção da área, mas muitos supervisores não pensavam dessa forma.

Em muitos casos não havia um local apropriado para as reuniões na própria área de trabalho e o grupo era deslocado para a sala de reuniões da Coordenação, em outro prédio. E, ao se dirigirem para lá, os trabalhadores tinham de avisar o supervisor:

"Estou indo para a reunião do meu grupo de Qualidade".

E o supervisor, às vezes, sem nem mesmo se voltar para o empregado, respondia:

"De novo, é?"

Isso era suficiente para instalar um grama de dúvida e apreensão no espírito do empregado. Este já sabia que seu supervisor era contra, não aprovava aquilo. E isso era também suficiente para que o empregado relutasse em comparecer à reunião seguinte. E quando o episódio se repetia, a probabilidade de uma desistência do empregado crescia. Assim, automaticamente as taxas de absenteísmo me mostravam com clareza em quais áreas de trabalho eu tinha problemas de resistência do supervisor aos CQs.

No início, o sucesso geral dos CQs era tão evidente que eu sequer dava bola para essa questão. Ao contrário, cada vez mais estimulava os empregados a comparecer, ignorando as atitudes refratárias dos supervisores:

"Eles vão acabar percebendo que a coisa é boa, que estão errados!", eu pensava.

Mas pouco a pouco fui percebendo que essa resistência da supervisão não era facilmente vencida — que os supervisores não mudavam de atitude; pelo contrário, até reforçavam-na. Por vezes a coisa assumia o caráter de um cabo de guerra: duas forças puxando a corda, uma para cada lado, sem que nenhuma delas cedesse um milímetro sequer. E comecei a pensar que a corda poderia acabar arrebentando onde a vulnerabilidade era maior: o empregado — este é que poderia vir a *pagar o pato*! Dizem que quando o mar briga com o rochedo, quem leva a pior é o marisco! Pois, o empregado era o marisco: recrudescendo essa animosidade do supervisor com o programa de CQs, era o próprio emprego do participante voluntário dos grupos que poderia estar sendo posto em risco.

Assim, ao longo do tempo, um indicador que passou a ser cada vez mais significativo de que essa atitude existia, era a falta sistemática de empregados às reuniões dos grupos, ou mesmo sua decisão de abandonar as reuniões. Eu ficava atento a isso e não me conformava com faltas ou mesmo atrasos: ia atrás das razões que teriam levado um participante a tomar essa atitude. Quando um funcionário começava a faltar às reuniões, por exemplo, eu ia atrás dele e cobrava:

"Que houve? Por que faltou à reunião?"

Como resposta, eu frequentemente ouvia algo que se parecia mais com uma desculpa do que uma explicação plausível:

"Tive de cuidar da máquina, que emperrou". "Deu um problema urgente no trabalho e não pude sair."

Depois de algumas vezes, entretanto, a gente ganha certa experiência nesse tipo de coisa e já não é tão fácil nos enganarem. Então, quando percebia que aquela resposta não passava de pretexto, eu procurava inquirir o empregado sobre a *verdadeira* razão de sua falta ou atraso, em vez de me contentar com a desculpa dada.

Frequentemente minha insistência dava resultado e eu ficava sabendo que o empregado não estava se sentindo à vontade com as atitudes do seu supervisor a respeito das reuniões. Ele me dizia, então, reservadamente, algo do tipo:

"Meu chefe não quer que eu saia do trabalho e vá à reunião."

Ou então, mais explicitamente:

"Meu chefe é contra minha participação. Na última vez que larguei o trabalho para comparecer, ele disse que era melhor eu parar com essa história, que a produção não pode parar por causa de uma reunião que ele (o supervisor) nem mesmo sabe para que serve."

E, mesmo assim, nas raras vezes em que o empregado confessava que haver razões desse tipo para seus atrasos e faltas, meu contato a respeito com o supervisor não dava em nada: este negava peremptoriamente estar dificultando (*sabotando*, seria uma palavra melhor) a participação de seu subordinado no grupo — e eu ficava de mãos atadas, sem poder agir.

Mas por que os supervisores agiam assim, resistindo à liberação de seus subordinados para participarem dos grupos de qualidade, enquanto dissimulavam essa atitude? Não havíamos atentado para uma importante questão que diferenciava substancialmente os CQs japoneses daqueles formados nas empresas de outros países de cultura ocidental: no Japão os supervisores, a quem os trabalhadores participantes respondiam hierarquicamente, estavam fortemente comprometidos com o programa - *eles*, supervisores, é que eram os reais coordenadores dos grupos de que participavam seus subordinados. Os CQ's, portanto, inseriam-se harmonicamente na estrutura hierárquica — eles apenas significavam uma nova e inteligente metodologia posta a serviço dos próprios supervisores, para fazerem melhor seu trabalho de liderar os trabalhadores e levá-los a dar uma maior contribuição à empresa em termos de melhorias operacionais. Entre nós não havia nada disso. Aqui a história era outra!

Eles não deixam de ter certa razão...! –

Nas empresas ocidentais, os supervisores e encarregados eram apenas informados pela direção de que esta tinha decidido implantar Círculos de Qualidade. Os supervisores não tinham opinado sobre essa decisão, deviam submeter-se passivamente a ela, sem protestar. No entanto, a mesma Direção que os obrigava a ceder seus homens nos dias e horários de reuniões, cobrava deles a produção prevista, a qual dependia justamente do trabalho dos mesmos subordinados. Os supervisores achavam isso injusto, e consideravam isso um autêntico *by-pass* da Direção sobre eles!

É claro que os supervisores não gostavam disso. Diziam que estava *tudo bem* porque tinham receio de abrir o jogo mas, privadamente, queixavam-se, entre eles, da falta de autoridade sobre seus próprios homens:

"Que estou fazendo aqui? Por que me deram esse cargo de supervisor se não posso tomar decisões sobre minha equipe?", reclamavam.

Essa questão podia ser séria! Paradoxalmente, quanto mais bem-sucedido fosse o programa de CQs, mais trabalhadores se apresentavam como voluntários para participar e mais áreas fabris e administrativas ficavam desguarnecidas durante os dias e horários de reuniões, sem que seus supervisores pudessem fazer alguma coisa. Os supervisores tinham literalmente de *se virar* para dar a produção exigida sem poder contar plenamente com os homens de sua equipe que haviam decidido participar dos grupos de qualidade.

Havia empresas, aliás, nas quais o programa ia tão bem que praticamente cem por cento dos trabalhadores eram membros de CQs! E era óbvio, então, que os supervisores torcessem o nariz para aquilo e não mostrassem nenhuma boa vontade para com o programa.

Havia, portanto, uma falha estrutural. E, por mais óbvia que ela nos pareça hoje, o fato é que na época não percebíamos que se tratava de uma falha, e dessa dimensão. Somente tempos depois de começarmos com o programa é que, pouco a pouco, vim a dar-me conta de que, mesmo que o programa como um todo, com tantos grupos de CQ em vigência espalhados por toda a empresa, parecesse ir muitíssimo bem, no fundo alguma coisa não estava dentro dos conformes.

Fui notando que a faixa intermediária na hierarquia da empresa, em particular aquela do nível da supervisão que liderava operários, cada vez mais se mostrava insatisfeita, afastando-se do programa de CQs e dificultando seu bom andamento. Concluí que tínhamos de fazer alguma coisa para trazer para o nosso lado esses gerentes e supervisores que se ressentiam da existência do programa.

Certa vez, ouvi um depoimento de rara sinceridade de um desses supervisores. Ouvindo-me discorrer sobre os CQs, ele se convenceu de que o programa trazia reais benefícios à empresa. Disse-me, então:

"D'Artagnan, vou ser sincero: agora entendi o que são os CQs e para que servem. Por isso não vou atrapalhar mais, como fiz até agora! Mas não vou sair por aí estimulando todo mundo a participar, porque eu já falei muito *contra* esse programa e agora vai pegar muito mal para mim eu tiver de admitir que estava errado!"

Nunca tinha ouvido uma declaração tão franca de um opositor recém-convertido ao programa de CQs. E, de fato, esse supervisor não pôs mais obstáculos ao desenvolvimento dos CQs daí por diante. O leitor que tire suas próprias conclusões sobre o episódio.

Também começou a acontecer com frequência que certos projetos gerados pelos grupos de CQ eram tão bons e de tal modo contribuíam para a melhoria das operações, que acabavam repercutindo por toda a empresa. Isso valorizava muito o programa de CQs, pois tais êxitos atestavam seus méritos. Mas, por outro lado, isso também produzia situações desagradáveis e inadequadas. Por exemplo, esse sucesso *enchia a bola* dos empregados que participavam dos grupos mais bem-sucedidos. Esse sucesso era um elogio à área representada por esses empregados, que eram elogiados e celebrados por todos; mas podia também provocar ciúmes no supervisor desses empregados, já que este não tinha participado desse esforço. Ou seja, o sucesso de um grupo de CQ, quando seu supervisor não estava apoiando abertamente o programa, podia ser uma afiadíssima faca de dois gumes! Isso acontecia entre nós porque havíamos criado um modo *abrasileirado* de fazer CQs, diferente do que acontecia no Japão, onde a coordenação estava nas mãos dos supervisores.

Aprendendo a lidar com a resistência –

No início dos anos 1980, o programa de CQs já vigorava há vários anos na Embraer, com sucesso e boa repercussão externa. Era elogiado por muitos, e apontado como *benchmark* no mercado. Mesmo assim, ainda era preciso convencer boa parte da gerência e da supervisão dos benefícios dele para a organização.

Tomamos então a decisão de interromper por um breve tempo o programa de CQs e chamar todo o corpo gerencial para um seminário sobre os objetivos e fundamentos do programa, seus benefícios e o que já tínhamos conseguido com ele. Fizemos isso com competência: os seminários internos foram bem conduzidos e os gerentes participaram ativamente, deram contribuições importantes e debateram acaloradamente os temas tratados.

Interrompemos então, temporariamente, o programa de CQs e convidamos toda a supervisão e a gerência para um *workshop* em que o programa e seus benefícios foram analisados e debatidos. Deu certo: quando já estávamos na *reta final*, com o programa para os gerentes e supervisores, já percebíamos uma mudança de atitude dos gestores. Eles pareciam agora entender melhor os CQs e os benefícios que a Embraer obtinha com o programa: maior participação dos empregados na vida da empresa, maior engajamento e motivação, contribuições inovadoras para a melhoria das operações na fábrica e nos escritórios, crescimento pessoal e profissional dos empregados. Não eram poucos esses benefícios!

Daí por diante os problemas de resistência da supervisão e da gerência reduziram-se e a formação de novos grupos de CQ ganhou impulso. Até mesmo alguns supervisores e gerentes se apresentaram para participar, o que nos surpreendeu. Aceitá-los como membros de CQs seria uma inovação, pois isso era inédito em programas de CQ, em empresas japonesas ou ocidentais.

O que aprendemos com os Círculos de Qualidade na Embraer marcou fortemente a experiência de aculturamento da metodologia dos CQs no Brasil, servindo de exemplo e subsídio para muitas organizações que, a partir dos anos 80, decidiram também organizar Círculos de Qualidade em suas instalações, envolvendo seu corpo de colaboradores. Aliás, em muitas empresas, até o presente ainda conduzem grupos de CQs, em cujas reuniões trabalhadores das fábricas e dos escritórios sem função de chefia participam juntamente com seus chefes, em pé de igualdade. Ou seja, os CQs evoluíram, tornando-se *ambientes neutros*, nos quais a hierarquia da empresa passou a ser temporariamente deixada do lado de fora da porta durante as reuniões.

A regra de ouro que aprendemos com tudo isso é que jamais se deve mobilizar a base da pirâmide da empresa em projetos participativos, sem antes obter o real comprometimento e aceitação da iniciativa pelas lideranças.

A situação que enfrentamos na Embraer, com a insatisfação de parte da supervisão e da gerência com os CQs, aconteceu também em outras empresas que mantinham programas similares no Brasil. Na Johnson's, o gerente da Qualidade Oleg Greshner, que todos lá dentro respeitavam muito, tampouco conseguiu, apesar de seu carisma pessoal e sua inegável experiência, evitar que os supervisores e gerentes fossem paulatinamente se afastando do programa. Na Volkswagen, outra empresa com um programa importante e muito bem-sucedido, foi exatamente a mesma coisa. E também nessas empresas foi necessário conduzir eventos educativos especiais com a supervisão e a gerência, para sua conscientização sobre a filosofia e as práticas dos CQs.

Capítulo 17

Transformando-me num Consultor

Um ambiente propício para a Qualidade –

Em meados de 1972, os CQs haviam se tornado o grande trunfo dos japoneses. Com eles, a indústria do país começava a maravilhar o restante mundo, pela alta qualidade de seus produtos e processos e, por extensão, de sua gestão industrial. Os japoneses contabilizavam então meio milhão de Círculos de Qualidade em funcionamento nas suas empresas, envolvendo cinco milhões de trabalhadores.

Em um ou dois anos mais, em meados dos anos 1970, também no Brasil a Qualidade já era um dos temas mais comentados e estudados. Nas condições peculiares de nossa economia de então, a Qualidade trazia em seu bojo a expectativa de ser o maravilhoso recurso capaz de fazer evoluir para patamares nunca antes alcançados a produtividade e a eficiência das empresas em nosso país — e, por conseguinte, nossa economia.

O Brasil estava ainda muito marcado pelo sonho do *milagre econômico* dos anos anteriores, que havia nos alçado à invejável posição de oitava economia do mundo! Tinha havido o choque do petróleo, é verdade, mas ainda queríamos crer que seguiríamos em frente apesar dele. E a Qualidade nas organizações era uma grande promessa para essa continuidade. Quanto aos Círculos de Qualidade, eles eram o próprio instrumento pelo qual a Qualidade penetrava e impregnava as organizações nesse processo.

Nesse clima de efervescência, Embraer, Johnson's, Volkswagen e poucas empresas mais eram os templos em que se cultuava a nova religião. Eram empresas que serviam de exemplos a citar e de modelos a emular, para milhares de outras. Todos queriam nos visitar, nos conhecer e aprender conosco!

A AVCQ –

Em 1974 nasceu uma importante associação de profissionais da Qualidade, a nossa AVCQ – Associação Valeparaibana de Controle da Qualidade. Como as outras que se seguiram a ela, a AVCQ era uma organização sem fins lucrativos, congregando profissionais que se ocupavam da Qualidade nas suas empresas. Formou-se como um grupo informal e acabou se transformando numa associação com Estatuto Social e CGC (o cadastro antecessor do CNPJ).

Na AVCQ tínhamos o compromisso de trabalhar para sedimentar e disseminar um conjunto de conceitos e práticas que vinha evoluindo e deveria contribuir de modo importante para o país. Um mero grupo informal de debates sobre a Qualidade certamente não produziria esse efeito.

A associação nasceu, obviamente, no Vale do Paraíba, para representar os profissionais da Qualidade que trabalhavam nas empresas da região, altamente industrializada. Estavam à frente dela o Cerqueira, da Embraer, o Oleg Greshner e o Paulo Sergio Ferreira, da Johnson, que se revezaram como seus primeiros presidentes. Outros profissionais da área, entre os quais eu, fomos igualmente coadjuvantes nos primeiros passos da AVCQ.

A intenção educativa e o propósito de expandir a presença da Qualidade nas empresas eram nossa missão. Queríamos ter mais e mais empresas e profissionais cultivando a Qualidade; mais e mais treinamentos sobre o tema; e mais e mais pesquisas, investigações e publicações sobre como fazer acontecer a Qualidade nos ambientes profissionais.

A AVCQ aceitava associados individuais e empresariais. Os sócios empresariais, acreditávamos, ajudariam a bancar os custos da associação, ainda baixos. Nossas principais atividades eram reuniões periódicas, nas quais profissionais convidados, sócios ou não, falavam sobre Qualidade e temas correlatos.

Nosso Estatuto Social era bom — claro, bem escrito, completo — e foi bastante difundido: logo ele começou a servir de inspiração para a criação de associações similares em vários Estados da Federação: Santa Catarina, Rio Grande do Sul, Rio de Janeiro, Espírito Santo, Pernambuco e Amazonas, como também em algumas cidades como Santos e Campinas. Nosso Estatuto serviu de base inclusive para a revisão do Estatuto da Associação Colombiana da Qualidade, que tinha sede na capital, em Bogotá. Estive lá a convite dos profissionais locais e relatei nossa experiência com a AVCQ. Eles gostaram e reproduziram localmente muito do que fazíamos.

Dediquei-me muito à AVCQ. Era estimulante participar, ainda mais que profissionais do quilate de Cerqueira e do Oleg estavam no comando. De fato, eles não dispunham de muito tempo para isso e, portanto, delegavam a coordenação à outros profissionais de sua confiança, como eu e o Paulo Sérgio, da Johnson.

A AVCQ decolou imediatamente, porque muita gente estava ávida por aprender sobre Qualidade. Assim, em questão de meses, empresários, diretores, gerentes, analistas, engenheiros, técnicos e mesmo auxiliares de diferentes empresas passaram a frequentar nossos eventos. Entre esses estavam especialmente aqueles que atuavam em áreas de Produção e também os Chefes de Pessoal e Gerentes de RH e seus colaboradores, dada a afinidade dessas funções organizacionais com o tema da Qualidade.

A Qualidade era, então, a palavra de ordem nas empresas! Constatar isso me enchia de orgulho, porque participava de um esforço educativo que todos viam como essencial ao País. Isso me estimulava a estudar, aprender, debater, experimentar e trabalhar intensamente com os conceitos da Qualidade. São exceção os profissionais que têm o privilégio de estar fazendo alguma coisa que *todos* desejam cultivar — como foi meu caso nessa época! Isso era, para mim, uma dádiva! Eu me sentia, portanto, numa espécie de paraíso profissional, ao ser solicitado o tempo todo, com pedidos vindos de todos os lados, para mostrar como e por que se fazia Qualidade nas empresas.

Comecei a atuar na AVCQ como uma espécie de Relações Públicas, fazendo novos contatos e divulgando a associação a novos sócios em potencial. Depois passei a ser o Tesoureiro, cuidando das contribuições recebidas e do pagamento das contas, mas sem deixar de me envolver com o conteúdo técnico da Qualidade, que era o de que mais gostava.

Eu organizava e ministrava cursos e palestras, abertos a quem quisesse participar, que a associação oferecia sem cobrar nada. Por muitas horas preparei e conduzi eventos para grupos abertos ou fechados, iniciantes ou profissionais, sem ser remunerado por isso. Sentia, simplesmente que estava dando uma contribuição importante à sociedade; e me sentia, portanto, moralmente autorizado a entrar em contato com outros profissionais, pedindo-lhes que também trabalhassem conosco sem ganhar nada, por amor à arte. Raramente não tive êxito nesses pedidos.

E, enquanto me envolvia profundamente com a associação, continuava nas minhas atividades como Coordenador dos CQs da Embraer. Por praticamente dez anos, entre 1975 e 1985, acumulei as duas atividades!

O memorável curso de *Controle de Qualidade Industrial* –

Com pouco tempo de vida, a AVCQ começou a apoiar nas empresas a implantação de Círculos de Qualidade. Os dirigentes das empresas nos ouviam falar desses programas e queriam nossa ajuda na implantação. De associação que dava cursos e palestras, passamos, quase sem perceber, a uma associação que também prestava consultoria — sem cobrar nada! Foi dessa forma que me iniciei na consultoria e aprendi o que faz um consultor de empresas!

O carro-chefe da AVCQ era então um curso chamado *Controle de Qualidade Industrial*, dado em dois níveis, com 40 horas de duração cada, ao longo de três semanas, inclusive aos sábados. No Nível 1, o curso focalizava o Controle da Qualidade, com ênfase em processos e ensinando os participantes a trabalharem com as ferramentas da Qualidade e a gerirem processos fabris. No Nível 2 tratava-se da Gestão da Qualidade, abordando-se temas como a liderança nas áreas fabris, a participação dos trabalhadores e a administração de programas de CQ.

O curso era muito procurado, o ministrávamos a turmas seguidas, uma atrás da outra, com fila de espera! Nossos materiais didáticos eram cuidadosamente elaborados e os instrutores eram os gestores de Qualidade das empresas associadas: Embraer, Johnson's, Kodak, Fiel e outras — Cerqueira e Oleg entre eles — colaborando sem remuneração. O sucesso do curso era também um fator a reforçar nosso idealismo e espírito associativo.

Esses mesmos instrutores, sendo gestores de Qualidade em suas empresas, recebiam os participantes, em dado momento do curso, para visitas às suas empresas, onde lhes mostravam na prática, o que havia sido apresentado e discutido nas aulas. Ao final do curso os participantes recebiam certificados. Já com poucas turmas realizadas, esses certificados passaram a ser bastante valorizados: anos depois, reencontrando ex-participantes, vi que tinham ascendido na carreira e constatei que creditavam ao que aprenderam nesse curso uma parcela significativa de seu sucesso!

E o curso era gratuito! Os participantes só pagavam uma pequena taxa inicial pelo material didático e despesas mínimas da associação com o curso. Mas a AVCQ tinha poucas despesas fixas, de qualquer modo: apenas o aluguel de uma sala e o salário de uma secretária, que cuidava de tudo por ali, de receber as pessoas a organizar os materiais didáticos.

O curso de *Controle de Qualidade Industrial* foi copiado e reproduzido por várias das associações que citei acima, e com nossa ajuda. Quando mencionávamos o curso para seus dirigentes, o interesse era imediato, e tínhamos a maior satisfação em lhes passar todas as informações a respeito. Também a

Associação Colombiana de Qualidade, com minha assistência, montou um curso semelhante.

Em 1976, a AVCQ credenciou-se no Conselho Federal de Mão de Obra do Ministério do Trabalho para ministrar treinamentos incentivados pela lei 6297/75. Isso aumentou ainda mais a procura por seus cursos: as empresas interessadas podiam, agora, aproveitar o incentivo fiscal previsto em lei.

Em 1977, chegou meu momento de assumir a presidência da AVCQ. Aceitei a incumbência e logo chamei o próprio Cerqueira para Tesoureiro. Queria continuar dialogando assiduamente com ele sobre os destinos da AVCQ, e a melhor maneira de garantir isso era tê-lo por perto. E ele aceitou.

Ninguém se transforma em consultor de repente –

Muitos consultores ingressam em sua prática ao deixarem o emprego numa empresa, por aposentadoria ou por perderem a posição que ocupavam. Outros decidem desde logo que querem ser consultores, formam-se na faculdade, montam um escritório e começam a oferecer seus serviços. E há também os consultores que se empregam em consultorias já constituídas, ali aprendem a trabalhar e depois se lançam no mercado como autônomos ou com uma microempresa.

São várias as vias de acesso, portanto, a essa *quase profissão* (difícil chamar a consultoria de *profissão*, dado que lhe faltam certos requisitos importantes para receber essa designação). Seja como for, a consultoria tem certas especificidades que seu praticante precisa dominar, para conseguir manter-se fazendo esse trabalho. Ser consultor exige aprendizagem — e não pouca.

Certas competências do consultor são autoevidentes — esse profissional precisa saber: formatar os produtos ou serviços que oferecerá aos clientes, identificar clientes potenciais, formular um discurso convincente sobre as necessidades dos clientes que tais produtos ou serviços atenderão, antecipar possíveis objeções e formular argumentos que respondam a elas, estabelecer preços, prospectar e visitar clientes potenciais, apresentar os produtos e serviços ao cliente, negociar com ele, elaborar propostas e contratos de consultoria, divulgar seus serviços nos canais apropriados, *entregar* com competência os produtos e serviços vendidos, estudar, continuamente estudar, pesquisar e aperfeiçoar sua consultoria, identificar outros bons consultores para serem associados, fazer parcerias, orientar e supervisionar consultores associados na entrega de produtos e serviços, cultivar relacionamentos duradouros com cliente ativos e potenciais...Se pensar um pouco mais, poderei fazer uma lista ainda mais extensa de atividades ou responsabilidades de um consultor.

No entanto, é incrível como muitos profissionais acostumados a ser empregados, em cargos de gestão ou técnicos, acham que podem passar por cima de tudo isso, crendo que sua expertise profissional é suficiente para se lançarem no mercado: acreditam que trabalhar numa empresa e trabalho em consultoria são atividades análogas, extensões *naturais* uma da outra — e que alguém pode *virar* um consultor de imediato, num passe de mágica, quando perde o emprego!

Essa crença é o mais fácil caminho para o fracasso como consultor...Sim, porque a única coisa que um ex-empregado de empresa leva para seu novo trabalho como consultor autônomo é o conhecimento do trabalho que fazia — e que passa agora a oferecer ao mercado. Mesmo vinte ou trinta anos de experiência profissional na empresa não fazem um consultor, assim como não fazem um empresário, mesmo que o conteúdo técnico focalizado numa e noutra atividade seja o mesmo. Na consultoria, agendas, horários, ritmos e *timing* do trabalho, formas de atuar, postura profissional e atitudes, a remuneração do trabalho e uma infinidade de outros aspectos são completamente diferentes do que se têm quando se é empregado numa empresa.

O jeito ideal de aprender um novo ofício –

Quanto a mim, felizmente tive a chance de aprender a ser um consultor participando ativamente desse laboratório que foi a AVCQ, enquanto ainda era empregado da Embraer. Isso não é pouco — na verdade, foi um autêntico privilégio, que poucos têm ou tiveram! Eu fazia, então, treinamentos e consultorias gratuitas para empresas, via AVCQ, em caráter voluntário. E pensava que não deveria mesmo ganhar nada por aquilo, uma vez que já estava sendo remunerado por meu empregador. Do meu ponto de vista, o mais importante era o prazer que eu sentia fazendo isso e minha crença férrea de estar sendo contributivo para a sociedade.

Era assim, a despeito do fato de ocupar nesse trabalho minhas noites e meus fins de semana (sábados, principalmente), horas sem expediente a cumprir na Embraer, horas *minhas*, portanto. Mas, realmente isso não fazia diferença para mim — era um tipo de atitude própria, um modo meu de ser.

Ocasionalmente, também, eu me deslocava da Embraer para a associação ou para uma empresa associada, a fim prestar-lhe alguma ajuda em nome da associação, durante meu expediente normal de trabalho na Embraer. Mas eu só o fazia quando Cerqueira decidia que eu devia fazê-lo, nunca por decisão própria. Tinha consciência da necessidade de ser muito meticuloso e cuidadoso nessa história de manter a transparência em minhas atividades.

Dos convites que recebia para fazer palestras sobre Qualidade, aqueles de que eu mais gostava eram os que vinham das faculdades — de administração, engenharia, psicologia...As escolas frequentemente queriam um membro da AVCQ para uma palestra do tipo, uma aula inaugural, um diálogo com alunos. Eu adorava esses momentos, que lembravam meu trabalho como professor na Escola Delta. E eu atendia a essas demandas com o maior prazer deste mundo, deslocando-me para cumprir essas atividades em São Paulo, cidades do interior e mesmo de outros Estados.

A própria AVCQ era uma entidade ativa e ousada. Por vezes convidávamos professores, consultores ou empresários de outros lugares do Brasil para falarem em nossos eventos. Às vezes isso significava ter de pagar as passagens e a estada do palestrante, quando não seus honorários. Nesse caso, recorríamos às empresas associadas, esperando receber ajuda financeira. Em certa ocasião, trouxemos para conversar com nossos associados ninguém menos que Joseph M. Juran, então o maior especialista vivo da Qualidade nos Estados Unidos.

Um novo amigo e uma grande oportunidade –

Em fins dos anos 1970, um novo personagem – alguém a quem devo muito e que se tornou um grande amigo que cultivo hoje com grande orgulho – surgiu em meu horizonte profissional. Estou me referindo a Yassuo Imai, o empresário brasileiro e japonês que me abriu as portas para o país em que se originaram os CQs e onde pude encontrar os profissionais e as entidades mais representativas no mundo da Qualidade.

Conheci Imai num congresso de que participou em Campinas, reunindo as várias associações de CQ que já existiam no país. Imai inscreveu-se no evento normalmente, como um dos muitos interessados e participou ativamente das sessões, ouvindo, anotando, discutindo. Mas logo se destacou, chamando a atenção por suas observações argutas e suas contribuições precisas e oportunas. Ficou perfeitamente claro que ele não era um participante comum daquele evento — ou de outros que se seguiram e que ele também frequentou —, e sim alguém com algum tipo de interesse ou de envolvimento diferente. Apresentamo-nos um ao outro e conversamos um pouco, trocando ideias.

Imai, então um homem de seus quarenta anos, já tinha feito muita coisa na vida, e bem! Estava voluntariamente encerrando uma carreira de sucesso na publicidade e, não sei bem por que razão, interessava-lhe encontrar outro nicho de mercado em que pudesse aplicar sua criatividade e capacidade de empreender. Assim, tinha chegado ao tema da Qualidade, que lhe pareceu satisfazer aos requisitos que tinha se proposto atender na nova atividade. E ele queria envolver-se com a Qualidade no Brasil e, lógico, com as associações que lidavam com a Qualidade. Por isso estava ali.

Mas Imai não era nenhum iniciante nisso tampouco: de fato, conhecia muito bem o ambiente empresarial japonês e, neste, os movimentos que já se faziam, principalmente nas empresas automotivas — com a Toyota à frente — pela revolução na administração da produção, que depois evoluiu e desdobrou-se no Toyotismo, no TQC/TQM, na filosofia da *produção enxuta*, na Manutenção Preventiva Total. Imai estava perfeitamente sintonizado com o que eram os CQs no Japão e de como eram conduzidos e administrados nesse país. E, bem mais do que isso, ele *conhecia* muito bem a JUSE e seu expoente máximo, Kaoru Ishikawa!

Segundo contou-me depois, enquanto esperava o momento de se definir realmente quanto à nova área de atuação que abraçaria depois da publicidade, Imai aproveitava para desenvolver um ou outro projeto mais pontual. Naquele momento em que nos conhecemos ele estava trabalhando na abertura de novos clientes em potencial para a Japan Airlines, onde atuava como *Public Relation* no Brasil e havia vislumbrado no movimento da Qualidade uma oportunidade: se o movimento brasileiro da Qualidade se robustecesse, mais profissionais brasileiros certamente iriam ao Japão, para conhecer *in loco* as experiências de Qualidade desse país. Por outro lado, a recíproca também era verdadeira: se mais brasileiros fossem ao Japão conhecer o que se fazia lá acerca da Qualidade, então o movimento brasileiro da Qualidade se reforçaria, sem dúvida alguma.

Esse raciocínio circular muito cristalino o levou, segundo afirmou, a fazer-me o convite bastante inusitado que me fez então:

"Por que você não vai ao Japão, visitar a JUSE, conhecer pessoalmente o Ishikawa e visitar empresas japonesas que sejam *benchmarks* em Qualidade?"

Quem não ficaria com os olhos brilhando, ao ouvir uma sugestão dessas? Eu fiquei!

"E como é que vou realizar esse sonho?", perguntei.

"Muito simples", respondeu Imai (para quem os projetos mais ambiciosos sempre parecem ser realmente muito simples e, quando a gente vai ver de fato não eram, mas *ele* os tornou simples). "Você viaja a convite da Japan Airlines e da minha empresa, a IMC!"

Eu não sabia até então, mas ele estava na posição de oferecer-me a passagem de ida e volta ao Japão como cortesia da JAL.

E assim fizemos: conversei com Cerqueira na Embraer — eu ainda era funcionário da empresa, não? — ele concordou e, em 1980, viajei para o Japão. Na primeira semana participei de um Congresso Mundial de Qualidade que então se realizava no país. Nos demais dias, visitei e fiz reuniões na JUSE, ouvi e aprendi muito com Ishikawa e outros membros da associação e visitei empresas em várias cidades japonesas, especialmente Nagoya.

Foi uma experiência incrível: de repente eu estava tendo o privilégio de aprender sobre Qualidade na mais importante e ambiciosa fonte que havia para isso. E traria para o Brasil uma experiência invejável, que me qualificaria, sem sombra de dúvida, como um profissional dessa área capaz de ser um efetivo orientador de empresas e de profissionais daqui, para a implantação de programas de Qualidade, bem como de servir como referência no país todo. Minha gratidão ao Imai por essa oportunidade é algo que jamais deixarei de lembrar.

A UBQ –

Quando retornei ao Brasil, sentia-me diferente: mais fortalecido para exercer alguma liderança efetiva no movimento da Qualidade que se robustecia por aqui; e também para me lançar de fato como um consultor autônomo, conduzindo meus próprios projetos de implantação da Qualidade nas empresas. O primeiro desses dois objetivos eu tratei de perseguir logo de imediato. Quanto ao segundo, eu ainda teria de esperar algum tempo mais antes de me lançar a ele: em 1980, eu ainda tinha muito a fazer na Embraer e também na AVCQ.

O encontro nacional seguinte das associações de CQ realizou-se em Joinville, Santa Catarina, em 1984, patrocinado pela Fundição Tupy, uma empresa que praticava Qualidade, valorizava-a muito e dava muito apoio à associação local. Ali, a partir da sugestão de Imai e com seu providencial aconselhamento, decidimos fundar a União Brasileira dos Círculos da Qualidade. Estávamos entusiasmadíssimos com essa iniciativa, vendo nela um passo decisivo e necessário para ampliar nacionalmente o interesse das empresas pelo Movimento da Qualidade. Fizemos uma discussão exaustiva a respeito, da qual participaram todos os presidentes das associações regionais e estaduais presentes; e ao final desse debate, fui eleito, por aclamação, o presidente dessa recém-criada federação de associações.

Fiquei feliz com a escolha e não pretendo de modo algum negar que queria ter esse papel. Queria-o, e muito! Decidimos também, nesse congresso, substituir a expressão *Controle de Qualidade* por *Qualidade*, denominação mais apropriada para o novo momento que se vivia, em que os Círculos de Qualidade já não eram a única manifestação importante nesse campo, que havia se ampliado muito; e em que o termo *Controle* tornara-se inadequado, uma vez que o que realmente se fazia era *Gestão* da Qualidade.

Por causa disso, nossa nova federação das associações foi posteriormente chamada UBQ e não UBCCQ. Correspondentemente, todas as associações que a tinham formado e estavam ali representadas pelos seus presidentes gradativamente foram mudando seus nomes, incluindo a letra Q onde antes havia as letras CQ.

Quero esclarecer um pouco mais essa questão: em fins dos anos 1970, a sigla TQC - *Total Quality Control* transformou-se, por iniciativa das associações internacionais de Qualidade, em TQM - *Total Quality Management*. Isso aconteceu primeiramente nos Estados Unidos, porque se entendeu que o uso do termo Controle (*control*) decorria de um inconveniente erro de interpretação, já que não se pretendia de fato *controlar ou policiar* a Qualidade, mas sim, *geri-la*. Em função disso, a ASQC - *American Society for Quality Control*, alterou seu nome para ASQ. Nos outros países, as associações nacionais também adotaram em seguida a nova denominação.

A confusão tinha sido criada por uma dificuldade de tradução do conceito, do inglês para o japonês e vice-versa. Nas empresas japonesas as informações sobre defeitos e sobre a qualidade dos produtos e processos costumavam ser repassadas a cada setor e posto de trabalho, ao trabalhador individual, gerando iniciativas destes. Nos Estados Unidos, ao contrário, essas informações eram reunidas e repassadas à administração média e superior da fábrica, gerando decisões vindas de cima, a serem cumpridas pelos trabalhadores.

O que havia nos EUA era portanto o *controle* da Qualidade, e o que se desejava era mudar essa postura. Isso porque esse procedimento não estimulava a atenção e o compromisso do operador da produção com a Qualidade, já que havia alguém de fora cuidando disso. Uma situação corriqueira nas linhas de produção era, por exemplo, a conversa entre dois operários, com um deles constatando que o produto estava saindo com defeito e o outro respondendo: "Não se preocupe que, se estiver não conforme, a inspeção da Qualidade nos avisará". Como se a responsabilidade sobre a qualidade não fosse dele, e sim do departamento da qualidade.

Os japoneses vieram com uma visão completamente diferente: apostaram na educação do trabalhador para interessar-se pela Qualidade, para geri-la. Não devia ser necessário que alguém de fora informasse ao operário como tinha ele feito seu trabalho; ele próprio devia ter a competência desejada para fazer esse julgamento e a autonomia necessária para decidir que estava fazendo certo.

A indústria americana sentiu a necessidade de fazer também essa mudança em sua filosofia de Qualidade, reconhecendo a superioridade da abordagem japonesa. Daí a insistência havida para a adoção do termo *management* em lugar do termo *control.*

Claro que a grande dificuldade não estava na adoção de um novo termo, que sinalizasse uma mudança de filosofia, mas na própria implantação dessa nova filosofia, uma vez que o operário americano — e ocidental de modo geral — não estava preparado para agir como o operário japonês!

Mudando de patamar –

Naquele ano de 1984 eu me sentia pronto para ser um consultor e achava que era o que devia fazer. Meu trabalho na Embraer tinha sido importante, mas eu estava concluindo um ciclo na carreira profissional. Sentia isso. E sentia que provavelmente, também na empresa aconteceriam mudanças importantes, acompanhando a evolução que vinha acontecendo no movimento da Qualidade no Brasil e no mundo.

Cerqueira, que era a alma desse movimento da Qualidade dentro da empresa era agora o Gerente de Desenvolvimento & Treinamento, tendo assumido outras responsabilidades que se somavam àquela que já tinha, como o inspirador e o comandante das ações relativas à Qualidade. Eu mesmo, como Coordenador dos CQs, o tinha acompanhado nessa mudança, passando a fazer parte do time de RH da Embraer, e isso tinha me aproximado muito mais dos métodos e práticas de Gestão de Pessoas nas grandes empresas.

Eu estava agora bem identificado com as atividades de T&D da empresa (ainda não se falava em Educação Corporativa ou Universidade Corporativa). E por força dessa aproximação, eu participava ativamente do que se fazia ali nessa área.

Essas mudanças cada vez mais claramente repercutiam em minha mente, sinalizando que estava se aproximando a hora em que eu deveria fazer uma nova transição de carreira, deixando a Embraer, de que tanto gostava, e sair para o mercado com minha própria consultoria.

Estímulos para isso vinham do próprio mercado. Como presidente da UBQ, eu agora tinha outras preocupações que iam além da vida dentro de uma empresa especifica, e que me chamavam para pensar em termos de uma atuação mais ampla, nacional, com a Qualidade. E mesmo internacional: quase em seguida à minha posse, fui convidado a representar o Brasil no 6º Congresso Latino-Americano de Controle de Qualidade, em Buenos Aires. Era minha primeira experiência como palestrante fora do Brasil, e ela exigia que posicionasse nosso país em termos da Qualidade nas empresas num contexto mais amplo. Passei várias horas pensando no que diria e em como o diria, nesse congresso.

Enfim, agora eu tinha *mudado de patamar* e tinha de corresponder a essa mudança: eu precisava aplicar-me mais, aprender mais, esforçar-me mais para fazer jus às qualificações e competências adicionais que meu novo *status* pedia.

Eventos magníficos –

Imai continuou participando ativamente de nossa associação e de todas as iniciativas relacionadas à Qualidade no Brasil. Na verdade, como previa, ele encontrou na Qualidade o seu novo desafio, e passou a investir nesse campo. Tornamo-nos interlocutores frequentes e amigos, passando a nos ver com frequência. Sempre aprendi muito com ele, que invariavelmente tinha algo a me dizer que apontava caminhos, abria perspectivas ou aguçava meu interesse por novidades.

Sua empresa, a IMC, ampliou suas atividades e começou a enviar missões de estudo de empresários e gestores brasileiros ao Japão, para visitarem empresas desse país e aprenderem com seus métodos e técnicas de Qualidade. Eram as Missões Técnicas ao Japão. Numa dessas ocasiões, Imai convidou-me a colaborar com ele, seguindo com os participantes, ajudando--o a coordená-los e até mesmo, em cada visita feita, falar em nome do grupo aos anfitriões, agradecendo a hospitalidade e a contribuição recebida. Aceitei com alegria e fiz esse papel nessas Missões com o maior interesse: nada contribuiria mais para meu desenvolvimento.

No Brasil, operando com diferentes parceiros, e principalmente na segunda metade da década de 1980, a IMC, empresa de Imai, realizou eventos especializados por tema, com grande número de palestrantes, aos quais compareciam 500, 600 participantes de inúmeras empresas. A cada ano, a IMC realizava pelo menos dois ou três eventos desses, chamados Brasil Training (versando sobre Educação Corporativa), RH Brasil (sobre Recursos Humanos), Qualitech (sobre Qualidade), Logistech (sobre Logística). Tive a oportunidade de ajudá-lo a coordenar alguns desses eventos, selecionando palestrantes e orientando--os quanto a textos e outros materiais que desenvolveriam e quanto à temática que debateriam nas sessões.

A organização das atividades organizadas pela IMC era impressionantemente eficiente, tanto no caso destes eventos quanto das missões ao Japão. Nos mínimos detalhes, cada evento realizado era de altíssima qualidade: no cumprimento dos horários, na informação prestada aos participantes, no atendimento a estes antes, durante e depois do evento, na oferta de materiais didáticos, na prevenção e na correção de eventuais desvios em relação ao previsto. Imai tinha (e tem) um senso de oportunidade e propriedade tão formidável que cada experiência dessas significava, em si mesma, um profundo aprendizado sobre Qualidade. Era um privilégio trabalhar com ele.

Capítulo 18

A Biblioteca

Meu caro VP –

Para ser meu vice-presidente na AVCQ, convidei o João José dos Santos, engenheiro formado no ITA, ali mesmo, em São José dos Campos. Ele era, na época, o assessor da presidência da Engesa.

João José dos Santos, que imediatamente aceitou o convite, era um personagem *sui generis*. Negro, muito magro e alto, tinha quarenta e poucos anos de idade. Tinha dentes muito brancos e perfeitos, que chamavam a atenção, até porque João José estava sempre sorridente. Também chamava a atenção pelo apuro com que se vestia, envergando sempre um terno claro, frequentemente de linho branco, que contrastava com a cor muito escura de sua pele.

Era um *gentleman*, e sua simpatia era irradiante! Tratava a todos com cortesia e solicitude, sempre pronto a dizer algo positivo e dar uma palavrinha de apoio. Conheci-o logo que apareceu pela primeira vez num evento da AVCQ. Ele gostou daquilo e não deixou mais de comparecer. Tornou-se membro assíduo e dos mais contributivos, sempre modesto e discreto.

Na Engesa, a impressão que tínhamos era de um profissional competente, cônscio de suas responsabilidades e de total confiança do Presidente e da Diretoria, o que era essencial numa empresa que atuava num mercado mundial tão nervoso quanto esse dos produtos de defesa.

Nas reuniões da associação era ativo e sempre pronto a colaborar. Conversávamos muito quando nos encontrávamos, isso desde o primeiro dia. Eu gostava de suas observações inteligentes e perspicazes e suas ponderações tão sensatas sobre qualquer assunto que debatíamos.

Mas, infelizmente não pudemos contar com o João José como vice-presidente da associação, dada a tragédia que se abateu sobre sua família: apenas poucos dias depois de ter assumido o cargo, foi acometido por um enfarte fulminante, que o matou.

Não pudemos acreditar na notícia, quando soubemos disso. Não era possível! João José não dava sinal algum de que algo assim pudesse ocorrer: não fumava, não bebia, levava uma vida regrada e era totalmente devotado à família. Pessoalmente senti-me muito abalado com a notícia e demorei dias para me recobrar. Em nossa primeira reunião na AVCQ sem ele, depois do falecimento, o ambiente era ainda de velório.

Como tudo na vida, entretanto, também esse acontecimento foi sendo pouco a pouco assimilado. E eu dava tratos à bola para achar um novo vice-presidente para a associação, quando recebi um telefonema da esposa do João José. Ela queria conversar comigo.

Não nos conhecíamos. Fui até a casa dela, apresentei-me e trocamos algumas palavras comovidas, constrangidos pela situação. Ela queria doar a biblioteca pessoal do marido à AVCQ! Ele tinha uma grande quantidade de volumes, que guardava com o maior apreço e, pelo que dizia a ela sobre a associação, a esposa depreendeu que o marido teria gostado que seus livros ficassem disponíveis na AVCQ para uso dos associados.

Criando uma biblioteca –

Não tínhamos uma biblioteca na associação, na verdade nunca tínhamos pensado nisso. Nossa sede funcionava num conjunto alugado, num prédio comercial de São José dos Campos. Tinha uma sala relativamente espaçosa, com lugar para três ou quatro mesas, uma delas para o presidente e outra para a secretária. Em anexo, uma sala adicional estava equipada com uma mesa de reuniões e cadeiras para sete ou oito pessoas. Não fazíamos cursos ou seminários ali — para isso alugávamos ambientes apropriados em hotéis da região. Mas, uma biblioteca caberia ali: poderíamos usar uma das paredes da sala maior, relativamente ampla, pondo ali umas prateleiras...

Assim, tratei de comprar estantes de aço, que instalamos, preparando o lugar para receber a biblioteca. E, no dia combinado, fui buscar os livros do João José. Eram cerca de cinco mil volumes, bem mais do que eu tinha imaginado! Tive de alugar um veículo de transporte para levar embora tudo aquilo. Na associação, com a ajuda dos carregadores, pusemos as caixas cheias de livros no chão e sobre as mesas.

E, bem, para organizar uma biblioteca, nada melhor do que um bibliotecário! Fui atrás de um e contratei uma professora da Faculdade de Biblioteconomia de Lorena que me haviam indicado e que se dispôs a trabalhar aos sábados classificando os livros. Acertei com ela um preço para o serviço e combinamos que ela trabalharia aos sábados, na própria sede da associação, classificando e arquivando os volumes e preparando as fichas para os empréstimos de livros aos associados.

Ela mesma se encarregou de comprar as fichas de registro, que preencheria usando nossa própria máquina de escrever. A biblioteca funcionaria no período normal de expediente da associação e seria um novo serviço prestado aos associados. Com o tempo, talvez com mais doações, poderíamos ampliar a biblioteca. Nossa secretária faria as vezes de bibliotecária controlando o acesso dos associados aos livros.

Mas.. quem era DE FATO esse homem? –

Tudo acertado, no sábado marcado para início do trabalho encontrei-me com a professora e a levei à associação, deixando-a em meio àquelas caixas todas. Dei meu telefone de casa, para que me contatasse numa eventualidade.

Eu morava no bairro Vista Verde, em São José dos Campos. Fui para casa e, como fazia nas raras vezes em que não tinha trabalho a fazer no sábado, fiquei por ali zanzando, mexendo em várias coisas, papeando com Valéria e as filhas. Almoçamos, resolvi tirar um cochilo após o almoço...e então o telefone tocou. Era a professora:

"Senhor D'Artagnan, o senhor precisa vir aqui à associação. Tenho de lhe mostrar uma coisa importante..."

"Que aconteceu?" Eu não atinava com o que pudesse ser. "É alguma coisa com os livros? Algum problema?"

"É, é com os livros, mas não é bem um problema. Gostaria que o senhor visse com os próprios olhos, porque é uma coisa que o senhor precisa saber desde já."

Intrigado, vesti-me, peguei o carro e me dirigi para lá. Realmente não tinha ideia do que ela podia ter descoberto. Os livros eram sobre temas subversivos? Estariam danificados de alguma forma? O João José não era o proprietário legal deles? O que seria?

Em menos de meia hora estava entrando na sala da AVCQ:

"Que aconteceu?"

Uma pequena parte das estantes já tinha recebido livros, duas ou três caixas tinham sido abertas e estavam vazias. As fichas em branco e as já preenchidas formavam duas pequenas pilhas sobre a mesa de trabalho, junto à máquina de escrever.

"O senhor tem ideia de quem era esse homem!?", ela me perguntou de chofre.

"??????"

"O senhor sabe qual era a formação dele?", insistiu ela.

"Bem, o que sei é que ele era engenheiro formado no ITA! Não era?"

"Bem, acho que era, mas não é o mais importante. Este homem tinha uma sólida formação em ciências humanas e certamente também em ciências físicas, na Europa com certeza, mas possivelmente em outros lugares, nos Estados Unidos, talvez."

"Bem, não tinha ideia de algo assim...Mas, por que a senhora...?"

"Ele falava vários idiomas", ela continuou, como se não tivesse me ouvido. "Com certeza era brasileiro e sua língua era o português, mas falava inglês, francês e espanhol fluentemente...Estou pressentindo que talvez conhecesse outros idiomas mais."

Pelo que ela estava dizendo, comecei a achar que talvez a gente tivesse convivido na associação, com um João José apenas aparente, um personagem, por trás do qual havia outro João José muito mais culto, mais profundo. Mas eu ainda não tinha entendido como é que a professora chegara a essa conclusão.

"Mas, não compreendo...", murmurei.

Ela de novo pareceu não me ouvir. Falava como se tivesse descoberto algo muito importante, que precisava compartilhar comigo. Era como se, por meio dos objetos com os quais se relacionava profissionalmente, que eram a razão de ser de seu trabalho e sua profissão — os livros, as bibliotecas —, ela tivesse tido, ali, uma espécie de epifania: tivesse desvendado um segredo especial ou descoberto um tesouro apreciável o suficiente para demonstrar às pessoas (no caso, eu), quão importante pode ser a contribuição de um bibliotecário para a preservação e o desenvolvimento do saber!

"Pegue um livro desses que já classifiquei", comandou ela. "Qualquer um. Dê uma folheada".

Peguei um livro ao acaso, dos trinta ou quarenta que já estavam postos na estante. Não lembro dos detalhes, mas era um livro de psicologia. Tive de imediato, uma breve sensação de estranhamento: "Um engenheiro lendo psicologia!", ocorreu-me.

Abri o livro e o folheei. Chamou-me desde logo a atenção o fato de que as páginas estavam todas anotadas e grifadas. Grifos cuidadosos, retos, meticulosos, feitos sob as palavras exatas que o leitor tinha desejado ressaltar quando fez o destaque. E, junto a cada grifo desses, ele tinha feito um leve, fino e elegante traço, dirigindo o olhar do leitor da palavra para as margens do texto, onde, com a letra propositalmente miúda e bem desenhada, para ser totalmente legível, fizera anotações pessoais sobre o trecho grifado. Via-se que eram anotações em que dava sua opinião sobre o que o autor tinha dito; ou citava outro autor, concordando ou discordando da afirmação feita no livro!

Folheei várias páginas do livro e o procedimento era semelhante: João José não *lia* o livro: ele o estudava, esmiuçava profundamente, parágrafo por parágrafo, período por período, ideia por ideia! Ele debatia o livro, discutia seu conteúdo com o autor, como se este estivesse sentado à sua frente durante o processo de leitura.

Mas havia algo mais, talvez algo ainda mais fascinante: o livro de psicologia era um original em inglês, de algum autor americano, possivelmente. E as anotações de João José estavam também em inglês, num bom inglês, correto e fluente. Ou seja, o João José não apenas *dialogava* imaginariamente com o autor: ele dialogava com o autor no idioma do autor!

Fiquei em silêncio por uns bons momentos com o livro nas mãos, enquanto a professora me olhava, saboreando a revelação que me fizera, como se me dissesse, também em silêncio: "Não é mesmo? Eu não tinha razão?".

Devolvi o livro à estante e peguei outro, também ao acaso. Tratava-se agora de um livro sobre termodinâmica...escrito em francês! Abri-o e passei os olhos por várias páginas. O mesmo procedimento minucioso de leitura aprofundada estava ali: os grifos, os traços, as anotações e citações nas margens...escritas em francês! Ao final dos capítulos, quando havia sobra de espaço após os parágrafos finais, o João José aproveitava para ali estender ainda mais suas observações, com comentários paralelos e adicionais sobre o que tinha lido nos parágrafos anteriores.

"É realmente fantástico!", murmurei para mim mesmo, com a professora me ouvindo e me olhando com aquela expressão de quem tinha feito uma descoberta de fato importante.

Outros livros seguiam o mesmo padrão. Aquele homem tinha realmente *lido* toda sua biblioteca: não adquirira livros para consulta apenas eventualmente, para dar uma olhada no conteúdo quando precisasse ou para cobrir os conhecimentos principais de alguma especialidade que lhe interessasse e, com absoluta certeza, jamais para impressionar as outras pessoas. Aquele homem encarava os livros como: livros! Como repositórios de conhecimento que davam vida à mentes dos intelectuais (os autores) que os tinham escrito, como obras publicadas para servirem de apoio ao encontro de saberes. Dizem que o bom leitor é aquele que se torna uma espécie de coautor do livro. Pois, o João José radicalizara esta afirmação, levando-a às últimas consequências!

Passamos um tempo ainda conversando sobre o que essa descoberta do verdadeiro João José significava — coisas distintas para ela, uma bibliotecária, e para mim, um administrador: em suas manifestações, ela valorizava o livro e sua condição de repositório do conhecimento; nas minhas, eu lamentava quão pouco tínhamos convivido com um homem que tanto poderia ter-nos ensinado — com a ressalva de que isso só teria acontecido se, além de tê-lo vivo, conosco, ainda tivéssemos tido a oportunidade de fazê-lo abrir-se, revelar quem era de fato; e de ouvi-lo, de lhe perguntar, de absorver um pouco de seu saber. Que pena!

Sua imagem de um sujeito afável e sorridente veio-me à mente várias vezes durante essa conversa com a professora. E em dado momento, comecei talvez a corar, assaltado pela ideia de que todos aqueles sorrisos que o João José dirigia a nós podiam bem ser, no fundo, modos de ele expressar sua ironia pela nossa santa ignorância, estúpidos que éramos perto de tanto saber! Imaginei-me *lendo a mente* do João José enquanto sorria para nós, e lá dentro estava escrito o que aquele sorriso significava: "Seus ignorantes...!".

Mas, logo afastei essa ideia idiota. Com certeza, João José não nos via assim. Pela pessoa que era, nem mesmo admitiria que sabia muito mais do que qualquer um de nós, que interagíamos sempre com ele, na AVCQ. Ele era bom demais para uma forma tão mesquinha de pensar e sentir.

Bem, é desnecessário prolongar estas reflexões, de modo que as encerro. Basta dizer que a professora fez um bom trabalho de montagem de nossa biblioteca que, em poucos meses, estava pronta, já podendo receber os primeiros pedidos de empréstimo de livros.

Tratamos então de inaugurá-la, com uma solenidade em homenagem ao nosso querido João José dos Santos, cujo nome foi dado à biblioteca. Sua foto foi colocada em lugar de honra, junto às estantes de livros e descerrada devidamente nessa solenidade, com a presença de sua esposa e filhos. Foi uma linda cerimônia, na qual, emocionado, falei brevemente sobre nosso amigo e colega. Todos nós ficamos muito tocados naquela ocasião.

Fim da história? Infelizmente, não! O final, preciso dizer, é ainda bastante triste e ocorreu alguns anos depois. Nossa biblioteca existiu e cumpriu um excelente papel por um tempo e, inclusive, ampliou-se com novos livros, produto de outras doações esporádicas. Muitos de nossos associados tomaram livros emprestados dali e beneficiaram-se portanto com a biblioteca.

Descobrimos, aliás, que resgatar de volta os livros emprestados de uma biblioteca pode ser bem mais complicado do que emprestá-los, até mesmo porque os associados da AVCQ não estavam sempre ali, vindos apenas de quando em quando para os eventos que realizávamos. Assim, estou certo de que uma boa parte daqueles livros não chegou a ser devolvida!

Todavia, dado o que aconteceu depois, sinceramente não lamento isso — foi até melhor que vários associados tivessem agido como se não tivessem o compromisso de devolvê-los, tomando posse desses volumes. E, aliás, quero dizer de passagem que quem apanhava na biblioteca da AVCQ um livro que tinha pertencido ao João José, estava na verdade levando para casa *dois* livros: aquele que o autor tinha realmente escrito e aquele que o João José tinha escrito, a respeito do livro original do autor!

O fim da biblioteca –

A questão é que, com a passagem dos anos, depois de um tempo de grande evidência e efetiva contribuição à causa da Qualidade, a AVCQ entrou em declínio. Pouco a pouco, foi perdendo a força, começou a espaçar mais e mais os eventos que realizava, deixou de angariar novos sócios e de crescer, deixou de receber contribuições e doações e o dinheiro disponível começou a ficar mais curto.

Enquanto fui presidente e estive à testa da instituição, ou mesmo depois disso, por alguns anos, isso não aconteceu, felizmente. Mas, tive de ir me afastando, gradativamente, primeiro porque assumi a União Brasileira da Qualidade e já não podia me dedicar à Associação Valeparaibana. Depois, tornei-me profissionalmente um consultor e meus compromissos de trabalho me afastaram cada vez mais da AVCQ.

Mas é preciso considerar que o próprio tema da Qualidade foi pouco a pouco, infelizmente, deixando de ser o único importante na mente dos empresários e dirigentes de empresas — outras questões urgentes e candentes passaram a também preocupar os brasileiros, entre elas, os graves problemas econômicos do País durante o governo Sarney, logo após o fim do ciclo dos governos militares, em 1984. Era difícil então pensar em Qualidade como prioridade, quando o que estava em jogo era a própria sobrevivência.

Assim, a AVCQ foi definhando, por forças das circunstâncias, até que um dia perdeu sua própria sede e passou a existir apenas *pro forma*, no endereço da empresa de contabilidade de um amigo do então presidente, onde a antiga biblioteca João José dos Santos foi confinada num monte de caixas de papelão empilhadas num quartinho de despensa.

Como se esse destino melancólico não fosse suficiente, certo dia o escritório de contabilidade foi totalmente destruído num incêndio! E, dados os evidentes prejuízos de toda ordem que essa empresa teve por conta disso, o que menos preocupou seus donos foi, obviamente, o fato de todos os arquivos, móveis e equipamentos da AVCQ — inclusive sua biblioteca desativada, terem se transformado num monte de cinzas. A única coisa que sobrou de tudo aquilo, ainda assim com a superfície completamente enegrecida pelo fogo, foi um cofre de aço que havia na associação, e que aparecia ainda em pé, em meio às cinzas molhadas do rescaldo. E estava vazio!

Ficam dessa história, a meu ver, dois ensinamentos mais evidentes: o primeiro refere-se à inevitabilidade da perda do conhecimento estabelecido. O conteúdo daqueles livros todos, minuciosamente estudado e anotado pelo João José — e o próprio conteúdo por ele aportado aos livros — foi sendo posto cada vez mais fora de circulação, até perder-se por completo. E, se não o tivesse sido por meio de um incêndio, certamente o teria sido por outra circunstância qualquer. Reflitamos, portanto, sobre a efemeridade do conhecimento: sobre quanto o conhecimento se perde, por mais que tentemos preservá-lo.

O outro ensinamento que o episódio nos traz refere-se à efemeridade das organizações em geral e das associações em particular; especialmente associações como a AVCQ, que defende e procura perenizar um ideal, uma proposta, uma forma de contribuição à sociedade. Elas dependem muito do idealismo das pessoas que estão à sua frente. Quando essas pessoas, por qualquer razão, não mais estão ali, a organização começa a definhar. E se o sucessor do grande idealista que concebeu essa associação é também suficientemente idealista e devotado à causa para mantê-la, o sucessor desse sucessor poderá não o ser. E assim por diante, até que a sobrevivência da instituição comece a ser realmente ameaçada.

Ars longa, vita brevis, dizia Hipócrates: a arte é longa, mas a vida é breve. Ou seja, a arte — a Qualidade — certamente não morreu naquele incêndio; mas a vida da AVCQ, que era quem expressava e cuidava dessa arte, essa sim, virou cinzas.

Capítulo 19

Na Consultoria (I)

No IDORT –

Voltando ao ano de 1984, esse foi um ano histórico em minha vida profissional, também por outra razão: foi quando iniciei abertamente minhas atividades como consultor empresarial autônomo, aproveitando um convite que me foi feito pelo IDORT, de São Paulo. Ótiz Pomin, o superintendente, e Omar Hamam, seu braço direito, perceberam que a Qualidade era o grande tema do momento, e me convidaram para explorá-lo naquela instituição, conduzindo reuniões, palestras e seminários com empresários e dirigentes.

O IDORT infelizmente não existe mais. Depois da saída de Pomin da direção, foi sendo, pouco a pouco, vítima de crescentes mudanças havidas no mercado brasileiro de T&D, com isso enfrentando dificuldades cada vez maiores, até que simplesmente fechou as portas, melancolicamente, em abril de 2014.

O IDORT já foi, entretanto, uma referência nacional das mais importantes. Seus fundadores, em 1931, eram empresários e personalidades políticas do Estado de São Paulo e do Brasil e estavam profundamente antenados com os avanços da Administração Científica do início do século 20 e com as maravilhas que se diziam da Psicotécnica, nome que se dava então à Psicologia do Trabalho, com toda a pesquisa que se fazia na produção de testes psicotécnicos e para a seleção de pessoal. Os fundadores e dirigentes do IDORT estiveram à frente na fundação também da Universidade de São Paulo, na criação do CIESP e da FIESP, bem como do SENAI e do SESI. O IDORT teve portanto, nos primeiros tempos, irmãos e primos dos mais prestigiosos, como ele próprio o era.

Mas na virada das décadas de 1970-80, o IDORT já enfrentava dificuldades: seus cursos abertos já eram menos frequentados e seus trabalhos de consultoria ou de treinamentos *in-company*, menos requisitados — não por que tivessem caído de qualidade, e sim porque o mercado da Educação Corporativa tinha se transformado muito: os cursos de Administração haviam se popularizado e estavam disponíveis por todo o canto, os cursos de pós-graduação em Administração e os MBAs proliferavam como uma moda irresistível e as faculdades tinham descoberto o filão dos cursos *in-company*, roubando uma grande parcela desse mercado das pequenas empresas de consultoria e das agências de T&D, como eram o IDORT, o Management Center do Brasil e várias outras, que abriam, duravam um tempo e logo fechavam as portas.

Nesse contexto, os gestores do IDORT inteligentemente identificaram a Qualidade como a temática do momento, e decidiram criar um núcleo interno para disseminar suas teses e práticas. Para isso, precisavam escolher um profissional da área que estivesse disposto a investir nessa parceria. Assim chegaram a mim.

Aceitei, lógico, com entusiasmo: trabalhar junto a uma organização de prestígio como era aquela e ter nela um parceiro leal que me aproximasse de novos clientes — grandes e pequenas empresas, que estivessem iniciando ou já em estágios mais avançados de desenvolvimento da Qualidade — era algo que falava diretamente aos planos de me lançar como um consultor de empresas nessa área.

Assim iniciei, ainda no primeiro semestre de 1984, um trabalho como parceiro do IDORT — que requereu de mim, devo dizer, um enorme investimento em energia e esforço. Sim, porque nos primeiros meses, quando eu ainda trabalhava para a Embraer, dando nesta empresa meu expediente normal, durante o dia todo, eu usava todas as minhas noites também para trabalhar: duas vezes por semana, dava aulas na Faculdade de Engenharia de Lorena e, nas três noites restantes da semana útil, saía da Embraer pouco antes das seis horas da tarde, e dirigia meu carro até o centro de São Paulo, onde ficava o IDORT (na praça Dom José Gaspar, junto à Biblioteca Municipal, para quem conhece a cidade). Chegava pelas 19h30 e iniciava imediatamente um período de reuniões com empresários e dirigentes de empresas ávidos por saber mais sobre Qualidade e sobre Círculos de Qualidade, aos quais eu discorria sobre esses temas e fazia recomendações sobre como agir a respeito em suas organizações. Por vezes, minhas reuniões eram sessões de *coaching* com o proprietário, o diretor industrial, o gerente de Qualidade ou de RH de uma empresa, à qual prestava ajuda na forma de aconselhamento ou orientação técnica.

Esse tipo de trabalho, embora estafante, funcionava, dava resultados — querendo isto dizer que frequentemente esses profissionais se sentiam seduzidos pelo que eu os aconselhava a fazer e queriam mais: queriam minha ajuda, por meio do IDORT, para a implantação dos programas de Qualidade de que eu lhes falava nessas sessões. E isso gerava mais trabalho para mim, que via de regra não tinha condições de atender, a menos que o fizesse nos fins de semana, aos sábados, e por vezes aos domingos!

Longe da família! –

Não preciso lembrar que, além de tudo isso, eu ainda tinha atividades na UBQ, tendo atribuições a cumprir e responsabilidades a atender como dirigente da associação. Basicamente, eu supria esse outro cargo nos momentos em que podia fazê-lo, nos breves momentos livres aqui e ali, interstícios de minhas outras atividades de Coordenador dos CQs da Embraer, de professor da Faculdade de Engenharia de Lorena e de consultor de empresas na área da Qualidade, dentro (e cada vez mais também fora) da parceria com o IDORT.

Em termos muito simples, eu estava constantemente fora de casa aos sábados e domingos, conduzindo seminários sobre Qualidade a gestores e técnicos de empresas industriais e outras, na região do Vale do Paraíba, em São Paulo/Capital, em outras regiões do interior de São Paulo e, cada vez mais, em outros Estados da Federação.

Dito também em termos muito simples, meu contato com a família — Valéria e as duas filhas ainda pequenas —, a partir de 1984, se resumia quase exclusivamente, às noites: eu chegava em casa lá pelas 11h30 ou meia-noite, tendo de me levantar pelas 6 da manhã no dia seguinte, para mais um dia intenso desse tipo.

Voltarei mais adiante a essa questão de meu pobre relacionamento com a família, por força desse violento regime de trabalho que me impus nessa época. Por ora, penso que preciso ainda concentrar-me um pouco mais no relato sobre minhas atividades profissionais propriamente ditas:

Eu tinha de parar com alguma dessas muitas coisas que fazia — e a única solução que me parecia viável era deixar a Embraer, por mais que amasse a empresa e me sentisse profundamente identificado com ela. Tomei essa decisão, mas antes de pô-la em prática, fui me aconselhar com a única pessoa com quem achei que teria, justiça seja feita, de fazer isso: minha mulher, Valéria. Coloquei-lhe o problema claramente e a decisão que estava prestes a pôr em prática — e ela, que sabia perfeitamente do que eu estava falando, pois era parte diretamente interessada, apoiou-me integralmente.

Basicamente, ela me disse que, bem da verdade, eu já não parava mesmo em casa, trabalhando o tempo todo. Reconheceu que havia méritos nisso, pois eu entendia o trabalho como minha forma pessoal mais importante de contribuir para a família. Ela acreditava nisso, embora visse também prejuízos para minha relação com as filhas, que estava sendo bastante afetada. Entretanto, compreendia minha situação e estaria sempre me dando retaguarda — eu podia confiar plenamente nisso, como tinha sido em já tantos anos anteriores. De qualquer maneira, ela ponderou comigo, minha saída da Embraer até mesmo poderia permitir que eu tratasse um pouco melhor esse meu relacionamento com a família, já que poderia estar em casa, ocasionalmente, em momento nos quais não estivesse trabalhando num cliente ou em que estivesse desenvolvendo projetos, estudos, propostas. Enfim, minha saída da Embraer me proporcionaria alguma melhor chance de parar um pouquinho mais em casa...!

Despedindo-me da Embraer –

E então, deixei a Embraer! Com pesar, com um pedido de demissão emocionado ao Cerqueira e com a promessa sincera de parte a parte de não perdermos o contato e estreitarmos nosso relacionamento de amizade, agora fora do dia da dia de trabalho na empresa. E saí deixando ali muitos outros amigos, que mantive por muitos anos após e ainda mantenho.

Mesmo assim, meu contato com a Embraer era suficientemente forte para que eu não me afastasse totalmente. Continuei tendo frequentes encontros com o Cerqueira na AVQ e fora dela, assim como visitando e mesmo trabalhando para a Embraer, ainda que não fosse mais empregado.

Por exemplo, havia um curso de 8 horas de duração (um dia integral) que eu ministrava ocasionalmente lá e que continuei a realizar ainda por algum tempo. O curso chamava-se *Conscientização sobre o manuseio da carga explosiva do assento ejetável do avião Xavante*!

Para que isso não pareça exótico demais ao leitor, devo explicar: o Xavante (MB-326) era uma aeronave monomotora a jato, destinada ao treinamento militar, fabricada pela Embraer, mediante licença da Aermacchi, uma companhia italiana detentora do projeto original, existente desde 1957. A Aermacchi havia licenciado a aeronave para três países: a Austrália e a África do Sul e o Brasil. Constatando que, por essa época, vários modelos de caças supersônicos entravam no mercado mundial, os projetistas italianos perceberam o potencial que havia para a oferta de uma típica aeronave de treinamento que permitisse a conversão operacional dos pilotos para os novos caças. A Cessna e a Boeing também tinham aeronaves similares, mas a Embraer, interessada nesse mercado, preferiu o MB-326 da Aermacchi, que no Brasil recebeu o nome de Xavante.

Na Embraer, as equipes de operários que montavam o Xavante precisavam entender perfeitamente as peculiaridades de cada sistema presente na aeronave, e um desses era o sistema de ejeção do assento do piloto. Falando não tecnicamente, em termos bem simples, o assento do piloto tem uma carga explosiva embaixo, que ele aciona se numa eventualidade tiver de ejetar-se, com o assento, para fora do avião. Acionando a carga explosiva, esta detona e projeta o assento e o piloto para cima, lançando-o para fora do avião. O assento então se solta e o piloto, já equipado com um paraquedas, pode pousar são e salvo (é o que se espera), no solo.

Eu passava um dia inteiro explicando e mostrando em desenhos e no equipamento propriamente dito esse sistema para as equipes de trabalho que construíam o avião. Tinha enorme prazer em dar esse curso, pois ele me permitia rememorar conhecimentos muito particulares, obtidos em minha estada na Broca Meireles, em meu curso de Química em Itajubá e nos meus estágios na Fábrica Presidente Vargas.

Quando deixei a Embraer, Cerqueira revelou-me que não tinha ninguém para me substituir como instrutor desse curso. Procurei tranquilizá-lo:

"Não se preocupe. Mantenha a programação das turmas que eu virei dar o curso nas datas previstas no calendário."

"Não tenho verba no orçamento para lhe pagar", respondeu Cerqueira, que era sempre muito direto nessas coisas.

"Não precisa me pagar nada", respondi. "Tenho o maior prazer em vir e dar o curso como sempre."

Eu estava sendo absolutamente sincero naquilo. Receber pelo trabalho, naquele caso, era o que tinha menos importância para mim!

Mas, lancei-me de corpo e alma na consultoria. E minhas chances de permanecer um pouco mais em casa rapidamente esvaneceram: tendo deixado a Embraer, eu ficava aparentemente (mas apenas aparentemente) com tempo disponível para me dedicar mais à família, já que o trabalho de um consultor autônomo pode, em boa medida, ser feito em casa mesmo, desde que se disponha de um escritório razoavelmente equipado. Mas, que nada: o trabalho continuou me absorvendo inteiramente!

O consenso mais ou menos estabelecido sobre a vida de um consultor autônomo diz o seguinte: o dia tem 24 horas, que devem ser usadas da seguinte forma: um terço trabalhando, um terço dormindo e um terço em atividades pessoais, lazer e relacionamentos com a família, amigos etc. Daquele primeiro terço (8 horas diárias, 56 horas semanais, 280 mensais, 3.024 horas anuais), o consultor deveria dedicar um terço do tempo atendendo clientes, em trabalho gerador de renda; um terço fazendo *marketing* e vendas (isto é, contatando clientes em potencial, divulgando seu trabalho, negociando, elaborando e enviando propostas aos interessados); e o terço final refletindo sobre suas competências, estudando e aprofundando sua expertise. Se atender a essa regra, provavelmente terá um perfeito equilíbrio entre sua vida pessoal e familiar, de um lado, e sua vida profissional de outro.

Mas peço que me apontem um consultor (um só que seja) que consiga fazer isso! A experiência mostra que, como também é regra que consultor não enjeita trabalho, ele faz crescer ao máximo o tempo usado para gerar renda (ministrando seminários, prestando consultoria etc.), com isso invadindo o tempo que deveria destinar a fazer *marketing*. Com pouco tempo para isso, ele acaba invadindo também o tempo destinado a estudo e aprofundamento de seus conhecimentos. E, finalmente, dispondo de pouco tempo para isso, invade com essas atividades o tempo de descanso, lazer e convívio com a família e amigos.

Na Colômbia –

Em 1984, quando fui a Buenos Aires para o Congresso Latino-Americano de Controle de Qualidade, recebi um convite para conduzir um seminário e contribuir com minha experiência para a consolidação da Associação Colombiana de Qualidade. E fui a Bogotá para esse compromisso, inaugurando com ele uma série de viagens para esse país, que rapidamente preencheram meu tempo com tantos compromissos de trabalho que, do ponto de vista prático, nada mudou quanto ao desequilíbrio que antes havia entre meu tempo dedicado à família e ao trabalho.

Logo eu estava viajando para a Colômbia praticamente todo mês, passando fora do país pelo menos dez, quinze dias, em cada viagem dessas. Fui muito a Bogotá, por vezes a Cali, Medellín, Barranquilla, Cartagena, Bucaramanga (a chamada *cidade dos parques*). Tornei-me uma figura conhecida dos consultores locais ligados à Qualidade e também de empresários colombianos. Frequentemente participava de eventos na Associação Colombiana de Qualidade, que prezava meu trabalho e convidava-me. Penso que ajudei a associação a fazer um bom trabalho e a expandir-se no país, e tenho orgulho disso.

Na Colômbia, trabalhei bastante na indústria petrolífera, onde realizei seminários frequentes e ajudei na implantação de Projetos de Qualidade. Mas meu cliente mais assíduo foi uma empresa têxtil com fábricas em Barranquilla, Bucaramanga, Bogotá e outras cidades, a Hilanderías Del Fonce. O principal produto dessa empresa eram os *empaques de fique*, sacos para embalagem de café para exportação, feitos com fios tecidos com as folhas dessa planta, o *fique*, mais ou menos como fazemos no Brasil com o fio elaborado a partir das folhas de babaçu, juta ou outros vegetais. O *fique* é uma planta típica de regiões temperadas, abundante em vários países, como Colômbia, Equador, México e Venezuela, mas inexistente no Brasil.

A Del Fonce era uma grande empresa colombiana, na época, quando o país disputava com o Brasil a posição principal exportador de café do mundo. Ela tinha então uma administração moderna, que primava pela qualidade dos produtos e processos, razão por que era uma das empresas daquele país que mais investia em Qualidade. Anos depois, com o declínio do café como produto de exportação, também a Del Fonce entrou em certo declínio.

Com essa experiência, depois de um tempo eu já tinha feito um claríssimo *upgrade* em minha competência linguística: já tinha ultrapassado o estágio do *portunhol*; agora se podia dizer que eu falava mesmo espanhol, ainda que com algum sotaque. Bem, pelo menos, meus interlocutores locais *achavam* que eu falava. Até diziam que eu tinha sotaque chileno, o que me causava estranheza, pois não tenho a menor ideia das peculiaridades da pronúncia do espanhol pelos chilenos. Hoje, já não tenho a mesma desenvoltura daquela época nesse idioma, é claro, por falta de prática. Talvez se praticar um pouco, algo daquilo retorne...

Eu tratava de me aplicar na oferta de um serviço que fosse o melhor possível aos meus clientes. O material didático que eu usava na Colômbia (e o que usei em outros países de fala hispânica em que também estive trabalhando, como Peru, Venezuela, Argentina), estava todo traduzido para o espanhol, a fim de não causar dificuldades para meus treinandos. Os textos, as transparências que eu produzia, tudo que fosse possível, eu apresentava no idioma deles. Isso pegava muitíssimo bem, dava conforto aos meus clientes e fazia-os confiarem muito mais em mim. Parecia-me tão pouco, até tão natural fazer isso; e no entanto os benefícios dessa providência, para mim, eram enormes.

Em dado momento tive a grande revelação de que eu de fato *falava* espanhol: numa manhã de domingo, em Bogotá, saí do Hotel Cosmos, onde costumava me hospedar, e fui à igreja, como sempre faço no Brasil ou onde quer que esteja. Não sou de ir à Missa aos domingos, mas gosto de frequentar a igreja, especialmente num momento em que não haja uma cerimônia em andamento, quando ninguém, ou pelo menos pouca gente, estiver por lá. Então, sento-me e medito ou faço uma oração, numa espécie de *conversa privada* com Ele, o Grande Arquiteto do Universo.

Foi o que fiz naquele dia, em Bogotá. Em dado momento, me peguei rindo, quase que de maneira audível para quem estivesse um pouco mais perto de mim! É que percebi que, sem ter consciência disso, eu estava rezando...em espanhol! Essa constatação foi, para mim, a prova definitiva de que eu já pensava no idioma local — requisito que julgo essencial para ser fluente num outro idioma.

Por outro lado, nunca consegui falar nada em *Quechua*, um dialeto que me deixava muito curioso, por seus sons parecidos com os do japonês. Em Bucaramanga, por exemplo, tive contato com muitos profissionais da Qualidade, gerentes e técnicos de empresas que falavam esse idioma quando estavam juntos. Mas eram respeitosos e falavam em espanhol quando estavam na minha presença, não me desqualificando.

Sim, conheci Ishikawa! –

Em 1985, durante a Convenção Latino-Americana dos Círculos da Qualidade realizada em Cartagena na Colômbia, tive o privilégio de conviver por alguns dias com Kaoru Ishikawa, aprendendo um pouco mais sobre ele fora dos ambientes estritamente profissionais. Ishikawa era então, provavelmente, o mais ilustre dos participantes, mas, de qualquer forma, um palestrante convidado como eu próprio.

Lembro-me do silêncio e da atenção que sua fala, no grande palco do evento, produziu na plateia. Todos o olhavam e ouviam com reverência, com grande respeito, enquanto ele desenvolvia suas ideias. Ele falava em japonês, com tradução simultânea para os presentes, em espanhol e inglês.

Apresentei-me no mesmo palco logo depois dele, e lembro-me de como me preocupei com a desvantagem que eu levaria com a inevitável comparação. Mas, surpreendi-me, pois essa comparação simplesmente não existiu: os participantes apreciaram minha fala e ofereceram-me muito carinho — eu já era *um deles*, de tantas vezes que tinha ido à Colômbia desenvolver seminários e palestras sobre Qualidade.

Todos no mesmo hotel, Imai (que estava lá e conhecia bem Ishikawa) sugeriu que convidássemos o mestre japonês para um jantar num restaurante da cidade. E assim fizemos. Lembro-me de ter tirado fotos com Ishikawa, caminhando pela rua em trajes informais (o que era raro com Ishikawa, que estava sempre vestido com apuro, de terno e gravata).

A propósito, muitos anos depois, quando fiz uma palestra para alunos das Faculdades Anhembi-Morumbi, em São Paulo, fiz menção casual a essa ocasião e notei que alguns estudantes que me ouviam pareciam duvidar, achando que eu estava me vangloriando de algo que não tinha realmente acontecido. Quando, após a palestra, alguns desses alunos vieram me contatar, percebi que tinha percebido certo: Ishikawa parecia para eles um personagem tão mítico, tão distante, que seria simplesmente impossível que esse sujeito que estava ali, falando com eles tivesse privado da companhia do mestre japonês em carne e osso. Era um pouco como se alguém dissesse que trocou cartões de visita com Hitler, ou tomou café com Einstein, coisas desse tipo.

Ri da descrença deles. E lhes mostrei uma foto que, por puro acaso, tinha em meu computador, na qual Ishikawa e eu estávamos, sorrindo, trocando nossas canequinhas de saquê num evento: eu tinha assinado a canequinha dele e ele, a minha! Os alunos se mostraram impressionados; e eu me diverti com aquilo!

Ishikawa veio várias vezes ao Brasil, participar de eventos. Depois de Cartagena, ainda esteve por uma ou duas vezes entre nós. Numa delas, foi a Belo Horizonte participar de um evento no exuberante Centro de Convenções Minas Centro, onde falou para uns 400 empresários e dirigentes, como o brilhantismo de sempre. Estava com seus 70 anos de idade, mas seguramente parecia mais velho, talvez porque fumava muito: Ishikawa, de fato, nunca abandonava seu cigarrinho, que acendia com uma frequência preocupante. Desta vez, tinha vindo acompanhado da mulher, uma senhora japonesa magrinha, miúda, muito séria e silenciosa.

No intervalo da manhã, após sua fala, estávamos, Ishikawa e eu, junto à mesa posta para o *coffee-break*, tentando beber um suco, cercados de pessoas que queriam uma palavrinha mais da parte dele, quando um sujeito grandão, meio espalhafatoso, abriu caminho empurrando todo mundo e se acercou do mestre.

"Queremos contratá-lo!", foi dizendo. "Sou assessor do presidente da empresa X, e queremos que o senhor vá fazer uma palestra para todos os nossos diretores e gerentes!"

Ishikawa olhou-o em silêncio, sem se mover.

"Quero saber quanto o senhor cobra", acrescentou o homem, de maneira completamente inconveniente para a ocasião. E, como Ishikawa ainda não tivesse aberto a boca, ele disparou mais uma: "Queremos que o senhor explique aos nossos diretores a importância da Qualidade!".

Dessa vez Ishikawa não resistiu. Ele também sabia ser tão irônico quanto um ocidental, quando queria.

"Como assim?", perguntou. "Eles ainda *não sabem* a importância da Qualidade!?"

A essa resposta o homem ficou totalmente desconcertado. Titubeou, disse uma resposta qualquer e depois tratou de se servir de um cafezinho, já que estava ali mesmo. Tinha desistido da ideia de negociar a tal palestra com Ishikawa, certamente percebendo que não era o local nem a hora para isso.

Nesse mesmo evento, pedi no dia seguinte a Ishikawa que permitisse que eu o entrevistasse para um vídeo. Eu queria usar esse vídeo em eventos da Associação Valeparaibana. E ele, sem dificuldade, aceitou. Estávamos ambos no Hotel Del Rey, em Belo Horizonte, e logo após o encerramento das atividades do dia, armei o serviço de gravação que havia contratado e o instalamos num canto da recepção do hotel preparada para essa finalidade. Pelas seis e meia ou sete horas da noite, postamo-nos, Ishikawa e eu, lado a lado, para a entrevista, com o Mário Nishimura, que trabalhava com Imai, entre nós, servindo de intérprete.

Eu tinha uma lista de umas quinze perguntas, mas logo que fiz a primeira delas e Ishikawa começou a responder, o *cameraman* nos interrompeu, porque a iluminação não estava boa, algo assim. A pergunta foi repetida, e nova interrupção foi feita, porque eu tinha pigarreado antes de falar. E assim por diante: várias interrupções foram feitas, de modo que depois de uma hora, não tínhamos conseguido passar da primeira pergunta.

Fiquei preocupado com isso, porque pensava que Ishikawa já não parecia ter tanta saúde, sendo inconveniente submetê-lo a tudo isso. Ademais, ele fumava muito mais do que seria recomendável, o que aumentava minha preocupação. Decidi então encerrar a entrevista na primeira pergunta mesmo, desistindo das demais — embora ele protestasse e insistisse que queria responder a todas elas! Ishikawa era mesmo surpreendente.

Para tornar minha preocupação ainda maior, Imai, que também estava no evento, nos convidou para jantar fora e, já pelas nove horas da noite, fomos a um restaurante da cidade, Imai, Mário, eu, Ishikawa e a esposa. Lá, comemos, bebemos, conversamos muito (e Ishikawa fumou muito também), ao ponto de só chegarmos de volta ao hotel após a meia noite!

Senti-me profundamente culpado, naquela noite, por termos submetido o mestre a essa maratona! Às seis e meia da manhã, portanto tendo dormido muito pouco, levantei-me e me dirigi ao salão de café do Del Rey onde encontrei...Ishikawa e a esposa, tomando o seu *breakfast*! Foi uma grande surpresa. E ele não me pareceu, em absoluto, apresentar qualquer sinal de que tivesse se excedido na noite anterior!

Ele tinha, portanto, um bom nível de resistência ao cansaço e talvez ao estresse. Mas nunca falou-me sobre isso, nem me deu qualquer dica sobre se praticaria ou não algum tipo de meditação ou mentalização para manter-se bem.

Concretamente, Ishikawa faleceu no Japão, em 16 de abril de 1989, vitima de um aneurisma cerebral. Nascido em julho de 1915, ia fazer 74 anos dali a dois meses. Morreu, portanto, cedo demais — poderia ter vivido por mais alguns anos pelo menos, especialmente considerando que era cidadão de um país conhecido pela longevidade de seus habitantes.

Capítulo 20

Na Consultoria (II)

Em Barrancabermeja –

Fiquei por uns quatro anos, se tanto, viajando costumeiramente para a Colômbia, sem deixar de fazer treinamentos e consultoria no Brasil. Uma das experiências mais interessantes que tive por lá foi numa viagem a Barrancabermeja, então uma pequena localidade às margens do rio Magdalena, na parte ocidental do departamento de Santander. Fica a cem quilômetros de Bucaramanga e é hoje uma cidade grande, a maior da região do médio Magdalena e a capital da província de Mares.

Em Barrancabermeja estava a mais importante refinaria de petróleo da Colômbia. Eu acabara de realizar um seminário sobre Qualidade em Bogotá, quando os dirigentes da companhia de petróleo colombiana me procuraram e pediram que fosse realizar outro para os gerentes daquela refinaria. Aceitei com prazer, era um lugar distante e até certo ponto inóspito, aonde eu nunca tinha ido. Essas eram razões suficientes para despertar meu espírito de aventura.

Puseram-me num aviãozinho particular, de seis lugares, e me levaram para lá, sobrevoando por quase duas a densa Floresta Amazônica. A visão daquilo é impressionante e a viagem por ali parece interminável, principalmente pelos pensamentos que lhe passam pela cabeça se você ficar olhando muito para baixo! Ali entendi porque, durante muito tempo, a Amazônia foi apelidada de *Inferno Verde*.

Descemos num campo de pouso de terra, cercado de mata, com uma casinha de madeira minúscula localizada num ponto da lateral da pista, com uma biruta solitária girando no alto de uma vareta. Ninguém por ali, absolutamente ninguém.

O aviãozinho taxiou e aproximou-se da cabana de madeira. Parou, a porta de abriu. Desci e ao pé da escada olhei à minha volta. Só mata. Ninguém tinha aparecida ainda. O piloto e o copiloto também desembarcaram e ficaram por ali, calados, olhando também, sem nenhuma expressão no olhar.

Tive a impressão momentânea de que aquilo tinha sido uma cruel pegadinha, uma espécie de brincadeira de mau gosto. Dei uma olhada entre ansiosa e inquiridora para os dois aeronautas ao meu lado. Nenhuma manifestação.

Perscrutando a paisagem, pude notar que lá longe, no extremo da pista, uma minúscula e quase imperceptível abertura denunciava haver nesse ponto o início de alguma estradinha, que provavelmente devia ir mata adentro! Mas nada mais havia ali, nenhum sinal de alguém chegando.

Esperamos por um bom tempo, penso que por quinze ou vinte minutos que, como se costuma dizer nessas circunstâncias, *pareceram uma eternidade*. Nada, nenhuma viva alma, nenhum movimento.

"Será que...?" tentei dizer alguma coisa aos pilotos.

"*En poco tiempo tendremos de irmos...*", me advertiram.

Pensei que não! Eu jamais os deixaria ir me largando ali, naquele lugar. Pois eu não tinha a mais leve ideia de onde estava e, depois de tanto tempo de espera sem que ninguém viesse me resgatar, eu tinha absoluta certeza de que embarcaria de novo no avião e voltaria para Bogotá com eles, se seu tempo programado de espera terminasse.

Mas felizmente não foi necessário. Meia hora depois de nossa chegada, um carro apontou na abertura da mata no extremo da pista e se aproximou. Era um Citroën antigo. Parou junto à casinha de madeira, o motorista solitário desceu e olhou-me.

Tinha vindo me buscar, finalmente. Olhei para os pilotos, que confirmam com um leve meneio de cabeça.

"*Volvemos en cinco días*", me dizem e embarcam.

"Cinco dias!", pensei. "Vou ficar aqui por cinco dias! E, a propósito, onde é *aqui*? Para onde vou agora, aonde esse sujeito vai me levar?"

Embarquei no Citroën, ao lado do motorista. Ele tinha uma cara de poucos amigos, nada me disse, nada perguntou. Também mantive o silêncio, apenas observando por onde ele dirigia o veículo.

Chegamos à cidadezinha modesta de Barrancabermeja, onde o motorista me deixou numa casa toda construída em madeira. Era o hotel. Fazia um calor horroroso e eu estava todo suado, um pouco mais aliviado por ter finalmente chegado a algum lugar!

Entrei, registrei-me, alojei-me, tomei um banho, troquei de roupa e procurei algo para comer. Já era o horário do jantar e me dirigi para o restaurante. Ali encontrei, para minha enorme surpresa, o André Bertin, da área Comercial da...Embraer!

Não sei se a surpresa dele foi maior que a minha. E não sei se meu sentimento de surpresa foi maior que o de satisfação por achar finalmente uma cara conhecida. André não era propriamente alguém que me fosse próximo naquela época, mas sem dúvida eu o conhecia da Embraer e tinha cruzado ocasionalmente, e até mesmo trocado algumas palavras com ele, ao longo dos anos anteriores. Mas jamais esperaria ter contato com alguém daquela empresa em que eu trabalhara, e da qual tanto gostava, num lugar tão distante e tão inóspito quanto aquele.

Nem disfarçamos o prazer de nos encontrarmos. André tinha ido a Barrancabermeja na expectativa de negociar com clientes potenciais locais, empresários colombianos da região que aparentemente estariam interessados em adquirir uma aeronave da Embraer. Àquela altura, ele já deveria ter ido embora de Barrancabermeja — de fato, deveria ter embarcado naquele avião em que eu chegara. Acontece que perdeu o voo, por um atraso havido nos seus contatos ou coisa parecida.

Quando me contou isso, imaginei que, se o voo para este lugar e de volta acontecia somente a cada cinco dias, então André já devia estar, a essa altura, com perdão da palavra, *de saco cheio* de permanecer naquele fim de mundo, sem ter absolutamente nada que fazer! E ele ficaria ainda cinco dias mais!

Para encurtar a história, conduzi meu seminário, que foi muito bem por sinal, e tive um tempo enorme disponível para papear com o André — e ele comigo —, até o dia da nova chegada do aviãozinho e nossa partida para Bogotá, onde nos despedimos. À partir daí ficamos amigos, amigos de verdade, de mantermos contatos de quando em quando.

Poucos anos depois tive a oportunidade de trabalhar no Peru, também com seminários sobre Qualidade para dirigentes de empresas, convidado pelo Instituto Brasil-Peru, que era dirigido pelo...André Bertin, que a essa altura já não estava mais trabalhando para a Embraer. André faleceu há alguns anos, num trágico acidente de avião o qual pilotava. Era uma pessoa a quem eu sempre nutri uma admiração muito especial.

Trabalhando em pleno voo –

Minhas viagens constantes ao exterior não substituíram meu trabalho no Brasil como consultor de Qualidade. Bem ao contrário, eu continuava sendo cada vez mais solicitado por empresas daqui, para seminários e projetos de consultoria. A segunda metade dos anos 1980 foi, aliás, o período mais intenso de que me lembro, em termos de atividades profissionais: foi quando eu mais desenvolvi trabalhos de consultoria, aqui e no exterior.

Entretanto, eu gostava de viajar, sentia-me bem a bordo de um avião e não me perturbava em ficar horas e horas no ar. Na verdade, aproveitava esse tempo para várias coisas, até mesmo para descansar. Durante os voos eu preparava material didático, elaborava propostas, lia e estudava relatórios de empresas clientes para cujos problemas devia apresentar algum tipo de solução...Eu trabalhava bastante dentro de um avião, fazendo coisas que, em terra, não me era tão fácil realizar.

Sempre fui, aliás, muito ordeiro e organizado. Tinha controles bastante eficientes de tudo que fazia, como aliás deve ser mesmo no caso de quem presta consultoria sobre Qualidade. Eu tinha registros precisos, por exemplo, de minhas horas trabalhadas, por empresa, por mês; sabia dizer prontamente até mesmo quanto dinheiro tinha rendido minha hora de trabalho a cada mês.

Carências na administração do tempo –

Mas, dada a exiguidade do tempo, sempre aproveitei ao máximo minhas horas, esticando tanto quanto possível o tempo disponível. Fazia o possível para chegar ao aeroporto o mais próximo possível da hora do embarque, para não ter de ficar esperando muito tempo pela chamada, com o que, obviamente, eu corria o risco de um imprevisto trazer-me problemas, por exemplo, um congestionamento inesperado de trânsito a caminho do aeroporto ou a necessidade de estender na última hora o tempo de trabalho num cliente.

Não prevendo tempos adicionais em meus compromissos, houve ocasião em que perdi o voo programado e me vi em dificuldades. Normalmente conseguia tomar o voo seguinte e resolver a questão, felizmente. Mas, certamente, essa atitude trazia ao meu dia a dia tensões indesejadas, que eu deveria evitar.

Em dada ocasião, algo sério ocorreu: devia viajar de São Paulo para Curitiba e perdi meu voo, que por sinal era o último daquele dia. E eu não podia deixar de ir — tinha cerca de quinze ou vinte gerentes de uma empresa me esperando no hotel naquela cidade, para um seminário. Que fazer? Lembro-me que naquela noite eu me senti especialmente ansioso com esse fato, talvez mais do que em outras ocasiões. E isso influenciou de algum modo minha capacidade de decidir, porque a solução mais simples teria sido alugar um táxi e viajar durante a noite para lá, pagando um pouco mais do que o preço da viagem, é claro. Essa solução seria razoavelmente satisfatória, porque eu poderia ir dormindo no banco de trás e chegaria a Curitiba em boas condições de começar o seminário.

Mas naquela noite não consegui refletir direito sobre a situação e, tomado por uma ansiedade maior que a normal, aluguei não um táxi, mas um táxi aéreo! E viajei dessa forma para Curitiba, chegando lá em pouco tempo, mas a um custo muitíssimo mais elevado, pelo menos 20% maior do que o próprio dinheiro que eu iria ganhar pelo seminário que conduziria. Nos dias seguintes refleti muito sobre essa decisão, perguntando-me por que razão eu me sentia tão profundamente responsável por fazer tudo sempre muito corretamente, mas frequentemente criava situações complicadas para mim mesmo, nas quais corria o risco de cometer erros...

Mas, minha consultoria ia *de vento em popa*! Por um lado, isso era auspicioso. Por outro, me mantinha distante da família — e embora Valéria nunca tenha protestado abertamente contra isso, eu a conhecia suficientemente bem para saber que preferiria me ver mais vezes por perto. Em termos práticos, como sempre fizera, continuei delegando a ela a gerência de todas as operações da casa, das eventuais contratações de reformas e serviços de consertos à gestão das finanças da família, do cultivo de nossas relações sociais com amigos e parentes aos cuidados com as meninas.

Não estar mais próximo pesava muito também para mim, embora eu sofresse em silêncio. De fato, não sabia bem como fazer para recuperar algum equilíbrio que fosse entre minha vida profissional e familiar. Eu era um autêntico *workaholic*, trabalhando doidamente, no pressuposto de que com isso estaria construindo algo em favor do conforto, do bem-estar e da segurança atual e futura da família.

Mas não estava vendo as meninas crescerem, não tinha a chance de perceber a evolução física, mental, emocional de Valeska e Tatyana. Isso me mortificava, mas eu simplesmente não via uma saída. Tinha apenas a esperança de, mais cedo ou mais tarde, encontrar o meio adequado para resolver esse desbalanceamento.

Refletindo sobre isso, constato que é muito difícil mudar um modo de vida tão arraigado como era o meu. Penso que, por isso mesmo, é muito baixa a taxa de êxito dos processos de *coaching, mentoring* ou aconselhamento, ou mesmo de psicoterapia, quando o propósito com que o sujeito embarca nesse processo é reequilibrar-se, mudar de vida.

Quanto a mim, eu nunca tinha sido de outro jeito: nunca consegui ficar em casa, simplesmente, sempre trabalhei muito e não sabia fazer diferente. E, embora Valéria nunca tenha reclamado ou me censurado, como já disse acima, ela sabia do alto preço que eu estava pagando.

Guardo em segredo (não mais agora, que estou revelando isso!) algumas frustrações que ainda tenho por não ter acompanhado adequadamente o desenvolvimento das filhas. Apesar de elas serem hoje extremamente carinhosas comigo, não me perdoo, por exemplo, o fato de não ter participado da formatura da Valeska, na Faculdade de Direito. Na ocasião cometi um erro de agendamento e, repentinamente, vi-me com um compromisso impossível de adiar com um cliente, que me impediu de comparecer à formatura. Duas dezenas de gerentes de vários lugares do Brasil me aguardavam num hotel, noutra cidade distante, para participarem de um seminário de Qualidade, e era inconcebível que eu simplesmente não aparecesse. Mas até hoje dói-me o coração lembrar que tive de abrir mão da formatura dela!

Certa vez alguém me chamou de pai ausente! Poucas vezes me senti tão ofendido como nessa ocasião, mas tive de engolir o xingamento: era verdade, eu não estava mesmo fazendo integralmente meu papei de pai. Frequentemente eu chegava meio morto de cansaço de minhas viagens ao exterior. E a diferença de fuso horário era apenas uma das variáveis que me deixavam assim.

Noutra ocasião, cheguei em Viracopos, de volta de uma viagem ao Japão, e Valéria e as filhas foram me buscar no aeroporto. As meninas fizeram uma enorme festa para mim, felizes pela presença do pai. Atordoado pelo *jet lag (mal estar resultante de muitas horas de voo)*, cheguei em casa, caí na cama e não quis saber de nada mais, queria apenas dormir. Quando acordei, lembrei-me de que *tinha* de embarcar para Bogotá na noite seguinte! Constrangidíssimo, dei essa notícia a elas!

Guardamos ainda hoje, que Valeska e Tatyana já são mulheres adultas, bem formadas, casadas e plenamente cônscias de suas responsabilidades, alguns desenhos que fizeram no pré-primário (ou coisa assim) quando as professoras pediam aos aluninhos que desenhassem suas famílias. Nesses desenhos, sintomaticamente, estou sempre com uma mala na mão! Ou então ao lado de um avião! Ou as duas coisas! A resposta de ambas era padronizada, quando lhes perguntavam "onde está seu pai?". "Viajando", respondiam.

"O senhor pode provar que é mesmo o pai dela?" –

Creio que o exemplo culminante de que eu precisava mudar de vida foi o episódio em que fui buscar minha filha Tatyana (a caçula), ainda pequenina, na escola em que ela estudava, para viajarmos. Morávamos em São José dos Campos e Tatyana estava matriculada numa escola Salesiana chamada Instituto São José. Era sexta-feira, véspera de Carnaval, e Valéria e eu planejávamos passar os dias seguintes num apartamento que tínhamos na praia, em Caraguatatuba. Estávamos no meio da tarde e tínhamos preparado quase tudo que levaríamos. Faltava apanhar Tatyana na escola, mas não queríamos esperar até o horário normal de saída, às 17 horas: pretendíamos sair em viagem antes, a fim de evitar o trânsito mais pesado na estrada.

"Por que você não vai buscar a Taty?", sugeriu Valéria. "Enquanto isso, termino de preparar tudo. Quando vocês chegarem, já poderemos sair."

Boa ideia! E eu, de bermudas e chinelos, bem à vontade, entrei no carro e fui ao Instituto, relativamente próximo. Bati, abriram, entrei e pedi à auxiliar que me atendeu que chamasse minha filha. Ela me pôs numa sala de espera e foi para dentro da escola. Fiquei esperando e lembro-me de que não foi uma espera muito curta.

Vários minutos depois, quando eu já estava começando a ficar impaciente, entrou na sala uma freira. Olhou-me de alto a baixo, avaliando-me e perguntou:

"Qual é o nome de sua filha, senhor?"

Eu disse, Tatyana.

"E por que o senhor quer levá-la agora? As aulas terminam ás 17hs!"

Expliquei que íamos passar o fim de semana na praia, que minha mulher estava terminando os preparativos e não queríamos pegar trânsito muito pesado na estrada. Ela me ouviu em silêncio. Em seguida perguntou:

"Em que série ela estuda?"

Embatuquei! Acreditem...Eu não sabia em que série estudava a Tatyana! Sabia que estava no Fundamental, mas poderia ser a segunda séria ou a terceira...Gaguejei, ao responder, hesitante:

"Segunda...acho..."

A freira olhou-me em silêncio. Tive certeza de que raciocinava sobre o que fazer, pois ela não confiara inteiramente no que eu dissera — eu podia ser um sequestrador, sei lá! Nesse momento senti-me profundamente desconfortável, mas procurei manter a compostura. Ela pediu minha carteira de identidade, que lhe estendi. Olhou-a, virou-a, olhou o verso. E, com o documento nas mãos, disse-me que aguardasse, saindo de novo da sala.

Tomei um solene *chá de cadeira*: nem sei por quanto tempo tive de esperar, até que a mulher retornasse à sala, me devolvesse a Identidade e me desse uma instrução bastante estranha:

"O senhor faça o favor", disse ela, "de se levantar e ficar ali, junto à porta de saída, em pé, de costas."

Não entendi o propósito daquilo, mas obedeci. Estava me sentindo péssimo e nem sabia o que dizer! De pé junto à porta aberta, de costas para o interior da sala, ouvi a porta de dentro abrir-se e passos de uma criança se aproximando. E a voz da freira dirigindo-se a ela:

"Aquele é seu pai?"

Então me virei e vi a Tatyana, que estendendo os bracinhos, correu para me abraçar:

"Papai!"

Voltei-me para a freira, com a filha abraçada a mim. Não sabia o que dizer. Estava me sentindo envergonhado, emocionado, sei lá! Experimentava vários sentimentos misturados, ao mesmo tempo.

A freira se encarregou de reduzir meu desconforto:

"O senhor me desculpe", disse, "mas sabemos que as crianças reconhecem o pai mesmo pelas costas."

Eu nunca tinha ouvido semelhante coisa, mas quem era eu, àquela altura, para duvidar? O importante é que a Tatyana estava ali, podíamos sair e ir para casa, para iniciar a viagem na qual curtiríamos, toda a família, alguns dias juntos — o que era bem raro.

Agradeci à freira pelo cuidado que tinha tido. Disse-lhe que ficava contente ao constatar que a segurança das alunas era uma prioridade para a escola. A senhora agradeceu apenas formalmente minhas palavras. E, antes que eu fosse embora, aproveitou para repreender-me, dizendo que eu deveria passar mais tempo com minhas filhas. Engoli a crítica sem protestar. O que eu mais queria, naquele momento, era sair dali e esquecer o episódio!

Capítulo 21

A Incrível História da FAENQuiL

Em 1979 aceitei um convite para de novo ser professor, desta vez para alunos de terceiro e de quinto anos da FAENQuiL (Faculdade de Engenharia Química de Lorena), que depois de incorporada pela Universidade de São Paulo em maio de 2006, passou a se chamar EEL/USP (Escola de Engenharia de Lorena). Eu retornava, então, de certa forma, a algo que havia feito — e tinha adorado fazer — uma década atrás, como professor da Escola Delta de Cachoeira Paulista.

Meu pai foi um dos fundadores da FAENQuiL! E essa é uma história incrível, digna de ser contada!

Em 1969 o coronel Claudino era, como já narrei, o Gerente de Recursos Humanos da Fábrica Presidente Vargas (que ainda não tinha se tornado a Imbel, nome posterior da empresa), em Piquete. Todos os gerentes da fábrica eram oficiais militares e engenheiros, por sinal, muito bem formados pelo IME – Instituto Militar de Engenharia. E frequentemente eles ficavam por ali, ociosos, sem atividade alguma, uma vez que seus cargos na fábrica não exigiam muito. Eles tinham demasiado tempo ocioso.

Meu pai se sentia profundamente incomodado com isso: não suportava ver aqueles engenheiros desperdiçando seu tempo sem fazer nada de útil, apenas jogando sinuca! Várias vezes o ouvi referir-se ao fato, aliás.

O grande espírito de contribuição do coronel Claudino –

Antes de prosseguir, preciso tomar algumas linhas para lembrar o alto espírito de contribuição que regia tudo que meu pai fazia. Não é por ser meu pai, mas raramente vi alguém com um senso de missão tão claro e uma disposição para fazer o bem quanto o coronel Claudino. Ele não podia ver aqueles engenheiros e oficiais do Exército ali, praticamente sem fazerem nada por horas e horas todos os dias, após o expediente, porque lhe doía constatar que tanto dinheiro tinha sido investido pelo País na formação daqueles profissionais e tão carente era o País dos conhecimentos que eles detinham, que era esse, para dizer o mínimo, um quadro de incompreensível desperdício.

Para se ter uma ideia de como ele pensava nos outros e tentava fazer o melhor que pudesse pelas pessoas, em fins dos anos 80, quando o coronel Claudino era o Gerente de Recursos Humanos da Fábrica Presidente Vargas, percebeu que um contingente de nada menos que mil empregados da fábrica, que haviam trabalhado e/ou ainda trabalhavam ali a título precário, estavam correndo um sério risco de não poder aposentar-se pela Previdência Social, porque simplesmente não tinham documentos que lhes permitissem dar conta adequadamente dos anos de trabalho efetivamente cumpridos. O trabalhador *a título precário* era praticamente um *pária* no universo dos trabalhadores de uma empresa como aquela, controlada pelo Estado: por um lado, não eram registrados no regime da CLT, e por outro, não eram tampouco funcionários públicos concursados. Isso os colocava praticamente à margem da legislação vigente.

Mesmo hoje, quando uma lei de 1995 já prevê a contratação de empregados a título precário, os contabilistas e advogados têm dificuldade em definir claramente que estatuto específico é esse. Em tese, trata-se de um tipo de contrato de trabalho caracterizado pela provisoriedade, que as empresas públicas podem fazer com prestadores de serviços, desde que não disponham de mão de obra para os trabalhos previstos, desde que obedeçam a certos dispositivos legais e desde que descrevam claramente as atividades previstas e o tempo de duração do contrato. Na prática, entretanto, frequentemente esses requisitos não ficam suficientemente claros em todos os casos. Geralmente trata-se de trabalhadores para atividades sem qualificação, ou mesmo braçais, como aquelas envolvidas na construção de estradas, barragens, contenções etc.

Pois no caso da Fábrica Presidente Vargas, em Piquete, mais de um milhar de trabalhadores precários estavam, por falta de documentação, correndo o risco de não poderem incluir os anos ali trabalhados na contagem do tempo para sua aposentadoria. Ciente disso, o coronel Claudino mobilizou uma equipe de trabalho em sua área e levantou minuciosamente todos os dados a respeito desses trabalhadores, comprovando a atividade exercida na empresa e permitindo-lhes dar entrada no INSS. Muitos deles já tinham tempo suficiente para solicitar o benefício, e o fizeram. Outros puderam contar com essa comprovação para a documentação necessária, anos depois.

Lembro-me de ter visto, várias vezes, nos anos que se seguiram, ex-trabalhadores da fábrica, gente muito humilde, baterem à porta da casa de meu pai para agradecer ao coronel Claudino o que tinha feito por eles! Era tocante!

Uma faculdade criada em tempo recorde –

Mas, volto ao caso da FAENQuiL: certa feita, o coronel Claudino estava conversando com seu grande amigo, o engenheiro José Ferreira Rocha, justamente sobre esse fato. E o Rocha concordava com ele: era preciso dar alguma atividade adicional àqueles oficiais do Exército, para que aproveitassem sua excelente formação técnica.

Juntaram-se então com outro entusiasta, o engenheiro Teixeira Leite, também do IME, e tiveram a ideia de que a solução seria fundar uma Faculdade de Engenharia Química em Lorena. Havia na Fábrica Presidente Vargas todo um corpo docente disponível, muito bem preparado e com tempo ocioso suficiente para suprir o quadro de professores dessa faculdade, fazendo dela uma instituição de ensino de excelente nível, muito especialmente na especialidade química de explosivos! Não havia uma escola como essa em Lorena (e com essa especialidade, não havia em lugar algum do Brasil!).

Era a época da democratização do ensino superior no Brasil. O governo militar do general Médici estava altamente interessado em multiplicar por muitas vezes o contingente de alunos nos cursos superiores — a ordem era acabar com o elitismo existente até então, pelo qual só poderiam cursar Engenharia, Medicina ou Direito os filhos de famílias abastadas, cujos pais pudessem manter os filhos na escola sem terem de trabalhar. O Ministro da Educação da época era Jarbas Passarinho, que assumira em novembro de 1969 e tinha justamente essa expressa incumbência, delegada a ele pelo presidente: a democratização do ensino superior.

Assim, o momento era mais que propício para se levar adiante uma ideia como aquela, que em outras épocas talvez soasse como um sonho mirabolante. Portanto, concebida a ideia, o coronel Claudino não esperou mais e tratou de pô-la em prática, como era do seu feitio. Viajou para Brasília, contatou seus conhecidos nos altos escalões do Exército, conseguiu entrevistas no Ministério da Educação, e voltou de lá com a autorização para levar adiante o projeto. A direção da Fábrica Presidente Vargas não colocou objeções e os gerentes-engenheiros militares foram consultados e boa parte deles aceitou a nova incumbência.

Faltava uma entidade mantenedora e a candidata mais provável para esse papel seria a Prefeitura Municipal de Lorena. Os três visionários (Claudino, Rocha e Teixeira Leite) foram então ao Prefeito (conhecido como Cornelinho), pedir sua ajuda. Vislumbrando os dividendos da iniciativa para a cidade, o Prefeito aceitou participar e a Prefeitura cedeu um prédio para instalação da faculdade. E, enquanto se conseguia verba para a construção do campus, a faculdade começaria de forma improvisada suas atividades no tal prédio da prefeitura num bairro da cidade, que seria adaptado para as novas funções.

Tudo foi feito a jato, e tudo deu incrivelmente certo! Em março de 1970, a Faculdade de Engenharia Química de Lorena, mantida pela municipalidade, já existia oficialmente, estava aberta para os exames vestibulares e tinha se tornado, em questão de semanas, um novo motivo de orgulho para a cidade.

Meu pai e seus dois amigos idealistas, engenheiros Rocha e Teixeira Leite, trabalharam denodadamente para que a faculdade saísse do papel. Se há um adjetivo que caberia ao meu pai, esse é: obstinado! Ele perseguia seus objetivos com tal vontade, com tanto denodo, que parecia impossível que não o alcançasse! Era impressionante, ele jamais desistia!

E quando por fim a faculdade foi oficialmente criada, ele mesmo, o coronel Claudino, tornou-se um dos seus gestores, encarregado das funções de administração, uma vez que o trabalho ainda não havia terminado: era preciso ainda construir o campus, para dar à faculdade instalações adequadas. Esse foi seu próximo desafio e ele tratou de cumpri-lo: lembro-me de vê-lo, nessa época, correndo de um lado para outro, *com um prato na mão*, pedindo donativos para a construção do campus da Faculdade. Aliás, a Fábrica Presidente Vargas, como era de se esperar, ajudou bastante também nessa nova empreitada e, tão logo foi possível, a faculdade foi transferida para o novo campus.

Recursos instrucionais de última geração –

Pois foi nessa mesma faculdade que fui lecionar, no período noturno, anos depois, quando meu pai já tinha deixado de participar de sua administração. Dei aulas ali por um breve tempo, lecionando Administração Industrial para o terceiro ano e Gestão da Qualidade para o quinto ano. Eu acreditava tanto na importância do tema da Qualidade, e achava tão importante que todos aprendessem algo a respeito, que nem me passou pela cabeça que outras pessoas, mesmo alunos de Engenharia, pudessem não nutrir pelo assunto o mesmo entusiasmo que eu.

Mas rapidamente percebi que não iria me sentir à vontade, especialmente com os alunos do quinto ano. Era uma turma que tinha começado grande no primeiro ano e agora era bem pequena. Os professores da escola eram muito bons, o curso era muito *puxado*, e boa parte dos alunos ia ficando pelo caminho. O grupo que chegava ao quinto ano era seleto, do ponto de vista da qualificação, mas ao mesmo tempo extremamente vaidoso e arrogante. Tive dificuldades em aceitá-los como eram, assim como tiveram dificuldade em me aceitar.

Não entendia completamente o porquê dessa falta de sintonia entre nós. Talvez tenha contribuído o fato de eu não ser engenheiro, e sim administrador de empresas e consultor, ou de não ser tampouco militar. Pode ser também que tenham considerado minha disciplina, Gestão da Qualidade, um tema menos importante, por ser mais discursivo, diferente das cadeiras típicas da Engenharia, mais tecnológicas e matematizadas. Ou então, pode ser ainda que eu tenha parecido muito metido a me mostrar, por causa de minha meticulosidade na preparação e apresentação das aulas e dos materiais didáticos que usava, algo a que os professores-engenheiros militares não davam tanta importância, aferrados ao seu modo tradicionalíssimo de dar aulas: a velha preleção acompanhada de anotações no quadro-negro.

De fato, minhas aulas eram muito elaboradas e eu gostava de usar equipamento de última geração (para a época, evidentemente). Fazia isso em meus seminários na Embraer e nos cursos e palestras na AVCQ e não via por que não o fazer também nas aulas na FAENQuiL. Assim, quando comecei, tratei de levar para lá dois *flip-charts* (a faculdade não usava, portanto não tinha esse equipamento), com que dava minhas aulas, escrevendo nas folhas com pinceis atômicos que eu mesmo trazia comigo. Gostava da metodologia que aprendera como instrutor nos cursos sobre Análise de Problemas & Tomada de Decisão da empresa americana Kepner & Tregoe Inc., em que o conteúdo da matéria vai sendo escrito em folhas de *flip-chart* e estas, vão sendo destacadas e coladas nas paredes, para servirem de referência durante toda a aula. Isso sempre me pareceu impressionar bem meus treinandos, mas talvez não tenha acontecido o mesmo com aqueles alunos. Além disso, eu era o único professor daquela classe que projetava transparências em retroprojetor, recurso que a faculdade também não oferecia na época. E eu projetava transparências que trazia comigo, elaboradas previamente com bastante sofisticação para a época, mostrando aos alunos que fazia um planejamento antecipado da aula totalmente incomum ali.

Para os que não viveram o treinamento empresarial dos anos 1970 e 80, antes do advento do computador pessoal, é preciso dizer que o retroprojetor era o que havia de mais moderno em técnicas projetivas para sala de aula; e a elaboração de transparências era um trabalho bastante complexo, que exigia treinamento apurado — ministrado, aliás, pela 3M, a empresa fornecedora das folhas de acetato usadas na produção das transparências. Para quem quisesse aprender a fazê-las, a 3M oferecia cursos introdutórios e avançados! Talvez eu estivesse tão distante do *tradicional método de cuspe e giz*, que os alunos achassem que era eu o pedante, não eles!

Aliás, eu gostava tanto de inovar nos equipamentos que empregava em meus treinamentos que, certa feita, alguns anos depois, comprei um computador portátil de origem chinesa da marca *Cruiser*, importado, que podia ser acoplado à mesa do retroprojetor. Custou-me uma fortuna, o preço de um automóvel Corsa da época! Mas era único: ninguém tinha algo parecido e isso me deixava animadíssimo, quando podia usá-lo numa palestra ou num curso!

Abria-se o computador e as duas partes, tela e teclado, separavam-se. Usava-se um cabo para ligar ambas as partes desconectadas e colocava-se a tela com a imagem sobre a mesa do retroprojetor. Ligando-se o retroprojetor, a imagem da tela era projetada. Duas pequenas turbinas giravam soprando ar entre a tela e a mesa do retro, para resfriar a tela, uma vez que a mesa do retro costumava esquentar muito. Na primeira vez que liguei esse equipamento, durante um congresso em São Paulo, o sucesso que ele fez foi memorável.

Alunos arrogantes merecem uma lição! –

Mas, voltando à minha experiência na Faculdade de Engenharia, creio que também contribuiu para um distanciamento entre os alunos e eu o fato de eu quase invariavelmente comparecer às aulas trajando terno e gravata. Era vestido desse modo que eu trabalhava na Embraer, e continuei me vestindo assim depois que deixei a empresa quando passei a ser um consultor independente. E esse modo de vestir parecia traduzir, sem dúvida, certo grau de formalidade que não se via nos demais professores — e é bem possível que isso também tenha contribuído para me afastar do grupo de alunos.

O fato é que, em dado momento, eu já não aguentava o tom de soberba de boa parte dos alunos do quinto ano, que viviam arrotando um conhecimento teórico que achavam a coisa mais importante do mundo.

É preciso dizer, entretanto, que a Engenharia era na época uma profissão altamente valorizada, os profissionais disponíveis eram poucos e recrutados a peso de ouro. A missão então dada pelo presidente Médici ao ministro Passarinho, de popularizar o ensino superior, passava obviamente pelo aumento da oferta de engenheiros para o mercado de trabalho. Permito-me citar aqui um trecho de um artigo de 2009, do vice-diretor da Escola Politécnica da USP, professor doutor José Roberto Cardoso, que corrobora o que estou dizendo. Afirma em seu artigo o professor Cardoso:

> Na década de 70, época do milagre brasileiro, quando no Brasil tínhamos algo em torno de 250 cursos de engenharia, a procura por um curso de engenharia pelos jovens era grande e a qualidade era alta, pois estava parametrizada no nível de qualidade das escolas tradicionais de engenharia, entre as quais a Escola Politécnica da USP, a Escola de Engenharia da UFRJ, o ITA (Instituto Tecnológico da Aeronáutica) – fonte de inspiração da Faculdade de Engenharia Elétrica da Unicamp –, a FEI e a Mauá, entre outras. A qualidade era mantida devido ao fato de que o material humano recebido, oriundo das escolas públicas, detinha um padrão de qualidade altíssimo que é até hoje reverenciado e citado como uma das grandes perdas nacionais.
>
> Tudo virou pó com a destruição da escola pública. Nossos grandes projetos foram definhando por duas décadas praticamente.

Portanto, a soberba dos meus alunos de então era até compreensível: eles faziam parte de uma elite! Mas em minha concepção (e eu já lhes tinha dito isso diversas vezes sem repercussão alguma), eles tinham noções teóricas — boas noções, mas apenas teóricas — sobre o que eram os processos típicos de uma fábrica. Na prática, advertia-os, havia conhecimentos vindos do dia a dia que os operários dominavam e eles...não!

Mas meus alunos não conseguiam entender isso e, farto de tentar sem êxito, resolvi demonstrar-lhes de modo bem prático que era como eu lhes dizia. Convoquei para ir à faculdade comigo um antigo operário da Embraer, mas que entendia bem, pelos anos de atuação que tinha no chão de fábrica, de um dos processos de qualidade ao qual me referiria numa próxima aula ao quinto ano. (O pobre homem não queria fazer aquilo de jeito nenhum, mas consegui, a custo, convencê-lo!)

No dia em questão, entrei na sala com meu *assistente*, apresentei-o como um professor laureado em visita à faculdade e, durante a aula, pedi-lhe que opinasse, aqui e ali, sobre o que eu explicava aos alunos. A grande maioria destes, como eu previa, engoliu a farsa e aceitou as intervenções do *professor* como válidas e importantes, sem perceber que quem lhes falava naquela ocasião era um simples operário de fábrica!

Penso que demonstrei meu ponto, mas de uma maneira que foi bastante cruel com meus alunos. Num dado momento, fiz um intervalo para agradecer ao professor e despachá-lo dali. Na aula seguinte, revelei aos meus alunos o que tinha feito — quem era aquele meu convidado, a quem eles tinham elogiado e cujos ensinamentos tinham apreciado tanto!

Mas a brincadeira não soou nada engraçada para os alunos, que viram naquilo um desrespeito para com eles, de minha parte, ainda mais que os alunos do quarto ano, quando souberam do caso, não perderam a chance de fazer toda sorte de gozações com seus pedantes colegas veteranos do quinto ano!

O resultado é que os alunos foram queixar-se ao diretor da faculdade, que me chamou, reprovou minha atitude e exigiu que eu pedisse desculpas à classe. O que me recusei a fazer, preferindo abandonar imediatamente as aulas.

A palestra do cacique Ualcomopité –

Não me arrependo de ter feito isso. Ou, dito de outro modo, arrependo-me, mas não muito! Talvez pudesse ter lidado melhor com o desconforto que sentia ao trabalhar com aquela classe, embora não consiga imaginar como. Por outro lado, penso que aqueles jovens arrogantes tiveram uma lição que não esqueceriam tão cedo.

De qualquer forma, senti-me aliviado ao me ver fora da faculdade. Talvez isto que eu vou dizer agora não passe de uma racionalização, mas o fato é que aquelas aulas eram um grande complicador em minha agenda. Aquele dia útil semanal dedicado às aulas na Escola de Engenharia me fazia muita falta: impedia-me de viajar, por exemplo; ou de programar com liberdade minhas atividades junto aos clientes. Sob esse aspecto, foi bom parar com aquilo.

Posteriormente me dei conta de que havia, de certa forma, copiado meu próprio pai nessa *pegadinha* que fiz com meus alunos. O coronel Claudino podia ser também um piadista dos mais sofisticados. Certa vez, fez uma brincadeira com seus amigos e colegas do Rotary Club de Lorena, levando a uma reunião comemorativa, para falar aos rotarianos locais um convidado especialíssimo: o chefe indígena Ualcomopité, da tribo Acaiaca, que não falava uma palavra de português. Os participantes ficaram maravilhados com a fala do homem que o companheiro Claudino ia traduzindo:

"*Estimataj sinjoro Presidanto, sinjorinoj kaj membroj de la Asocio...*"

A fala foi breve, mas suficiente. O palestrante, após pedir desculpas por não falar português, disse que era filho de um bravo cacique Acaiaca, e que vinha pedir a interferência do Rotary Club para sua causa, a demarcação das terras indígenas. Ao final, os presentes prorromperam em aplausos.

Mas em seguida o coronel Claudino revelou aos amigos presentes a fraude descabelada que havia inventado para brincar com eles: a tribo Acaiaca não existia, e o chefe Ualcomopité, que tinha mesmo a aparência de um indígena, era de fato o tenente reformado José Pedro Milagres, residente em Niterói, seu grande amigo e compadre, com quem o coronel Claudino convivera por longos anos servindo no Forte Copacabana no Rio de Janeiro. A língua em que o *chefe índio* se expressara na reunião era de fato o idioma internacional Esperanto, que ele cultivava e do qual ele era professor!

Lembrei-me anos depois desse episódio, que os amigos de meu pai no Rotary Club encararam como uma grande piada, dando muita risada. Teria eu tentado, de certa forma, repetir meu pai? Pode ser...

Capítulo 22

A História de uma Empresa Chamada PROPAR

Primeiro a PROPAR – Programas Participativos –

Em 2 de janeiro de 1986, fundei minha empresa de consultoria, a PROPAR Programas Participativos. PROPAR foi a sigla que escolhi, formada pelas sílabas iniciais das duas palavras: ***PRO**gramas **PAR**ticipativos*. Prestar serviços às empresas para a adoção de Programas Participativos era exatamente a finalidade com que formei a empresa. Eu estava totalmente à vontade para continuar atuando nesse campo — que era, afinal de contas, aquilo que eu mais fizera na Embraer, na AVCQ e na UBQ, assim como em minha atuação como consultor autônomo quando trabalhei junto ao IDORT ou diretamente para as empresas que me contratavam: eu organizava nessas empresas programas participativos visando ao desenvolvimento e a disseminação da Qualidade.

Havia uma razão fiscal para que eu viesse agora a constituir uma empresa: os altos encargos que incidem sobre a atividade do consultor, quando atua como profissional autônomo. Nesse caso, a prestação do serviço é comprovada por um documento contábil chamado RPA – Recibo de Pagamento a Autônomo, sobre o qual incidem encargos sociais elevados. Os impostos e encargos podem ser mais baixos (embora no Brasil eles nunca sejam *realmente* baixos!) quando o profissional trabalha em nome de sua empresa e emite notas fiscais.

Aliás, as próprias empresas contratantes preferem não contratar autônomos que usam RPA, porque nesse caso são também obrigadas a recolher a sua própria parcela do INSS sobre o valor pago, o que as onera ainda mais. Algumas empresas tentam resolver essa questão simplesmente *empurrando* o pagamento desse encargo ao próprio consultor que, nesse caso, paga todo o valor devido ao INSS — a sua parte e a da empresa contratante. Assim, esse encargo adicional acaba funcionando como uma verdadeira punição ao consultor por ser tão *desatualizado*, uma vez que ainda nem constituiu sua empresa!

Na primeira metade dos anos 1990 senti que devia reorientar as atividades de minha consultoria recém-criada, alterando o foco da atuação. Embora os Círculos da Qualidade ainda fossem vistos como o âmago dos programas participativos nas áreas operacionais das empresas, o tema da Qualidade já havia extrapolado o ambiente das fábricas em si, tendo se disseminado por toda a empresa, incluindo áreas comerciais e administrativas. A essa altura, falava-se assiduamente em TQC (*Total Quality Control*) e TQM (*Total Quality Management*), ao invés de se falar, restritivamente, apenas em Círculos de Qualidade.

O fenômeno ISO 9000 –

Uma questão importante era ainda que havia surgido e se popularizava rapidamente no Brasil a norma ISO 9000. A ISO era, na verdade, um conjunto de normas técnicas que ofereciam um arcabouço ou estrutura essencial dentro do qual as organizações poderiam passar a gerir a Qualidade em todas as áreas, aumentando sua produtividade e competitividade. A ISO servia para todo tipo de empresa, não fazendo distinção de ramo de atividade ou tamanho.

As normas ISO 9000 haviam sido lançadas por uma organização não-governamental denominada *International Organization for Standardization*, fundada em Genebra, na Suíça, em 1947.

Sua função era (e é) promover a normatização de produtos e serviços, a fim de que a qualidade deles pudesse ser permanentemente melhorada. Atualmente, a organização está presente em nada menos que 189 países; e outras normas ISO, além da série 9000, foram criadas e vêm sendo postas em prática.

Obter essa certificação passou a ser uma preocupação prioritária para mais e mais empresas, uma vez que o certificado é um atestado de que a empresa opera com base em elevados padrões de Qualidade. O certificado é, enfim, um Selo de Qualidade atribuído à empresa; e cada vez mais, exibir o certificado da ISO 9000 passava a ser visto como uma forma de a empresa declarar ao mercado que, definitivamente, vale a pena fazer negócios com ela.

Além disso, cada vez mais as grandes empresas passaram a exigir de seus fornecedores que apresentassem o certificado da ISO, a fim de prosseguirem sendo seus fornecedores. E as empresas importadoras de produtos brasileiros também foram aprendendo a exigir dos exportadores brasileiros fabricantes de produtos que lhes interessavam, que apresentassem um certificado da ISO, sem o que sequer aceitavam começar a negociar.

Uma grande oportunidade de mercado –

Como outros consultores voltados para a Qualidade nas empresas, também eu comecei imediatamente a perceber nisso uma grande oportunidade de mercado, pois via de regra as empresas queriam ser certificadas conforme padrões ISO, mas não sabiam como fazer isso. Assim, uma consultoria como a PROPAR, que tinha grande experiência em questões relativas à Qualidade, estava numa excelente posição para orientá-las nessa busca.

Com base nesse raciocínio, alterei a razão social da empresa para PROPAR Sistemas da Qualidade e, mesmo continuando a oferecer ao mercado modelos de gestão participativa com os quais já vinha atendendo as empresas há anos, passei a oferecer também consultoria na preparação da empresa para receber a auditoria dos organismos certificadores das normas ISO 9000.

Percebi que as empresas tinham um extenso dever de casa a cumprir, antes de poderem se declarar realisticamente em condições de obter a certificação: grande parte delas ainda não havia descrito seus processos de trabalho e, com frequência, nem mesmo tinha certeza de quais seriam esses processos, dada a variabilidade na forma de executá-los. E as empresas estavam também despreparadas quanto a outro aspecto crucial: seus quadros — dirigentes, técnicos e executores — frequentemente não tinham informações sobre a importância de ter padrões claros de trabalho, assim como não sabiam formular esses padrões, implantá-los ou ensiná-los às equipes de trabalho.

Tínhamos portanto um imenso trabalho a fazer, como consultores especializados nessa área; e melhor de tudo, o mercado era sensível a essa necessidade e receptivo às ofertas de uma consultoria especializada, que pudesse apresentar um bom *currículo*, um portfólio de realizações anteriores apreciáveis nesse tipo de trabalho. Se uma consultoria poderia apresentar essas credenciais, essa consultoria era a PROPAR–Sistemas da Qualidade!

Portanto, essa guinada na direção de um novo serviço de consultoria teve grande importância na vida da PROPAR, revitalizando a empresa, alavancando suas atividades de forma que se poderia descrever até mesmo como explosiva: minha empresa cresceu significativamente e em muito pouco tempo, a partir da adoção desse novo carro-chefe.

A autopreparação da PROPAR para certificação

Por volta de 1992/93, decidi fazer algo inédito no mercado de consultoria para lançar a PROPAR definidamente à frente de seus concorrentes: a própria PROPAR devia ser certificada pelos padrões ISO 9000! Pelo que sabia, isso não tinha ainda acontecido com uma pequena empresa de consultoria como a nossa, que contava na ocasião com apenas quatro funcionários. Segundo informações, eu tinha a menor empresa certificada na ISO 9000 no Brasil.

A perseguição dessa meta — obter a certificação — durou dois anos de constante trabalho. Foi uma verdadeira aventura, porque tivemos de analisar, racionalizar, encontrar padrões e desenvolver descrições objetivas de inúmeras atividades de treinamento e consultoria. E todos sabemos como esse tipo de atividade varia enormemente de clientes para cliente, de situação para situação, de demanda para demanda.

Nesses dois anos em que estivemos preparando o processo interno da PROPAR para a certificação, definimos padrões para atividades que iam desde a inquirição inicial da empresa contratante para sabermos qual era sua demanda específica, até a apresentação de relatórios finais sobre o trabalho de treinamento e/ou realizado, passando pelo estabelecimento de padrões para a formação de grupos de participantes nos seminários, o levantamento de conteúdos a serem abordados nos treinamentos, a escolha da metodologia de ensino, a produção de materiais didáticos, a condução dos treinamentos pelo instrutor em sala de aula momento a momento, a avaliação dos resultados obtidos etc. Ao final dessa preparação vimo-nos às voltas com vários manuais, guias de trabalhos inéditos para atividades dessa natureza: Manuais de Qualidade, de Procedimentos, de Instruções de Trabalho..., que eram exigidos pelas Certificadoras, cobrindo tudo que fazíamos!

No momento da auditoria propriamente dita, esta foi levada a tal nível de detalhamento, que tive inclusive de acompanhar o auditor a uma empresa cliente em que um dos instrutores da PROPAR ministrava um treinamento aos gerentes, para que ele observasse o desempenho do instrutor e até mesmo anotasse os códigos das transparências que estavam sendo apresentadas naquele momento do evento, a fim de verificar se o padrão estabelecido para esse aspecto do treinamento estava sendo obedecido (isto é, se seriam exatamente aquelas transparências que deveriam estar sendo empregadas naquela parte do treinamento)!

Mas tivemos total êxito em nossa aventura (pois foi uma autêntica aventura!) em busca da certificação. Tivemos aliás êxito ainda maior do que imaginávamos, porque fiz questão de obter a certificação não por parte de uma, e sim de *duas* entidades certificadoras, ambas de grande prestígio! Fiz questão disso, pois minha intuição me dizia que uma medida tão radical como essa de alguma forma traria benefícios à PROPAR. E eu não estava enganado, pois trouxe mesmo, principalmente em termos de reputação junto ao mercado.

Mas, evidentemente, essa decisão também nos custou caro financeiramente, pois tivemos de pagar por ambas as certificações: a PROPAR teve de firmar dois contratos, com Certificadoras distintas, preparar-se e acompanhar ambas as auditorias de manutenção. Como cada certificação é concedida, ao final do processo, por dois auditores (o líder e o segundo auditor) da Certificadora, tivemos a companhia, na ocasião, de nada menos que quatro auditores — e isso numa empresa de consultoria cujo quadro tinha essa mesma quantidade de funcionários fixos: quatro!

Uma de nossas Certificadoras foi a Fundação Carlos Alberto Vanzolini, das mais importantes entre as nacionais, criada em 1967 por um grupo de professores da Escola Politécnica da USP, à qual a Fundação continua ligada até hoje. Nossa outra Certificadora, esta estrangeira, foi a DQS (Deutsch Quality System), organização alemã sediada em Frankfurt, fundada em 1985 por uma associação entre a Deutsche Gesellschaft für Qualität (Associação Alemã para a Qualidade) e a DIN – Deutsches Institut für Normung (Instituto Alemão para a Normalização).

Pode parecer ainda mais curioso que a PROPAR acabou obtendo não duas, mas *quatro* certificações, já que ambas as Certificadoras que escolhi estavam associadas a diferentes organismos internacionais, pelos quais elas também certificavam: a IQNet – International Quality Network e a EQNet – European Quality Network. E ambas também emitiram certificados em favor da PROPAR!

Tive grandes satisfações com a PROPAR nessa época, pelas muitas demonstrações de que era uma empresa que trabalhava com competência e seriedade. Tivemos também o privilégio de receber do Ministério da Indústria e Comércio e Tecnologia, através do Inmetro, um diploma assinado pela ministra Dorothea Werneck (que me orgulho de ter hoje como minha colega na Academia Brasileira da Qualidade), atestando ser a PROPAR uma *Empresa Classe Mundial*! Somente às primeiras mil empresas brasileiras que obtiveram a certificação pela ISO 9000 foi concedido esse galardão!

Capítulo 23

PROPAR – Gestão Empresarial

Consultores seniores –

Por vários anos mantivemos nossos elevados padrões na orientação às empresas, e com isso confirmamos os nossos certificados, nas auditorias periódicas que as Certificadoras fizeram na PROPAR. E também continuamos crescendo durante esse tempo, ampliando a quantidade de nossos consultores associados.

Nada podíamos fazer para tentar reduzir aquele inevitável tom intimidador das auditorias sobre as empresas que buscavam certificação. Lamentávamos que os auditores não fossem um pouco mais sensíveis e compreensivos, e continuassem agindo de modo amedrontador com os dirigentes das empresas sob avaliação. Achávamos que seu verdadeiro papel não podia ser esse, e sim o de orientar os dirigentes a fazer sempre corretamente as coisas certas e a corrigirem sistematicamente o que estivesse errado. Felizmente hoje essa questão está, creio eu, bem resolvida: essa atitude de intimidação, em boa parte, cessou.

Nessa fase da PROPAR, precisei de ajuda para administrar nossos serviços de consultoria: o trabalho interno tinha crescido demais e eu não podia me dedicar a ele como devia. Eu precisava sair do escritório, estar mais no campo, visitar os clientes.

Tive a ideia, então, de convidar para trabalhar na empresa a minha filha Valeska, que recentemente se formara em Direito. Foi uma decisão acertada: Valeska uniu-se à nossa equipe e passou a trabalhar com a própria mãe, a Valéria, que já me ajudava muito no controle das finanças da PROPAR. Foi emocionante vê-las dirigindo juntas o setor administrativo/financeiro da empresa. Posteriormente, minha filha Tatyana também juntou-se ao time, logo após formar-se Arquiteta. Mas ficou por pouco tempo, alçando voo solo como empresária no ramo de Seguros. Veia empreendedora de família....!

Valeska livrou-me também de grande parte do trabalho administrativo que absorvia uma grande porção do meu tempo, impedindo que me dedicasse mais aos clientes. E vi que ela aprendia rapidamente e tomava para si, cada vez mais facilmente, tarefas que antes atravancavam meu trabalho de campo. Ela se deu muito bem com os procedimentos de trabalho do escritório, revelando-se uma boa administradora de consultoria.

E isso era imprescindível, porque por essa época (1995), a PROPAR chegou a um tamanho que jamais havia tido antes: tínhamos agora uma equipe interna de sete funcionários e contávamos com uma equipe de dezenove consultores associados atuando em campo. E eram, todos eles, consultores altamente experientes, alguns alocados *full time* nas empresas clientes.

Eu fazia questão de escolher com muito critério meus consultores. A qualidade do serviço prestado dependia muito de sua formação e sua *expertise*. Assim, todos tinham boa formação técnica, a grande maioria em Engenharia. Todos eram, também, seniores na consultoria: consultores maduros, com grande experiência na vida empresarial, tendo muitos deles ocupado cargos hierarquicamente elevados, como executivos em empresas internacionais. Eu os selecionava cuidadosamente e fazia questão de que fossem bem treinados para o trabalho específico que desenvolveriam, de orientação das empresas para a certificação.

Nunca pretendi que a PROPAR vendesse genialidade. Não queria trabalhando comigo aquele tipo de consultor supertalentoso, capaz de chegar repentinamente a uma solução miraculosa para o problema da empresa. Eu não esperava isso dos consultores da PROPAR. Ao contrário, ofereceríamos ao cliente, sobretudo *experiência*, anos de vivência no campo (o que eu chamava de saber o que *não fazer*, pois *o que fazer*, normalmente o cliente sabia.). Nossos consultores seguiam um plano de trabalho cuidadosamente delineado, cujos resultados eram perfeitamente identificáveis. Era o que vendíamos e era o que entregávamos!

Sendo assim, obviamente não tínhamos consultores jovens na equipe da PROPAR; a maioria estava acima dos 50 anos de idade ou mais. Além disso, queríamos consultores com boa formação escolar, de preferência em engenharia e, se possível, com pós-graduação em administração. Precisávamos de consultores capazes de dialogar tecnicamente com o cliente, de dar explicações claras sobre processos e situações vividas pela empresa cliente. Eles não deviam ser, portanto, dotados apenas de conhecimentos práticos: deviam ser detentores do *know how* necessário, mas tinham de ser detentores, também, do *know why*.

A única pessoa na PROPAR envolvida na consultoria que escapava a esse perfil era a própria Valeska, muito jovem ainda e, como disse, formada em Direito. Eu via isso como um fator positivo. Ao trazer para a empresa seu olhar de advogada, Valeska acrescentou algo precioso ao nosso trabalho junto às empresas clientes: um modo mais flexível e interpretativo de encarar os processos, contrabalançando a visão cartesiana, dicotômica, dos consultores de formação técnica. Isso fez bem às nossas operações junto às empresas. Mas para poder atuar conosco, Valeska também teve de aprender muito, tendo de se especializar na norma ISO. Para isso, ela fez todos os cursos disponíveis a respeito e tornou-se uma auditora-líder em Sistemas de Gestão da Qualidade.

Passei a usar quase todo meu tempo, então, em contatos com os clientes. O mercado continuava favorável para nós e a PROPAR gozava de excelente reputação. Por isso, tive incontáveis contatos com novos clientes em potencial, que geraram um enorme número de propostas, com grande quantidade de trabalhos sendo iniciados a cada mês.

Nossa reputação era transmitida *boca a boca*, de um cliente para outro. Jamais tivemos de fazer promoção de nossos serviços, os próprios clientes tomavam a iniciativa de nos procurar. Sentíamos pelo que novas empresas nos diziam ao contatar-nos, que a alta qualidade do nosso trabalho era comunicada a potenciais novos clientes pelos próprios clientes já atendidos, que se mostravam abertamente satisfeitos com o serviço recebido.

Neste período, recebi o convite para ser articulista da conceituada revista Banas Qualidade, assumindo uma coluna sobre a Qualidade e as relações com o Cliente. Escrevi inúmeros artigos durante quase dois anos, que eram publicados mensalmente pela Banas e foi uma oportunidade ímpar para difusão do meu nome como articulista e, principalmente, para disseminação de conceitos e reflexões que iam além das fronteiras da Qualidade cartesiana, estatística e normatizada.

Minha história pessoal com as associações de Qualidade era também um ativo considerável. Eu agora era apenas um sócio comum da AVQ e da UBQ, sem participação ativa nas ações dessas associações. Mas continuava tendo excelente relacionamento e ótimo trânsito nessas associações. E elas me indicavam e me referendavam para empresas que procuravam ajuda para buscar a certificação e implantação de Sistemas de Gestão da Qualidade.

Mas, o mercado muda! –

Havia também dificuldades, é claro. Era difícil para Valeska, sendo jovem, mulher e advogada, impor sua liderança a um grupo relativamente grande de consultores maduros, do sexo masculino, geralmente engenheiros e altamente experientes. A preferência deles era a de sempre consultar-se comigo e reportar diretamente a mim o que faziam no trabalho, as dificuldades que encontravam, as soluções que propunham. Eles queriam, como é comum nesses casos, dialogar com um *igual.*

Não é que a Valeska não tivesse condições de atendê-los. Sem dúvida ela tinha. Mas, repetia-se ali um vício que se observa na maioria das atividades técnico-profissionais: a preferência por quem é *um dos nossos*. É o mesmo fenômeno que se vê ocorrer nos hospitais, em que médicos querem tratar com médicos; nos escritórios de advocacia, em que advogados querem falar com advogados; ou nos times de futebol, onde os atletas tendem a rejeitar um treinador sem um passado de jogador. Era eu a referência para meus consultores, e isso dificultava o trabalho de Valeska – mas dificultava também o meu, pois me roubava o tempo que eu deveria dedicar ao contato com os clientes. Mas, tivemos anos intensos e operosos – e felizes – nessa fase da PROPAR.

Porém, tudo muda na vida, e também o mercado mudou – ou foi mudando gradativamente. Tal como tínhamos imaginado, a *International Organization for Standardization* foi aprendendo com o tempo, mostrando-se mais sensível a cada ano àquelas queixas que muitas empresas faziam – de que precisavam de mais flexibilidade nos controles, de que era possível ter padrões ambiciosos e rastreabilidade adequada dos processos, sem com isso *engessar* completamente a empresa, de que era necessário que a ISO 9000 não castrasse (ao contrário, estimulasse) a inovação, de que flexibilidade e Qualidade não eram propriedades incompatíveis. Eram as queixas que geralmente faziam as empresas clientes da PROPAR, queixas que tínhamos formulado nós mesmos, enquanto empresa candidata à certificação, lá nos idos de 1995.

Com o tempo, a ISO aperfeiçoou-se através de suas novas versões, passando a ter maior maleabilidade, reduzindo a papelada, a quantidade de assinaturas e as cópias de formulários, tornando a auditoria e a certificação mais rápidas e simplificadas, sem que se perdesse a eficiência e sem sacrificar o princípio da exigência de Qualidade. Esses melhoramentos foram acontecendo, até evoluírem para um ponto de equilíbrio adequado entre a adoção de padrões de Qualidade e o não tolhimento da liberdade de escolha dos dirigentes das empresas.

Também nossos concorrentes foram aprendendo, como é natural. Mesmo empresas de consultoria que eram antes pouco expressivas tornaram-se mais competentes. É comum, em qualquer mercado de serviços, que o *modus operandi* da empresa mais qualificada vá sendo, pouco a pouco, aprendido e copiado pelos concorrentes, até o ponto em que todos se tornam semelhantes.

Mas há algo mais: o advento da internet. Como tudo, também a Qualidade, a ISO 9000 e outras normas ISO e o processo de certificação foram sendo cada vez mais divulgados e discutidos na web. A internet tem essa propriedade: produz uma enorme quantidade de conteúdos — relevantes e irrelevantes — sobre os mais variados assuntos, e mais ainda sobre os assuntos que mais interessam aos usuários.

Logo começaram a aparecer consultores apresentando soluções simplificadoras para a busca da certificação pelas empresas. Isso também é comum: a consultoria está repleta de oportunistas, que se apropriam de um dado produto ou serviço e o racionalizam (facilitam, reduzem, condensam), com a intenção de oferecer ao mercado algo mais rápido e mais barato, ou que o cliente possa realizar por si próprio, sem intermediações.

Era inevitável, então, que a preparação para a certificação logo começasse a ser...*vendida* pela internet! Surgiram empresas que prometiam uma preparação rápida e de custo incomparavelmente mais baixo: o que elas ofereciam, de fato, era apenas um manual de instruções acompanhado de um conjunto de formulários padronizados, com a recomendação de que a empresa compradora as procurasse se precisasse de informação adicional. Em alguns casos, bastaria a empresa visitar a página de FAQ (*frequently asked questions)* do site da consultoria.

Isso estava muito aquém de nossa forma de agir. A PROPAR fazia um trabalho de orientação presencial personalizada, detalhado e cuidadoso. Ela de fato preparava as pessoas para uma nova vida que a empresa iria experimentar após a certificação. Em cada cliente novo em que passávamos a operar, nossa primeira preocupação consistia em explicar detalhadamente, a todos os empregados, o que era a ISO, por que aquele esforço pela certificação era tão importante para a organização e o que isso tinha a ver com eles, empregados.

Fazíamos um seríssimo trabalho de convencimento das pessoas para que aderissem à mudança e participassem dela: estávamos engajados num autêntico processo de gestão de mudanças na empresa cliente. E conduzíamos um trabalho de transformação da empresa para receber a certificação, constituindo uma força-tarefa multidepartamental dentro da empresa dedicado a essa finalidade, reunindo-se frequentemente com o consultor da PROPAR, o orientador desse grupo. A internet trouxe ao mercado um serviço concorrente completamente distinto do nosso, mais rápido e direto, mas superficial demais.

Entretanto, por mais criticável que possa ser, essa forma de agir sensibilizou muitas empresas desavisadas, que queriam a certificação, mas não queriam gastar muito, ou não queriam esperar tanto, ou não atinavam com os obstáculos sérios que encontrariam pela frente; ou que se achavam capacitadas para conduzir o projeto por si próprias, sem ajuda externa especializada.

A PROPAR – Gestão Empresarial –

No médio prazo isso foi suficiente para afetar os negócios da PROPAR, ao ponto de levar-me a pensar que estava na hora de repensar mais uma vez nosso *core business*! Estávamos no ano 2000, entrávamos no novo milênio e era uma época propícia para grandes mudanças! Assim, depois de refletir bastante a respeito e debater com meus consultores e com a Valeska, conclui que a PROPAR – Sistemas da Qualidade deveria dar lugar a outra empresa: a PROPAR – Gestão Empresarial.

Tínhamos tido um aprendizado precioso nas duas etapas anteriores da PROPAR: eu tinha aprendido que, sem uma boa gestão de pessoas, nem os CQs nem a ISO se sustentariam numa empresa. Em termos simples, as empresas precisavam de *gestão*!

Por gestão eu não me referia ao *hard management* (a conhecimentos de finanças, produção, compras, materiais, vendas, TI, logística, distribuição), estava falando do *soft management* (a gestão das pessoas: liderança, motivação, relacionamento interpessoal, gestão de clima organizacional, atendimento ao cliente, trabalho em equipe, cultura organizacional, administração de conflitos no trabalho, coordenação entre áreas, qualidade de vida no trabalho). Ensinar o *soft management* aos gestores da empresa é que era fundamental. Era disso que carecia a esmagadora maioria das empresas que tínhamos atendido durante todos esses anos. Era por aí, portanto, que deveríamos passar a caminhar, era na oferta de melhorias nesses aspectos da gestão que a PROPAR – Gestão Empresarial deveria passar a investir.

O que fiz primeiro, para reorientar a atuação da PROPAR, foi firmar convênios com outras organizações experientes em Desenvolvimento Gerencial. Raciocinei que, contando com parceiros acostumados com programas desse tipo, a PROPAR ganharia *expertise* nesta área mais rapidamente.

A primeira instituição com a qual firmamos convênio foi a ADM&TEC – Administração e Tecnologia, uma entidade científica ligada à faculdade de Ciências da Administração de Pernambuco – FCAP/UPE. A segunda foi a consultoria argentina *Orlando Vannucci y Asociados*, sediada em Córdoba. Esta empresa havia sido criada por um engenheiro argentino especialista em Qualidade, Orlando Vannucci, que passara alguns anos no Brasil, onde tínhamos nos conhecido e nos tornado grandes amigos.

As parcerias foram úteis e nos ajudaram a robustecer nossas convicções sobre o que fazer. E a partir dessa maior certeza, comecei a oferecer ao mercado seminários e serviços de consultoria em Desenvolvimento Gerencial, sobre os temas mais procurados pelas empresas: Liderança, Motivação, Trabalho em Equipe, e também programas de Atendimento e Relacionamento com Clientes, envolvendo projetos de Pesquisa de Satisfação e Diagnósticos Organizacionais, sempre com foco na Qualidade.

Educação Gerencial Continuada –

Permaneci nesse tipo de atividade, predominantemente, por dois ou três anos, até perceber que as empresas receberiam bem os programas de Desenvolvimento Gerencial mais robustos, tratando esses temas de forma integrada.

Em 2003 concebi meu primeiro programa integrado de Desenvolvimento Gerencial, que denominei TMG (Treinamento Modular para Gestores). Era um treinamento segmentado em módulos que abordavam temas específicos dentro do tema geral da Gestão de Pessoas. Mais tarde, depois de vários aperfeiçoamentos no programa, evoluímos para EGECON® – Educação Gerencial Continuada. É esse o nome atual, já consolidado no mercado e com a marca devidamente registrada no INPI – Instituto Nacional de Marcas e Patentes.

Por que Educação Continuada – **EC** ?

A EC é a educação profissional à qual a pessoa deve dedicar-se de forma integrada com o trabalho que realiza e sem um prazo final para o processo educativo. É também um processo de ensino-aprendizagem que permite ao sujeito enfrentar adequadamente as mudanças de cenário em sua atividade profissional. Além disso, na EC é mais importante desenvolver atitudes e comportamentos do que apenas aprender conceitos e teorias.

A EC contraria o velho padrão tradicional de que há épocas separadas na vida para se estudar, trabalhar e divertir-se. O mundo moderno já não comporta essas divisões, mas mistura e confunde as três coisas: envolvemo-nos hoje em atividades nas quais estamos ao mesmo tempo estudando, trabalhando e tendo lazer, sendo difícil separar um dessas dimensões das demais.

Por exemplo, eu experimento um enorme prazer em desenvolver e preparar meus materiais didáticos para os cursos e seminários que realizo. Estou convencido de que uma das chaves para alguém se sentir autenticamente feliz com seu trabalho consiste em transformá-lo num *hobby* ou, por outro lado, transformar seu *hobby* num trabalho! E penso que o *home office* é o ambiente por excelência para se promover essa fusão entre *hobby* e trabalho.

Finalmente, a EC é absolutamente necessária num tempo como o atual. As atividades transformam-se rapidamente, passando em pouco tempo a ser feitas melhor ou de modo diferente. Se não estudamos o tempo todo, não conseguimos acompanhar essas mudanças. Pense, por exemplo, em como a medicina se transforma com enorme velocidade, com o desenvolvimento de novas tecnologias, novas formas de diagnóstico, novas terapêuticas. Nessas circunstâncias, nenhum médico pode se dar ao luxo de estacionar, supondo que já sabe tudo sobre sua profissão. O mesmo ocorre com o gestor, nas empresas.

Mas que conteúdos um gestor precisa aprender para fazer bem seu trabalho? Fiz o retrospecto de minha própria vida profissional e procurei entender em quais conteúdos havia experimentado maior dificuldade. Perguntei-me que conteúdos profissionais me fizeram falta e tive de aprender no dia a dia, por não ter sido devidamente treinado ou educado para aquilo. Cheguei à conclusão de que se tratava basicamente dos mesmos conteúdos necessários aos gestores das empresas que a PROPAR ajudava, preparando-as para implantação dos Programas da Qualidade, e envolvendo, além da Qualidade, conceitos sobre liderança, motivação, comunicação interpessoal, trabalho em equipe etc.!

Numa enorme quantidade de empresas a carência é a mesma, especialmente nas empresas de porte médio, empregando entre 200 e 600 pessoas. Além disso, nessas empresas tal carência é especialmente séria nos níveis médios: entre os supervisores, chefes, encarregados, coordenadores e gerentes de nível tático. Esses gestores, nessas empresas, quase sempre não recebem treinamento adequado e, portanto, não sabem exatamente como devem proceder no trabalho. Comumente essas pessoas eram executoras até alguns anos antes e foram promovidas para esses cargos por terem se destacado tecnicamente. Tinham, porém, pouco ou nenhum preparo para cumprir essas novas funções.

As grandes empresas costumam ter departamentos de T&D ou Educação Corporativa, ou mesmo algo mais sofisticado, que chamam de Universidade Corporativa. Essas unidades proporcionam treinamento sistemático aos gestores, especialmente de nível estratégico, mas também aos de nível tático. Todavia, isso não se dá nas organizações de porte médio: nelas não existe o tal departamento ou, se existe, não tem aquele nível de sofisticação, já que essas empresas não têm massa crítica que justifique montar um centro de T&D bem equipado.

Algumas vezes os gestores de nível estratégico das empresas de porte médio recebem treinamento especializado em gestão fora da empresa, em Escolas de Gestão nacionais ou estrangeiras. Mas isso raramente ocorre com os gestores intermediários dessas empresas, que precisam aprender por si próprios como gerenciar suas áreas.

Longe dos MBAs e dos cursos abertos –

Nos primeiros anos da primeira década do novo milênio viu-se no mercado de Educação Corporativa uma oferta abundante de programas de DG na forma de cursos de pós-graduação, MBAs e cursos de especialização ministrados pelas faculdades de Administração. Essas faculdades aprenderam também a oferecer pacotes prontos desse tipo às empresas, para condução *in company*. Nos anos 2002 a 2005 esses MBAs internos se popularizaram e as empresas maiores viram nisso uma oportunidade de levar a universidade para *dentro de casa*, o que fez com que se disseminasse o conceito de Universidade Corporativa.

Mas logo se viu que esses MBAs *in company*, que deviam ser customizados, não estavam abordando de fato os temas de interesse específico da empresa e nem tratando dos problemas que tiravam o sono dos dirigentes dessas empresas. Frequentemente, os professores doutores das universidades apenas repetiam para os grupos de dirigentes das empresas as suas aulas da universidade, sem adaptações ou ajustes. Isso sem falar que esses MBAs internos eram geralmente muito caros e pouco acessíveis às empresas de porte pequeno e médio. Resumindo, esses programas *não* eram concorrentes dos programas de Educação Continuada da PROPAR, porque destinavam-se a públicos diferentes, em empresas de porte diferente.

Em outras palavras, as Escolas de Administração podiam ganhar da PROPAR em termos de profundidade de conteúdo ou prestígio dos seus docentes, mas simplesmente não supriam, apesar disso, as necessidades e anseios do público-alvo que nós procurávamos atender.

Mas antes de falar de nossa metodologia de ensino, deixe-me dizer algo mais sobre os treinamentos gerenciais: há outra modalidade de Desenvolvimento Gerencial que se pratica desde muitos anos atrás – os cursos abertos, ministrados por agências de treinamento, nos quais as empresas inscrevem seus funcionários para aprenderem determinados conteúdos. O IDORT, para o qual eu trabalhei anos atrás, orientando gestores na montagem de sistemas de gestão participativa, foi por anos e anos a fio a mais prestigiada dessas agências de treinamento.

Os gestores de nível médio nas empresas de nível médio podiam não ter acesso a programas de pós ou de MBA das universidades, mas tinham acesso a esses treinamentos abertos. Muitas empresas de nível médio são sensíveis às necessidades de seus gestores médios de aprender sobre liderança, comunicação interpessoal, gestão de conflito, gestão do tempo ou temas semelhantes, e os enviam para participarem desses treinamentos abertos.

Porém, esses treinamentos são demasiado pontuais, não se integram entre si. Por isso, tampouco os treinamentos abertos concorrem com os programas de Educação Continuada da PROPAR. Os treinamentos abertos tratam de conteúdos específicos, de forma puramente cognitiva, e o treinando é quem terá depois de cuidar, por conta própria, de transferir o que aprendeu para a situação específica de trabalho que vive na empresa.

Mas há ainda outro problema com esses treinamentos abertos: como são abertos, os participantes são normalmente oriundos de várias empresas, de ramos, portes, origens, mercados e culturas diferentes. Trazem para a sala de aula, portanto, problemas e interesses muito distintos. O resultado é, muitas vezes, que nenhum treinando acaba se sentindo realmente satisfeito com o conteúdo estudado, que é demasiado genérico para servir a tantas problemáticas tão específicas.

Isso sem falar que, por vezes, a empresa que envia um empregado para participar de um treinamento aberto espera que ao retornar ele se transforme num multiplicador interno do que aprendeu. Jamais vi isso acontecer de fato, e por duas razões principais. A primeira é que o treinando provavelmente não tem experiência ou preparo para ser um multiplicador e portanto, se tentar fazer isso, o fará deficientemente. Em segundo lugar, o treinando raramente conseguirá separar *o joio do trigo*, escolhendo o que deve expor aos colegas da empresa e o que deve deixar de fora, entre os conteúdos que foram abordados no treinamento.

Balanço atual –

O EGECON® – Educação Gerencial Continuada é o atual carro-chefe da PROPAR. No entanto, também desenvolvo outros projetos pontuais de consultoria, desenvolvimento e assessoria em variadas empresas. Trabalham comigo atualmente alguns consultores associados, que aciono quando necessário, conforme a exigência do projeto. Não vejo no momento necessidade de ter um escritório montado num prédio comercial, com empregados e uma secretária me atendendo e tudo aquilo que era, até alguns anos atrás, um aparato necessário à maioria dos consultores.

Sinto uma agradável sensação de realização com o projeto de Educação Continuada, que vem cumprindo seu papel e me proporcionando enorme prazer profissional. Em média, três a quatro empresas realizam o EGECON® a cada ano, o que exige de mim vários dias mensais de trabalho em sala de aula, interagindo com os grupos de supervisores e média gerência, além dos variados serviços adicionais que o programa requer. Não é um volume exagerado de trabalho, bem ao contrário: dou conta dele perfeitamente e penso que é a dose certa. Uso meu tempo restante de trabalho em atividades de pesquisa e atualização de conhecimentos.

Passei anos sem conseguir um bom equilíbrio entre vida pessoal e carreira. Sempre acabei privilegiando esta última, em detrimento da primeira, o que me custou muito em termos emocionais. Felizmente é diferente agora, quando sinto que finalmente atingi o tão acalentado equilíbrio entre os dois lados da balança.

Em termos básicos, vejo-me nos próximos anos fazendo profissionalmente o mesmo que hoje faço: projetos de educação continuada para supervisores, chefes, encarregados e gerentes médios de empresas de nível médio, como descrevi acima. Estou convencido de que meu produto tem fôlego para continuar existindo robusto no mercado, com sucesso, por mais alguns anos.

Não vejo no horizonte mudanças na economia, na educação, na teoria da administração, capazes de colocá-lo em xeque. Percebo e acompanho o avanço dos programas de educação e desenvolvimento em plataformas virtuais, dos ambientes virtuais de aprendizagem, do Ensino à Distância; mas, sinceramente, não vejo como essas inovações, que têm seu lugar no universo da Educação, possam ameaçar os programas semipresenciais de Educação Continuada como este da PROPAR e que seguem sendo muito necessários. Talvez eu chegue, dentro de um tempo, à conclusão de que devo colocar um pouco mais de tecnologia da informação em minha estratégia pedagógica, mas provavelmente isso não chegará a produzir alterações mais acentuadas no modelo básico que tenho seguido.

A experiência profissional de meio século trouxe-me uma competência importante, que ajuda muito em meu trabalho com consultor: sou bom ouvinte e, antes de me meter a oferecer novidades aos meus clientes, trato de saber, com todo cuidado, o que eles têm a dizer e do que realmente precisam. Usando essa qualidade pessoal entre outras que talvez tenha, acho que tenho sido um bom negociador, na apresentação do Projeto de Educação Continuada a novos clientes. É significativo que, como aconteceu com os carros-chefes das fases anteriores da PROPAR, nunca tive necessidade de sair vendendo tampouco este programa. As empresas é que entram em contato comigo para contratá-lo, o que me traz enorme confiança e satisfação. Com ele já atendi a trinta e tantas empresas, algumas das quais realizaram várias edições do EGECON® — por vezes até mesmo a seis ou sete turmas.

Como consultor, preocupo-me não apenas em orientar meus clientes sobre como agir, mas frequentemente, também em lhes dizer como *não* agir. Fiz, em minha trajetória profissional, umas tantas quantas escolhas que não creio terem sido as mais inadequadas, embora sinta que, felizmente, nunca fiz algo que considerasse desastroso e minha taxa de acertos tenha sido, segundo penso, bastante boa. Entretanto, aprendi com vários momentos de hesitação e engano, que estão na base de um autêntico portfólio de sugestões que hoje possuo sobre o que é e o que não é adequado fazer no trabalho.

Tenho sido, aliás, uma espécie de conselheiro informal dos meus clientes. Considero-me um bom contador de histórias e faço isso com simplicidade, de forma direta, sem afetação. Frequentemente me vejo em conversações com gestores das empresas que me contratam, lhes apresentando ideias e dicas baseadas em minha experiência prática, e sinto que eles me ouvem e valorizam o que digo. Muitas vezes, ouço deles a resposta que melhor denota que é assim: “Não tinha pensado nisso”.

Não afasto a ideia de vir a incorporar ao meu rol de atividades, dentro de poucos anos, a de prestar aconselhamento profissional a gestores. Conto aos milhares a quantidade de profissionais que já treinei e orientei e, ao longo dos anos, essas pessoas têm feito progressos em suas carreiras, muitas delas tornando-se gerentes de nível estratégico, diretores ou empresários.

Não é fora de propósito, portanto, eu achar que esses profissionais poderão continuar valorizando minhas recomendações, como fizeram enquanto participantes dos meus programas de treinamento. Talvez esse seja um novo nicho de mercado que eu esteja identificando para um futuro próximo.

Tenho satisfação em afirmar que sempre fui muito disponível para meus clientes. Assumo inteiramente a responsabilidade pelo trabalho que contratam comigo e faço questão de que o combinado seja cabalmente entregue. Quando não sou eu, pessoalmente, quem faz a entrega, e sim um consultor da PROPAR, acompanho detidamente o trabalho e fico atento para que tudo saia a contento. E faço isso sem me preocupar com os custos dessas minhas *horas extras* — isso é o de menos. Por vezes o cliente até me vê no local do seminário que o consultor da PROPAR está conduzindo e faz cara de preocupação:

"Não tínhamos previsto dois instrutores...não pensávamos que haveria acompanhamento...O orçamento previsto não contempla...!"

E ele se surpreende ao me ouvir dizer que estou ali por minha própria escolha, apenas porque quero ver se tudo está saindo como combinamos! E sinto que essa minha atitude é bem vista, acrescentando muito à credibilidade que a PROPAR mantém junto aos seus clientes. Tenho tido demonstrações claras disso!

Também não sou pressuroso nos negócios, nem meus olhos brilham quando vislumbro uma boa oportunidade, que poderá talvez dar-me um bom dinheiro em curto espaço de tempo. Não é isso que me move, nada tenho de ganancioso. Nunca *liguei o taxímetro* em minhas atividades, como fazem alguns profissionais liberais ansiosos por cobrar por cada parcela mínima de seu tempo alocada ao cliente. Tampouco me preocupo em guardar ciosamente os meus conhecimentos, para somente oferecê-los quando há chance de vendê-los! Ao contrário, penso que por vezes é bem mais produtivo e encantador oferecer gratuitamente algo que temos e que o cliente deseje, precise e considere valioso, a fim de tê-lo ao nosso lado, sempre interessado, confiante e amigo.

Capítulo 24

Autodesenvolvimento

Meus estudos –

Nunca me descuidei dos estudos – estudar sempre foi uma prioridade para mim. Nem sempre consegui fazer isso do modo como gostaria, aprendendo a partir da fonte ideal e da forma ideal. Aproveitei bem, entretanto, as oportunidades que tive e fiz o melhor uso possível delas. Sempre soube que estudar tornou-se uma obrigação inadiável e contínua, sem fim, para todos nós.

Em 1973, quando as coisas estavam bastante difíceis para mim, mesmo assim quis estudar. Tinha pensado em voltar à faculdade como uma solução para encontrar um bom emprego, e fui fazer Administração na Faculdade de Ciências Econômicas e Administrativas de Itajubá.

Penso que foi, na época, uma escolha um tanto irrefletida, por vários aspectos (mas nas circunstâncias que eu vivia, era fácil fazer escolhas pouco refletidas, infelizmente). Eu frequentava as aulas de Economia às quartas e sextas-feiras à noite, a partir das 18:30 e aos sábados, o dia todo. Residia em Lorena! Então, fazia três viagens semanais de ida e volta, cerca de 150 km a cada vez, para estudar.

Ao ingressar na Embraer, no final de 1974, a coisa se complicou, já que agora tinha horários de trabalho a cumprir. O Cerqueira foi, então, extremamente paciente comigo, liberando-me para sair mais cedo da empresa às quartas e sextas, de modo a poder chegar em Itajubá a tempo para as aulas. E assim passei o ano de 1975. Mas, era uma solução precária e eu já não estava aguentando esse ritmo. Além disso, era comum eu perder aulas por ter de viajar a serviço.

Assim, em 1976 fiz o que era melhor: pedi transferência para a Organização Guará de Ensino, em Guaratinguetá. As disciplinas daqui e de lá eram semelhantes. Foi assim que ingressei diretamente no quarto ano de Administração em Guaratinguetá, formando-me no final de 1976. De qualquer forma, eu não tinha ficado parado, tratara de estudar mais, apesar do pouco tempo disponível.

Como aproveitar ao máximo sua pós-graduação –

Em 1979 fui fazer pós-graduação em Administração para Executivos, e escolhi cursar a pós-*lato sensu* do INPG – Instituto Nacional de Pós-Graduação, que era oferecida em Taubaté, no Vale do Paraíba, região onde eu já residia. Na sequência, inscrevi-me em mais uma pós-graduação, em Gestão de Recursos Humanos.

O INPG se especializara em ministrar cursos de pós-graduação, mediante convênios, em universidades e faculdades, em vários Estados brasileiros e cidades. Pareceu-me uma boa solução para mim, numa época em que os programas de MBA e pós-graduação começavam a ser mais procurados.

Fiz a duas pós sem grandes dificuldades, com aulas aos sábados. Em cursos de pós-graduação *lato sensu* como esses, muitos alunos são trabalhadores (e muitos são casados) e dispõe de pouco tempo para estudar, daí a opção de fazê-lo aos sábados. Não é o ideal, mas é possível. Nesse caso, os alunos precisam fazer a qualidade dos cursos eles próprios, dedicando-se mais, estudando, lendo, perguntando e se aplicando nos exercícios e trabalhos. Sem isso, é comum que a pós não dê resultados para a carreira do sujeito e tudo fique na mesma. Mas eu sabia disso e sempre procurei ser um bom aluno. Não foi diferente neste caso, e creio que aprendi bastante.

História de um livro –

Quero falar um pouco também dos livros que escrevi, mas desta vez fazendo também uma homenagem a meu pai, a propósito também de livros. É um bom momento para referir-me ao assunto, porque estou no final da redação desta biografia profissional, que há anos penso em produzir e que já é, antes mesmo de ser publicada, algo sobre o qual tenho a maior expectativa – espero que seja um livro apreciado: que ele, em primeiro lugar, revele um pouco mais de mim aos meus amigos (e até mesmo a mim próprio, já que escrever é um modo de a gente se conhecer melhor); que possa levar também ao leitor alguma reflexão sobre si mesmo; e, finalmente e sobretudo, seja um livro do qual as pessoas realmente gostem, recheado que está de histórias que considero bastante saborosas!

Eu não teria sido convidado para ser membro das Academias se não tivesse escrito livros, embora tenham sido apenas um par deles. Minha primeira obra, produzida muito rapidamente e sem maiores pretensões, não conta: refiro-me ao Caderno de Exercícios para orientar as aulas de Química na Escola Delta, *Cálculos Estequiométricos em Química Orgânica.*

Penso que também não deve ser levada em conta a cartilha *ABC da ISO 9000*, que publiquei pela editora Qualitymark em 2000, apesar de terem sido reproduzidos dezenas de milhares de exemplares. Esse trabalho foi muito útil, portanto, mas era um texto apenas básico, cujo conteúdo descritivo eu conhecia perfeitamente e não representou para mim um grande desafio.

Caso diferente é o dos meus outros quatro livros, dois deles publicado pela Editora Nobel (*CCQ – Empresas & Gerentes*, 1988 e *Qualidade & Participação – O caminho para o êxito*, 1991) e outros dois pela Qualitymark (*Sensibilizando para Qualidade*, 1992) que chegou à quarta edição e (*Excelência em Serviços*, 1996).

Esses livros retratam minhas percepções sobre a Qualidade e sua importância e apresentam minhas ideias sobre como fazê-la acontecer nas empresas. Eles me definiram profissionalmente numa época em que minha consultoria estava totalmente mergulhada na construção de Sistemas de Gestão da Qualidade nas organizações. Esses livros, sim, foram levados em conta pelos ilustres acadêmicos que me convidaram para aderir às Academias a que pertenço.

Nos parágrafos finais *deste* livro quero continuar no tema, mas prestando uma simples homenagem ao meu pai: ele adorava escrever e fazia isso com frequência, escrevia sobre tudo que via, pensava, vivia. Escreveu sobre a família, a cidade de Lorena, os amigos, o Exército (ao qual se orgulhava muito de ter pertencido), o Rotary Club (de que foi membro super ativo), a Maçonaria (à qual se dedicou com convicção).

Principalmente nos seus últimos anos de vida, já aposentado e com mais tempo disponível, ele sentava-se à máquina de escrever e produzia artigos e crônicas, como um diligente jornalista, atento a tudo que acontecia. Contava histórias, como a do corneteiro Tiririca ou a do soldado Picapau; comentava acontecimentos, como o de um acidente por explosão na Fábrica de Piquete ou a iniciativa do papa de retirar a excomunhão dos maçons; tomava partido em questões sociais e políticas, como quando critica o racismo, protesta contra greves de bancos ou lamenta que o patriotismo esteja acabando; homenageava os amigos ou a família; lembrava dias comemorativos, como o Dia da Árvore e o Dia da Secretária.

Frequentemente eu o via sentado à máquina, escrevendo. Outras vezes, eu entrava na casa de meus pais e perguntava por ele à minha mãe.

“Está na xerox”, ela respondia.

Eu sabia. Ele estava numa copiadora próxima de casa, onde tinha levado o texto que acabara de datilografar, a fim de tirar dele umas 40 ou 50 cópias, que depois enviava pelo Correio aos amigos, em envelopes que subscrevia pessoalmente, à mão. E era enorme a alegria que experimentava quando recebia, de algum desses amigos (o que acontecia amiúde) a correspondência de volta, agradecendo pelo texto, comentando-o e dando notícias pessoais. O que não teria feito o velho coronel Claudino hoje, dispondo do Facebook!

Em 1992, decidi fazer-lhe uma surpresa: reunir suas produções literárias num livro – que eu mandaria editar e publicar! Eu estava com meu segundo livro, *o Sensibilizando para Qualidade,* pronto para entregar à Qualitymark e seria ótimo se pudéssemos ter impresso também o livro dele e fazermos, pai e filho, um lançamento conjunto. Adorei ter tido essa ideia, ainda mais com a certeza de que também ele se sentiria orgulhoso com isso.

Levei então a ideia ao amigo Mahomed, dono e *publisher* da Qualitymark Editora. Ele me ouviu com atenção e ponderou que o livro do meu pai não atendia à linha editorial da editora, mas aceitou publicá-lo, sem apresentá-lo com o selo Qualitymark e na forma de uma publicação independente que fosse de responsabilidade do próprio autor. Entendi a proposta e a aceitei sem problemas, porque confiava no editor e sabia que o que propunha era adequado e razoável, além de ser a praxe do mercado.

Meu próximo problema consistia em convencer o coronel Claudino de que eu bancaria a edição como um presente a ele. Ele não aceitaria isso de modo algum! E eu, não querendo abrir mão da ideia, arquitetei um plano para levá-la adiante, que hoje lembro como algo divertido por um lado, mas bastante aflitivo por outro.

Primeiro reuni os textos do coronel Claudino e os passei à minha secretária (Vera Cristina), que os digitou como os originais de um livro, os quais entreguei à editora. Disse ao meu pai que o editor tinha tido a ideia de publicar o livro dele ao mesmo tempo que o meu, sobre Qualidade. Assim, lançaríamos os dois juntos nossos livros.

Ele, que não era bobo nem nada, desconfiou que eu ocultava alguma coisa:

"Como assim? Que interesse tem essa editora em publicar meu livro?"

E mais:

"Esse livro é vendável? Irá interessar aos leitores dessa editora?"

Ele, como quase sempre, estava certo em seu raciocínio. O que eu deveria ter feito, então, era simplesmente *abrir o jogo*, dizer a verdade, pedir desculpas por tê-la ocultado e contar que eu queria lhe dar de presente a publicação do livro. Meu erro foi não fazer isso. Ao invés disso, desafiei-o:

"Se tem dúvidas, ligue para a editora", respondi. "Veja se eles vão ou não publicar o livro!"

E ele fez isso mesmo! Ligou, conversou com Mahomed e o ouviu, instruído por mim, dizer que sim, que editaria e publicaria o livro. E o coronel Claudino convenceu-se então de que a coisa era a sério.

Assim foi feito. Ele escolheu um titulo para sua coletânea, *Risos e Sisos – Obedecer é tão nobre como comandar*; e meu irmão Aramis, excelente *designer*, criou a capa do livro, uma caricatura em que um oficial, todo nervoso, dá ordem de marchar a um soldado e este, ao cumpri-la, irá acabar pisando numa granada!

Foram produzidos dois mil exemplares do livro. Uma centena deles foi entregue imediatamente ao autor, que, feliz, os enviou, com dedicatórias, aos amigos mais distantes. E o lançamento conjunto que fizemos de nossos livros foi uma autêntica festa, com os amigos e familiares confraternizando-se conosco. Um efeito magnífico!

A odisseia veio depois! Eu tinha quase dois mil exemplares de *Risos e Sisos* estocados em casa, devia repassá-los ao coronel Claudino e não podia lhe dizer o que estava de fato acontecendo! Comecei a lhe enviar os exemplares do livro periodicamente, em pequenas quantidades. Mas...como justificar isso? Para não ter de admitir minha mentira inicial, tive de contar outra: disse-lhe que a editora, a pedido meu, estava me pagando os direitos autorais pela venda do *meu* livro com exemplares do livro *dele*!

O coronel Claudino protestou, disse que isso era desnecessário. Mas, deixou por isso mesmo. O que ele não compreendia, entretanto, era o fato de seu livro não estar exposto nas livrarias — que ele havia visitado! Por que a editora teria investido em produzir um livro que não enviaria depois às livrarias para ser comercializado?

Bem, para encurtar a história, tive de ficar *enrolando* durante muito tempo ainda o coronel Claudino, com aquela história esdrúxula, que inventei apenas porque queria homenageá-lo com um presente. Demorou uma eternidade para todos os exemplares que eu tinha armazenado em casa fossem finalmente entregues a ele, para que os enviasse a mais e mais parentes, amigos e conhecidos, em todos os recantos do país.

Ainda hoje penso no que fiz e por que o fiz. Sinto-me feliz com o *porquê*, mas não muito feliz com o *como*. E até hoje tenho dúvidas sobre se consegui manter o coronel Claudino, durante todo aquele tempo, ignorando a verdade. Cada vez mais penso que bem pode ter sido o contrário: talvez ele tenha conseguido me manter na ignorância de que soube o tempo todo aquilo que eu tentava lhe ocultar, fingindo desconhecer a verdade somente para não decepcionar seu querido filho. Preferiu não denunciar minha ingênua tramoia! Cada vez mais me inclino por esta segunda hipótese!

Minhas Academias! –

Neste ponto de minha vida, estou fascinado pelas Academias! Adoro participar delas, e não só por finalmente ter mais tempo para isso. Acho que minha atitude para com elas se deve àquele apreço que desenvolvi pela cerimônia, pela cortesia, pela urbanidade. Talvez isso tenha a ver com minha admiração por meu pai, um homem que cultivou, durante toda sua vida — no Exército, na Maçonaria, no Rotary Club, nas comendas que recebeu — rituais que lhe permitiam sentir-se participante e atuante, um protagonista nas situações em que se envolvia. De certa forma, meu fascínio pelas Academias é, então, uma homenagem que faço a ele.

Refiro-me as várias Academias a que pertenço. Há um bom par de anos, recebi um certificado de membro da Academia Argentina de la Paz, concedido a pessoas que tinham efetivamente prestado serviços à comunidade, dando algo de si voluntariamente aos outros. Fui agraciado *por tabela*, digamos assim, por essa ilustre Academia. Anos atrás seus dirigentes tomaram conhecimento do livro escrito por meu pai, o chamaram a participar e ele aceitou. Em seu discurso, ele falou de seu filho e, tempos depois, a Academia entrou em contato comigo convidando-me a também compor fileiras com seus integrantes. Aceitei, e me senti muito honrado.

Tenho entretanto o maior apreço pela Academia Brasileira da Qualidade, da qual passei a participar recentemente, por convite de um seu ilustre membro, Ozires Silva. Sinto-me lisonjeado por ter sido convidado por iniciativa dele e aprovado pelos demais integrantes. A Academia é formada por cinquenta membros, todos ligados à causa da Qualidade, conhecidos empresários, consultores e professores-pesquisadores de universidades.

Fui empossado na Academia no dia Mundial da Qualidade em novembro de 2014. A Academia aproveita a semana de 10 a 15 de novembro para empossar novos membros eleitos, realizando um seminário comemorativo sobre Qualidade. No ano em que fui empossado, Ozires seria o primeiro palestrante do seminário, mas teve uma viajem inesperada ao exterior na última hora e me designou para falar em seu lugar. Vi-me, então, na situação inusitada de ser o palestrante de um evento da Academia, para cerca de 200 convidados reunidos no salão nobre da Fiesp, em São Paulo, sendo que, momentos depois, seria empossado como membro da entidade.

Quando participo de eventos na Academia Brasileira da Qualidade, é inevitável que pense no Cerqueira – meu ex-chefe, falecido há alguns anos. Certamente ele seria mais um membro ilustre dessa Academia, se estivesse vivo.

Já a Academia de Letras de Lorena, que também sou partícipe, tem trinta cadeiras. Congrega principalmente literatos ligados à cidade, na quase totalidade são moradores de lá. Já foi exclusiva de pessoas nascidas em Lorena, mas uma mudança dos estatutos alterou a cláusula. Por isso pude ser convidado a integrá-la.

Boa parte dos atuais membros são poetas e todos os membros têm livros publicados, uma condição *sine qua non* para poder participar. Mas não é necessário que seus livros sejam de gêneros ficcionais ou de poesia. Meus livros, por exemplo, não são, e sim livros técnico-profissionais sobre Qualidade.

O atual presidente da Academia, José Ferreira Rocha, é um velho amigo de meu pai, com passado militar como ele. Conviveram por muitos anos em Lorena e trabalharam juntos pela fundação da Escola de Engenharia cuja história narrei mais atrás, a FAENQuiL. Quando a cadeira nº20 pertencente à professora

Maria Antonieta Arantes Ferreira ficou vaga, ele teve a ideia de sugerir-me como candidato.

Os candidatos podem ser indicados ou então apresentar-se espontaneamente. A Academia publica um edital convidando à candidatura aqueles que deseje participar e preencham os requisitos necessários. Os currículos dos candidatos são analisados e há a votação pelos membros, resultando na escolha do novo acadêmico.

Orgulhou-me muito ter sido aprovado. O blog *História do Vale do Paraíba*, mantido por Diego Amaro de Almeida, noticia a posse de quatro novos acadêmicos, eu entre eles, no domingo, dia 9 de agosto de 2015. *Sessão festiva e posse de novos membros da Academia de Letras de Lorena*, diz o cabeçalho da matéria.

Creio que, ao recomendar-me, o Presidente (que é engenheiro) pensou em levar para a Academia alguém que tivesse perfil diferente da maioria dos membros. Talvez ele quisesse alguém mais com o perfil de um homem ligado a atividades empresariais, que pudesse trazer às reuniões e eventos da Academia outro olhar, enfim, outra maneira de pensar.

Confesso que ainda me sinto um pouco *estranho no ninho* nas reuniões, mas também isso me interessa e aguça minha curiosidade: como me sairei em ambiente tão diferente daqueles que estou habituado a frequentar? Mais uma fonte de aprendizado...!

Além disso, já não vivo em Lorena e sim em São José dos Campos, como contei mais atrás. Ainda assim, é mais do que evidente minha ligação familiar e emocional com a cidade, em que vivi por vários anos com meus pais e irmãos. Valéria é nascida em Lorena, assim como minhas duas filhas. E uma delas, Tatyana, segue morando na cidade.

Fui conhecer um pouco melhor a trajetória da patronesse da cadeira nº 20, a minha antecessora, professora Maria Antonieta Arantes Ferreira. Ela viveu em Lorena e era professora de História. Ficou famosa na cidade pela qualidade de suas aulas: gostava de dramatizar os personagens e representar as situações históricas, fascinando seus alunos com suas narrativas. Eles jamais esqueciam o conteúdo de suas aulas, pois a professora

Maria Antonieta era uma exímia contadora de histórias dentro da História.

Fala-se tanto hoje em *storytelling* nas empresas! É preciso, dizem, transformar produtos e serviços em narrativas, a fim de cativar os clientes potenciais e levá-los a se encantar com as ofertas. Contar histórias, portanto, transformou-se numa competência necessária — mais do que isso, imprescindível — ao *marketing*. Pois a professora Maria Antonieta, segundo consegui apurar, estaria hoje sendo capaz de fazer um trabalho de vanguarda e atualíssimo junto às empresas, se fosse viva e decidisse enveredar por esse caminho profissional!

Cronologia

1966 Conclusão do curso no Colégio Militar (Porto Alegre).

1967 Ingresso na Escola de Química (Itajubá).

(julho) Estágio na Fábrica Presidente Vargas (Piquete).

1970 Admissão na Broca & Meireles (Guaratinguetá).

Ingresso como professor na Escola Delta de Química (Cachoeira Paulista).

1971 Acúmulo de cargo como Diretor Técnico da Escola Delta.

1972 Início de atividades como empresário, com a Reinoplastic.

1974 Ingresso na Embraer.

Formação como administrador de empresas na Organização Guará de Ensino (Guaratinguetá).

1975 Fundação da AVCQ atuação como Relações Públicas.

1977 Início da fundação de associações de Controle da Qualidade em diversos Estados brasileiros.

Prêmio Produtividade 1977, concedido pelo Instituto Roberto Simonsen/FIESP, por projeto sobre Círculos da Qualidade.

1979 Professor de Gestão da Qualidade e Administração Industrial (FAENQUIL – Faculdade de Engenharia Química de Lorena, hoje USP).

Pós-graduação em Administração Empresarial (INPG/SP).

1980 Início da atividade como consultor empresarial autônomo.

Viagem ao Japão; primeiro encontro na JUSE com Kaoru Ishikawa.

Pós-graduação em Gestão de Recursos Humanos (INPG/SP)

1984 Fundação e Presidência da UBCCQ – União Brasileira de CCQ.

Representação do Brasil no IV Congresso Latino-Americano de Controle da Qualidade (Buenos Aires/AR).

Viagens ao Japão como coordenador de Missões Técnicas de Qualidade (parceria JUSE/IMC Internacional).

1985 Representação do Brasil na Convenção Latino-Americana dos Círculos da Qualidade (Cartagena/Colômbia)]

Início de atividade de consultoria regular para empresas Colombianas.

1986 Fundação da PROPAR, para desenvolvimento de Programas Participativos e implantação de Sistemas de Gestão da Qualidade.

1988 Publicação de *Círculos de Controle da Qualidade* (Ed. Nobel).

1991 Publicação de *Qualidade & Participação O caminho para o êxito* (Ed. Nobel).

1992 Publicação de *Sensibilizando para Qualidade* (Ed. Qualitymark, 4 edições seguidas).

1994 Admissão como Membro Titular Honorífico da Academia Argentina de La Paz.

1995 Certificação ISO 9000 da PROPAR (1ª empresa de Consultoria certificada no Brasil, com Diplomação INMETRO/MICT pelo Sistema de Gestão da Qualidade Classe Mundial).

Concessão à PROPAR do Prêmio ACI/São José dos Campos'95, como melhor empresa de serviços do ano.

1996 Publicação de *Excelência em Serviços* (Ed. Qualitymark), com recomendações para adoção da ISO por empresas de serviços de pequeno porte.

2000 Publicação da cartilha *ABC da ISO 9000* (Ed. Qualitymark), adotada por centenas de organizações na implantação do Sistema de Gestão da Qualidade.

2003 Lançamento pela PROPAR do *Projeto Educação Gerencial Continuada – EGECON®*.

Marca de 200 clientes atendidos em projetos de consultoria pela PROPAR.

2012 Professor convidado para cursos de pós-graduação da Faculdade de Engenharia de Roseira/SP (UNISAL).

Início de Cooperação Técnica em Projetos de Qualidade PROPAR/Faculdade de Roseira (treinamento de professores da casa no projeto EGECON®).

2014 Eleito membro na Academia Brasileira da Qualidade ABQ.

2015 Eleito para a cadeira nº 20 na Academia de Letras de Lorena (patronesse: professora emérita Maria Antonieta A. Ferreira).

2016 PROPAR comemora 30 anos de atividades.

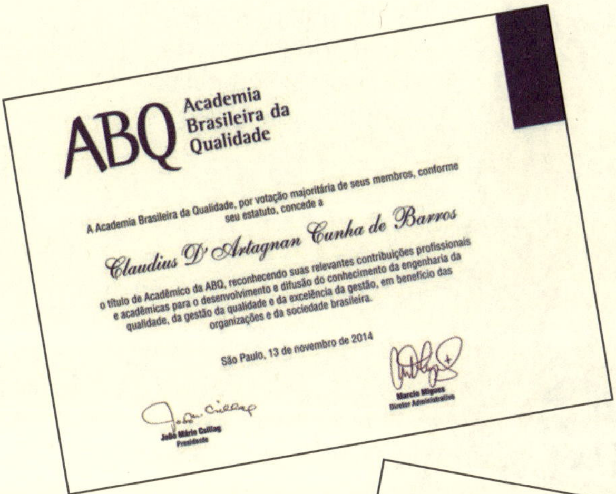

ABQ Academia Brasileira da Qualidade

A Academia Brasileira da Qualidade, por votação majoritária de seus membros, conforme seu estatuto, concede a

Claudius D' Artagnan Cunha de Barros

o título de Acadêmico da ABQ, reconhecendo suas relevantes contribuições profissionais e acadêmicas para o desenvolvimento e difusão do conhecimento da engenharia da qualidade, da gestão da qualidade e da excelência da gestão, em benefício das organizações e da sociedade brasileira.

São Paulo, 13 de novembro de 2014

Marcio Migues
Diretor Administrativo

João Mário Csillag
Presidente

Título acadêmico da Academia Brasileira da Qualidade

ACADEMIA DE LETRAS DE LORENA

O presente diploma é expedido para registrar que
CLAUDIUS D´ARTAGNAN CUNHA DE BARROS
foi nesta data empossado na cadeira número 20,
no membro efetivo, tendo como patronesse
PROFª MARIA ANTONIETA ARANTES FERREIRA

Lorena, 22 de agosto de 2015.

Neide Aparecida Arruda de Oliveira
Secretária

José Ferreira Rocha
Presidente

Título acadêmico cadeira nº 20, da Academia de Letras de Lorena/SP

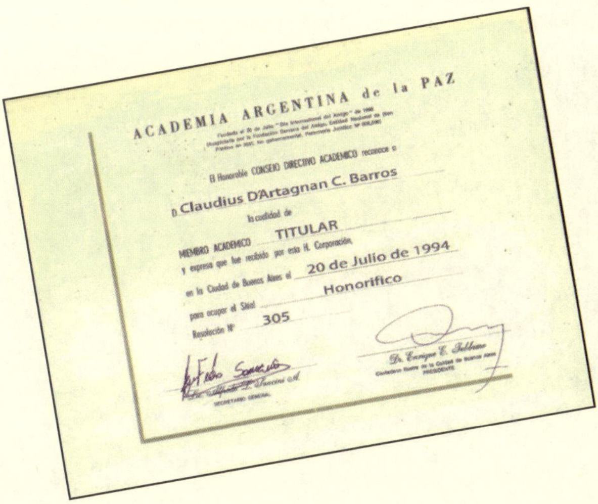

ACADEMIA ARGENTINA de la PAZ

El Honorable CONSEJO DIRECTIVO ACADEMICO reconoce a
D. Claudius D'Artagnan C. Barros
la calidad de
MIEMBRO ACADEMICO TITULAR
y expresa que fue recibido por esta H. Corporación,
en la Ciudad de Buenos Aires el 20 de Julio de 1994
para ocupar el Sitial Honorifico
Resolución Nº 305

SECRETARIO GENERAL

Dr. Enrique E. Gabbarini
PRESIDENTE

Título acadêmico da Academia Argentina de La Paz

Programa precursor (1990) do Projeto de Educação Gerencial Continuada – EGECON®

Equipe da Gerência de Treinamento na Embraer, anos 80. Engº Cerqueira 1º à esquerda e eu ao fundo.

Convenção Latinoamericana de Círculos da Qualidade 1985 – Cartagena/ Colômbia. Esquerda para direita : eu, miss Colômbia e Dr. Ishikawa

Nas ruas de Cartagena/ Colômbia. Esquerda para direita: Y. Imai, Dr. Ishikawa, eu e Alberto Aristizabal, presidente da Associación Colombiana da Calidad

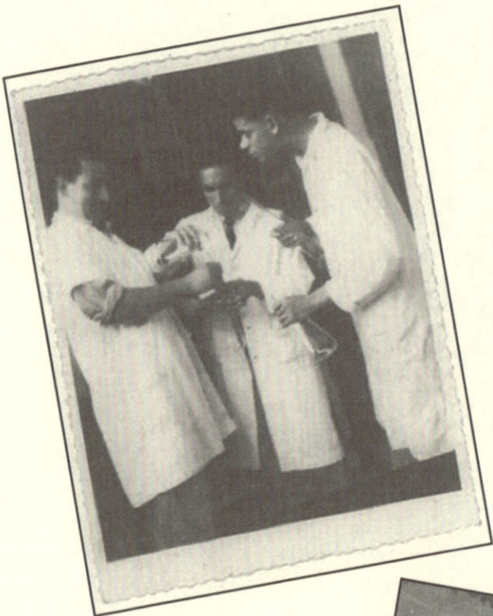

Profº Quinzinho (1º à esquerda), mestre que me ensinou os primeiros passos na área da Qualidade

Palestrando numa Convenção da AVCQ em 1978

Palestrando numa Convenção do Rotary Club em 2008

Certificado do meu 1º estágio na área da Qualidade, em 1967

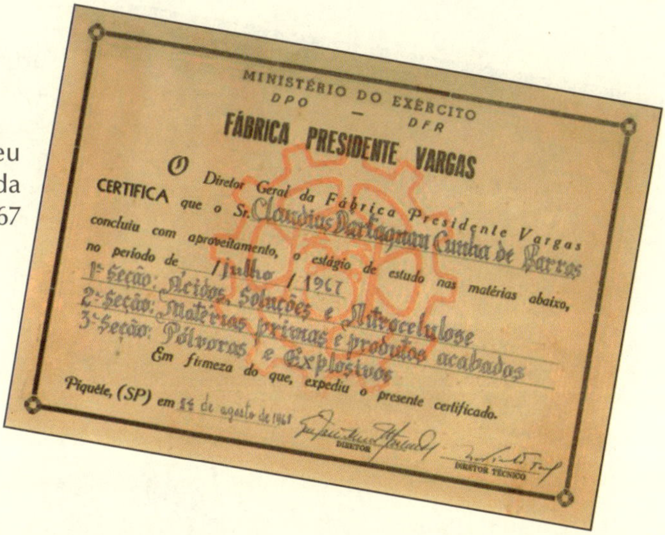

MINISTÉRIO DO EXÉRCITO
DPO — DFR
FÁBRICA PRESIDENTE VARGAS

O Diretor Geral da Fábrica Presidente Vargas
CERTIFICA que o Sr. Claudius Dartagnan Cunha de Barros
concluiu com aproveitamento, o estágio de estudo nas matérias abaixo,
no período de /julho/1967
1ª Seção: Ácidos, Soluções e Nitrocelulose
2ª Seção: Matérias primas e produtos acabados
3ª Seção: Pólvoras e Explosivos
Em firmeza do que, expediu o presente certificado.
Piquête, (SP) em 24 de agosto de 1967

DIRETOR

DIRETOR TÉCNICO

Almoçando com Dr. Ishikawa em Bogotá

Certificação (ISO 9000) da Propar em 1995. À esquerda, auditores das Certificadoras: engº. José Joaquim Ferreira da FCAV/USP e Michael Drechsel da DQS - Deutsche Quality System

Vale do Paraíba, sábado, 19 de setembro de 1981

ValeParaibano

Página 11

Inaugurada biblioteca "João José dos Santos" homenageando engenheiro

A Associação Valeparaibana de Controle da Qualidade - AVCQ, realizou dia 9 de setembro passado, em sua sede, à Av. Francisco José Longo, 149, 5º andar, sala 59, nesta cidade, a solenidade de inauguração de sua biblioteca, cujo nome foi colocado em homenagem ao ex-vice presidente, gestão 78/79 - engº João José dos Santos, falecido em 1978.

O acervo (cerca de 10000 livros), foi doado pela família do engenheiro João José à AVCQ e é constituído de livros dos mais variados assuntos, principalmente Controle da Qualidade, que era a especialidade do engº João José.

Nesta solenidade estiveram presentes esposa e filhos do homenageado, o almirante Almyr Campbel de Barros - superintendente do Jornal "O ValeParaibano", pessoas da diretoria e do conselho da AVCQ.

O sr. Claudius D'Artagnan, presidente da entidade, ressaltou na oportunidade a importância que aquela inauguração representava aos profissionais de Controle de Qualidade, áreas técnicas eRecursos Humanos de toda nossa região, agradecendo à família do homenageado e enaltecendo o alcance daquela doação.

Este ato de doação segundo o sr. D'Artagnan - revela o espírito altamente cooperativo e humano da família do João José, mormente sua esposa sra. Nílvia, pois doravante, a associação poderá dispor de mais uma forma de prestação de serviços a seus associados, colocando os livros à disposição para consultas.

- Na A.V.C.Q. homenagem à família do engº João José dos Santos

Na presidência da AVCQ em 1981, durante a solenidade de inauguração da biblioteca engº J.J.Santos. Momento da homenagem à esposa do engenheiro.

Time da Propar na década de 90.

Representando o Brasil no 6º Congresso Latinoamericano de Controle da Qualidade, na Argentina em 1984

Com Dr. Ishikawa em Tóquio, durante Congresso Internacional da Qualidade

Com os amigos Getúlio e Mahomed, durante o Congresso ABRH-RN em 2010

Entre em sintonia com o mundo

Qualitymark Editora Ltda.
Rua Teixeira Júnior, 441 - São Cristóvão
20921-405 - Rio de Janeiro - RJ
Tel.: (21) 3295-9800
Fax: (21) 3295-9824
www.qualitymark.com.br
E-mail: quality@qualitymark.com.br

Dados Técnicos:

• Formato:	16 x 23 cm
• Mancha:	12 x 19 cm
• Fonte:	BookmanOldStyle
• Corpo:	11
• Entrelinha:	13
• Total de Páginas:	312
• 1ª Edição:	2016